U0455546

碳中和背景下
中国与南亚国家能源合作

朱雄关 / 著

ENERGY COOPERATION
BETWEEN CHINA AND SOUTH ASIAN COUNTRIES
UNDER THE BACKGROUND OF CARBON NEUTRALITY

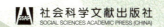
社会科学文献出版社
SOCIAL SCIENCES ACADEMIC PRESS (CHINA)

目　录

绪　论

能源是经济社会发展的重要物质基础，也是碳排放的最主要来源（《经济日报》，2024a）。人类通过三次科技革命和三次工业革命，实现了从农业文明到工业文明的跃迁，同时导致了一系列环境污染和生态破坏问题，资源环境约束成为后续发展的主要阻碍，工业文明发展惯性逼近临界点。碳达峰、碳中和是推进生态文明建设、实现人类社会可持续发展的必由之路。自《巴黎协定》签订以来，全球承诺在 21 世纪中叶前后实现净零排放的国家越来越多，碳中和成为各国追求的共同目标和共同价值观。南亚地区能源资源丰富，地理位置优越，是全球能源贸易的核心地区之一和能源运输最为繁忙的地区之一。南亚国家与中国特殊的地缘政治关系以及中国未来的能源发展需求决定了其对中国能源安全具有重要的战略价值。因此，在碳中和背景下，加强中国与南亚国家能源合作问题研究具有重要的意义。

一　选题背景与意义

碳达峰、碳中和是一场极其广泛深刻的绿色工业革命（胡鞍钢，2021）。中国和南亚各国都是世界上重要的能源消费国，也是世界上重要的碳排放主体，在碳中和背景下，研究中国与南亚国家的能源合作，顺应了全球实现绿色发展和低碳转型的潮流，对全球气候治理以及中国和南亚国家未来的社会经济发展具有重大影响。

（一）选题背景

在全球加速向低碳经济转型的过程中，能源安全与可持续发展已成为国际社会共同关注的核心议题。随着气候变化的影响日益显著，各国纷纷制定并实施减排目标，探索新型能源合作模式，以确保能源供应的安全性和稳定性，同时推动经济社会的绿色转型。在此背景下，分析中国与南亚国家的能源合作，不仅有助于理解区域内的能源动态，也可为构建更加包容和可持续的全球能源治理体系提供宝贵的经验和启示。

1. 能源安全的重要性

能源是国民经济的命脉，更是全球经济社会发展的基础，能源风险会触及世界范围内的地缘政治、经济及金融运行机制，因而保障能源供给的安全性与能源贸易的稳定性已成为世界各国实现经济长足发展的核心议题。能源已经成为政治和经济力量博弈的"筹码"，是国家之间力量等级体系的决定因素，获得能源成为 21 世纪压倒一切的首要任务（罗伯茨，2008）。G. C. 托马斯指出，能源安全问题涉及经济、政治、战略和军事各领域的安全（Thomas，1990）。20 世纪 70 年代石油危机的经验证明，能源安全的最大威胁是短期能源供应的崩溃，而不是获得能源供应的物质手段问题（Manning，2000）。

中国是一次能源消费大国，也是石油进口大国。同时，中国还是世界上最大的发展中国家，经济发展迅速，能源需求量、消费量巨大，但原生资源禀赋不足，能源对外依存度较高。2020 年，全球能源需求量急剧下降（约 4.5%）[1]，是自二战结束以来最为严重的衰退，而中国是世界上为数不多的几个能源需求增长国家之一，能源需求增长 2.1%[2]。当前乃至今后一个时期，中国将处于经济社会发展的重要战略机遇期，经济发展势头强劲，能源需求巨大，保障能源安全对中国至关重要。

2. 碳中和目标的提出

工业革命以来，随着大量化石能源的开发和利用，全球的环境污染、气候变化及衍生的一系列生态环境问题越来越严重，不仅造成巨大的经济损失，更威胁人类的健康和生命安全。全球变暖已成为制约人类经济社会可持续发展的重要障碍，引起全球的高度重视。2015 年 12 月，在第 21 届联合国气候变化大会上，全世界 178 个缔约方通过了《巴黎协定》。该协定对 2020 年后全球应对气候变化行动做出安排，将长期目标设为相较于前工业化时

---

[1] 《世界能源展望 2020》，IEA，2020，https://iea. blob. core. windows. net/assets/a72d8abf-de08-4385-8711-b8a062d6124a/WEO2020. pdf。

[2] 《世界能源展望 2020》，IEA，2020，https://iea. blob. core. windows. net/assets/a72d8abf-de08-4385-8711-b8a062d6124a/WEO2020. pdf。

期，全球平均气温上升幅度控制在 2℃ 以内，努力将气温上升幅度控制在 1.5℃ 以内，到 21 世纪下半叶逐步实现温室气体净零排放，即碳中和目标（王龙云，2015）。碳中和已成为各国追求的共同目标和价值观。2020 年 9 月 22 日，中国国家主席习近平在第七十五届联合国大会一般性辩论上宣布，中国"二氧化碳排放力争于 2030 年前达到峰值，努力争取 2060 年前实现碳中和"（习近平，2020）。中国碳中和目标的提出，向全世界展示了中国为应对全球气候变化做出更大贡献的积极立场，增强了国际社会对实现 2℃ 温控目标的信心，顺应了全球实现绿色发展和低碳转型的潮流，对全球气候治理和中国未来社会经济发展具有重大影响（胡鞍钢，2021）。

碳达峰、碳中和是一场极其广泛深刻的绿色工业革命。在全球碳中和趋势下，主要国家均提出明确的碳中和时间表和近中远期行动方案，世界各国已为绿色转型注入强大的政治动力，并推动全球能源形势发生转变。随着碳中和逐渐成为国际社会共识，全球碳减排的进程正加速推进。但是，能源转型是一个复杂而漫长的发展过程，牵涉全球、区域、各个国家的政治、经济、社会发展等各个方面。而且，不同发展阶段的国家能源转型进程和计划也不一样。从目前全球能源形势看，未来很长一段时间，石油、天然气仍然是全球的刚性需求，并且在许多国家的能源消费格局中占主导地位。南亚地区的油气资源无论是存储量、需求量，还是产量都位于世界前列，南亚地区在全球能源供应和需求中扮演非常重要的角色，是全球油气资源的供应中心之一。因此，在碳中和背景下，加强对中国与南亚国家能源合作问题的研究具有重要意义。

3. 能源转型的必要性

在全球能源格局深刻变革的当下，能源转型已成为世界各国刻不容缓的必然选择。一方面，全球气候危机不断深化。2023 年，全球化石能源二氧化碳排放量再创新高，达 368 亿吨，较 2022 年增长 1.1%。大量温室气体排放致使气候变暖加剧，极端气候事件频发。[①] 能源转型可从根源上减少温室气体排放，是应对气候变化的关键举措。另一方面，传统化石能源不可再生且储量有限。世界石油储量不断减少，加之油气资源分布不均，主要产区和运

---

① "Global Carbon Budget 2023", Earth System Science Data, https://doi.org/10.5194/essd-15-5301-2023.

输航线局势不稳，如巴以冲突致红海航运受阻，油气价格大幅波动。而可再生能源储量丰富、分布广，加快能源转型能降低对传统化石能源的依赖，保障能源供应稳定安全。

此外，随着国际社会对绿色低碳发展理念的持续推行，能源转型可带动新能源产业崛起，能源转型也成为国际竞争与合作的重要领域。各国逐渐认识到，推动能源转型不仅是应对气候变化的必要举措，也是提升国家竞争力和实现可持续发展的关键。在新能源技术和产业领域领先的国家，将在国际和地区组织中获取更大话语权与竞争优势。以中国为例，截至2023年底，中国可再生能源发电装机容量达14.5亿千瓦，过去10年陆上风电和光伏发电造价分别下降30%和75%（国家能源局，2024a）。企业在生产过程中坚持降碳减排，采用节能技术设备，降低能耗与成本，提升经济效益。同时，转型过程还推动智能电网、储能系统等新兴产业发展，为经济增长注入新的动力。

（二）研究意义

在全球向低碳经济转型的关键时期，能源合作不仅是实现碳中和目标的重要手段，也是维护地区乃至全球能源安全的基石。中国与南亚国家作为重要的能源消费国和碳排放主体，在应对气候变化方面肩负着共同的责任。通过深入探讨中国与南亚国家的能源合作模式及影响，不仅可以为理论研究提供新的视角，还能为实践操作带来有价值的指导。

1. 理论价值

中国和南亚各国都是世界上重要的能源消费国，也是世界上重要的碳排放主体，在碳中和背景下，研究中国与南亚国家的能源合作，对于探究新形势下的能源安全理论与深入理解碳中和理念具有重要的理论价值。一方面，能源安全关系国家、社会的发展进步和国计民生，是国家安全的重要组成部分。当前，国际能源形势发生重大和深刻变化，世界各国已经充分认识到人类社会是一个相互依存的命运共同体，面对全球性问题，任何国家都不能独善其身。在此背景下，研究中国与南亚国家的能源合作问题，有利于探索新形势下的新能源安全合作理念与合作机制，拓展和深化传统能源安全与能源合作理论的内涵，践行构建人类命运共同体理念。另一方面，研究中国与南亚国家的能源合作问题，有利于深入理解和宣传碳中和理念，推动该地区主要的能源消费国调整能源结构，推进能源消费的清洁化、低碳化，发展绿色环保能源，减少对环境的污染和破坏，实现可持续发展。

2. 现实意义

当前，随着国际能源局势和地缘政治形势的不断变化以及中国与南亚国家经济的发展，中国和南亚国家能源需求持续高速增长，能源安全问题日益突出。截至 2023 年底，中国石油和天然气的对外依存度分别达到 72.93% 和 42.20%。2023 年，中国原油消费量继续增长，进口量达到 5.64 亿吨，同比增长 10.97%；天然气消费量达到 3945 亿立方米，进口量达到 1652 亿立方米，同比增长 11.5%。中国已成为全球第二大石油消费国和第三大天然气消费国，并超越美国成为全球最大的石油进口国。印度的石油对外依存度超过 80%[①]，天然气对外依存度接近 50%[②]，一次能源消费总量超过俄罗斯，成为全球第三大一次能源消费国。而在亚洲国家中，巴基斯坦的能源进口需求较高，其 2022 财年能源（石油、天然气、煤炭）进口额超过 260 亿美元[③]。预计在未来相当长一段时间内，中国与南亚地区国家都将面临非常严峻的能源安全形势。

南亚地区的油气资源无论是存储量、需求量，还是产量都位于世界前列，在全球能源供应和需求中扮演非常重要的角色。通过地区间能源贸易往来可有效保证能源进口国的能源安全，也有利于能源出口国的经济稳定。同时，南亚地区可再生能源发展前景十分乐观，南亚地区可再生能源消费量约为 196.2 百万吨油当量，占世界可再生能源总消费量的约 47%，是全球消费量最高的地区之一。同时，可再生能源发电增长强劲，是增长最快的能源发电类型（增速 7.6%），约占全球新增发电量的 2/3。可再生能源发电增长由发展中国家主导，中国、印度和其他亚洲国家发电增量占全球可再生能源发电增量的近一半[④]。南亚国家既是中国的邻邦，又是共建"一带一路"的重

① "India Oil Market Report", IEA, 2023, https://iea. blob. core. windows. net/assets/6b3a9f48-adeb-4de3-bbe5-1be9c8fcd069/IndianOilMarket-Outlookto2030. pdf.

② "India Natural Gas Market Report 2030", IEA, 2025, https://iea. blob. core. windows. net/assets/ef262e8d-239f-4cfc-8f8c-4d75ac887a0f/IndiaGasMarketReport. pdf.

③ "Radical Reforms, the Only Silver Bullet for Stubborn Energy Quandary", Energy Update, 2022, https://www. energyupdate. com. pk/2022/08/19/radical-reforms-the-only-silver-bullet-for-stubborn-energy-quandary/.

④ "BP Statistical Review of World Energy 2024", BP, 2024, https://www. bp. com/en/global/corporate/energy-economics. html; "World Energy Outlook 2023", IEA, 2024, https://iea. blob. core. windows. net/assets/86ede39e-4436-42d7-ba2a-edf61467e070/WorldEnergyOutlook2023. pdf; "World Energy Outlook 2024", IEA, 2024, https://www. iea. org/reports/world-energy-outlook-2024</url>.

要伙伴，中国与南亚国家有着一定基础的能源合作历史，具有良好的合作条件。在碳中和背景下，中国与南亚国家的能源合作也必将是中国与南亚国家共建"一带一路"的重要内容，具有巨大的潜力和良好的前景。

在碳中和背景下，加强中国与南亚国家能源合作问题的研究，剖析合作进程中面临的能源地缘政治博弈问题，积极探索中国与南亚国家能源合作的有效途径，为中国—南亚能源合作提供有益参考，不仅对保障中国和南亚国家能源安全具有十分重要而特殊的现实意义，而且对维护南亚地区安全、稳定和可持续发展具有重要的现实意义。

二 国内外研究综述

当前，全球气候变暖已成为制约人类经济社会可持续发展的重要障碍，引起世界各国的高度重视。在全球气候变暖与气候治理的背景下，碳元素的地缘政治角色不断凸显，相关议题的关注度迅速提升。学术界关于全球能源形势、能源转型以及碳中和目标的研究方兴未艾，各类研究成果越来越多。中国和南亚各国都是世界上重要的能源消费国，也是世界上重要的碳排放主体，在碳中和背景下，能源转型、结构升级以及新能源开发与合作成为实现可持续发展的重要命题，国内外学者关于南亚地区的能源发展、能源转型以及中国与南亚国家能源合作等问题的研究也不断增多和深入，产生了很多重要的研究成果。

（一）关于碳中和背景下全球能源形势的研究

自《巴黎协定》提出全球应在 21 世纪中叶前后实现净零排放以来，碳中和已不仅是一个科学问题，更是各国应对气候危机达成的全球共识。面对气候变化以及碳中和的国际背景，清洁能源形态成为能源权力新的要素，进而为非传统能源国家提供了获得能源权力的机遇，也对中东油气国家的能源权力产生巨大影响（Smil，2010）。能源权力不再以"油权"为唯一核心，而是拓展到"能源供应权""能源需求权""能源技术权""能源金融权""能源碳权"，世界不同地区及经济体因为拥有不同的能源权力优势，在全球能源权力结构中各据一方（许勤华，2017）。当下新能源与低碳经济的发展，带动国际能源格局产生变化，在新旧能源交替之时，新能源的地缘属性开始凸显，可再生能源的崛起很可能会改变现状（Stevens，2019）。

1. 关于能源结构的研究

进入 21 世纪，随着全球化进程的进一步加快和国际市场的深入发展，国际石油市场逐渐融入全球金融市场和资本市场，石油交易逐渐转向期货交易，国际石油期货市场日渐活跃（潜旭明，2020）。作为一种新型金融产品，油气能源的价格受市场供需影响不断变动。美国"能源独立"战略重新分配了国际能源供应格局，国际能源供给中心逐渐向西迁移，以沙特阿拉伯、伊朗为代表的中东供应板块的地位日渐下降。同时，随着中国、印度、韩国等亚太新兴经济体的经济发展与崛起，亚太地区的油气需求与消费逐年上涨，形成了当前以北美、欧洲、亚太为中心的三大需求板块。当前，全球能源地缘政治格局正发生深刻的结构性变化，在能源供给格局"西升东降"与消费格局"东升西降"形成的能源地缘政治主要矛盾下，沙特阿拉伯面临的能源地缘政治形势发生深刻变化，能源权力受到严重冲击。长期供过于求的国际能源市场，使国际油价维持低位运行。

在供需结构方面，2020 年以前，有学者总结了全球能源供给过剩、需求增速下降的常态化趋势，并指出"全球油气供给中心西倾和需求中心东移"这一描述的不准确性，其认为近年来，全球原油生产格局最为显著的变化是北美洲成为世界最主要的石油生产地区之一，北美洲在国际油气生产格局中地位愈发重要，而全球石油消费区域格局最明显的变化是欧佩克（OPEC）成员石油消费开始逐步下降；全球天然气生产格局并不是简单地西移，而是趋于分散，呈现多中心化趋势，发达国家天然气消费逐渐饱和、发展中国家天然气消费迅速增长成为全球天然气消费需求格局变化的主要表现（吴昊、崔宇飞，2017）。以 2020 年为具体节点，有学者将目光转向突发性公共卫生事件对国际能源市场的影响。柯晓明（2020）认为，全球经济复苏的过程极有可能出现不确定性，同时会使世界经济出现结构性调整。世界各国的社会经济发展呈现停滞状态，导致石油、天然气需求遭受重大冲击，全球石油市场因此呈现的供大于求态势短期内仍难以改变。同时他也指出，低油价长期持续将会导致石油产业的上游投资不足，油田减产，国际石油市场供给将进一步下降。在全球油气行业发展方面，张茂荣（2020）认为，突发因素导致全球油气供需格局失衡进一步加剧，也使美国能源行业陷入困境，但相比于俄罗斯、沙特阿拉伯，美国页岩油产业中长期前景具有韧性。还有学者从地缘政治与能源博弈的角度解读突发因素对全球能源格局的影响，他认为全球能源消费受这种因素影响而降低，这也使国际能源行为体对能源市场未来发展前景持不乐观态度，国际能源行为体的互动关系以及行为模式也因此发生改变。受国际油价持续震荡的影响，能源博弈形势已经发生改变，从传统的能源消费国间争夺油气资源的博弈转变为能源供给国间争夺出口市场的博弈（富景筠，2020）。对于当前全球能源格局变迁的应对之道，吴磊（2020）认为国际石油需求下降，价格下跌，从而引发了石油危机，为应对可能产生的石油危机，中国应采取积极的能源安全战略，增加石油的战略积累与储备，激发国内的油气消费潜力，充分发挥石油产业在国民经济中的作用，带动国民经济复苏、刺激消费增长、维持经济长期稳定发展。

2. 关于能源转型的研究

化石能源的开发利用是导致环境污染和温室气体排放的主要原因，大量化石能源的消耗增加了二氧化碳排放量，促使全球变暖。因此，能源转型是切实履行《巴黎协定》要求、实现碳中和目标、应对全球气候变化的有效举措（邹才能等，2021）。能源转型与碳中和目标是相互影响、相辅相成的。碳达峰和碳中和将会引领和推动能源革命，带来新的产业、新的经济增长点和新的投资，实现经济、能源的可持续发展，以及环境、气候的改善（杜祥琬，2020）。渡琢磨等（Takuma et al.，2021）指出，可持续的能源转型需要加强资源治理。谭彩霞等人（Caixia，Tan et al.，2021）研究了碳中和背景下基于合作博弈视角的氢天然气混合储能系统优化模型。赵宁等（Ning，Zhao et al.，2020）分析了可再生能源发电、储能和节能技术对碳中和的影响。周淑慧等（2021）分析了碳中和背景下中国煤炭和天然气行业的发展前景与趋势。翁智雄（2021）研究了中国实现碳中和远景目标的市场化减排机制，阐述碳中和目标对中国推进碳减排、推动能源与产业变革以及构建全球可持续治理体系的重要意义。

能源转型不仅改变了国际能源结构、能源经济与市场竞争格局，还将引发国际能源地缘政治格局的新变化（吴磊，2021a）。既有研究普遍认为全球能源结构由传统能源向可再生能源转型升级是大势所趋，尤其在气候变化和政治压力推动下，向低碳能源转型可能产生新的能源地缘政治格局（Yergin，1991）。而中国明确碳中和目标、加速能源转型步伐，也将对全球能源地缘政治和能源秩序产生影响（吴磊，2021b）。根据国际可再生能源署（IRENA）发布的报告，氢能将作为新的"市场参与者"推动能源供应多样化，氢能的发展将会重塑全球能源格局，改变世界能源贸易的地理格局，以往能够左右价格走势的油气生产国的地缘政治影响力将大大削弱。实现碳中和与能源转型目标需要一系列颠覆性、变革性能源技术作为战略支撑（黄震、谢晓敏，2021）。从长远来看，技术与成本优势将决定谁能赢得清洁能源革命。同时，2024年IRENA与世界贸易组织（WTO）联合发布的报告《国际贸易与绿色氢能：支持全球向低碳经济过渡》认为，绿色氢能可推动可再生能源的电气化，并促进重工业、航运、航空和其他关键部门的脱碳，从而在将全球升温限制在1.5℃范围内方面发挥关键作用。应对气候变化一直以来都是全球关注的热点话题，切实履行《巴黎协定》要求，推动全球以6%的年均速度减排，实现碳中和是当前多国的政策目标。自中国明确碳中和目标后，碳中和以及实现碳中和的路径等内容成为国内相关专业领域的研究热点，既有研究认为推动能源转型是实现碳达峰、碳中和的重要路径（魏文栋，2021）。

综合来看，既有文献对碳中和背景下全球能源形势的研究，主要基于两个方面展开。一方面是在马克思主义生态观的基础上梳理了新发展理念下中国低碳经济发展脉络，提出构建绿色、低碳、循环经济体系是实现碳达峰、碳中和的关键举措。另一方面是分析了碳达峰、碳中和目标下能源经济的低碳转型，并提出低碳经济生成逻辑和发展脉络。但是，这些研究多数仅从问题出发，阐述了中国在低碳经济发展、绿色转型中的实践策略。从顶层设计和全局层面针对新发展理念下碳达峰、碳中和目标的实现，以及低碳经济发展的理论体系研究，尚存研究空间。

田慧芳（2020）通过研究国际碳中和的进展、趋势及启示，指出近年来，联合国环境规划署（UNEP）、澳大利亚、法国、英国、哥斯达黎加、中国等在气候中性、碳中和方面开展了很多实际行动，也发布了许多规范与指南。邓明君等（2013）应用信息可视化软件Cite Space II生成碳中和理论研究的知识图谱，深入分析了国际碳中和理论研究的知识基础和前沿演进轨迹，发现国外学术界的研究聚焦全球碳市场、碳市场设计、森林碳补偿和碳泄漏等关键难题。韩立群（2021）分析了碳中和的历史源起、各方立场及发展前景。张雅欣等（2021）通过对国际碳中和行动的趋势分析和评述，对各国实现碳中和目标提出建议。刘玫、李鹏程（2020）分析了气候中性与碳中和国际实践及标准化发展对中国的启示，对中国开展碳中和实践提出相关建议。邹才能等（Zou et al.，2021）研究了新能源在碳中和过程中的作用。王灿、张雅欣（2020）分析了碳中和愿景的实现路径与政策体系。孙瑶馨（2021）论述了中国碳中和目标实现与风险应对，并提出相关的对策建议。黄晶（2020）指出实现碳中和目标需要发挥科技的支撑作用，加快常规节能增效类低碳技术的推广应用，做好新型减缓气候变化技术的研发示范储备。张九天、张璐（2021）研究了中国碳捕集、利用与封存（CCUS）技术发展对碳中和的影响。屈博等（2021）研究了碳中和目标下的电能替代发展战略，指出电能替代是实现碳达峰与碳中和目标的重要路径。陈晓径（2021）分析了碳中和目标下中欧科技合作面临的机遇与挑战。康佳宁等（Kang et al.，2021）通过专利数据观察碳捕集和储存的技术储备，探讨为碳中和目标的实现铺平道路。徐政等（2023）论述了新质生产力赋能碳达峰、碳中和的内在逻辑与实践方略。

（二）关于碳中和背景下南亚国家能源转型的研究

南亚地区能源资源丰富、地理位置优越，是全球能源贸易的核心地区和能源运输最为繁忙的地区之一，印度洋对全球能源贸易至关重要，在全球能源安全供应方面占有重要地位，并且今后会越来越重要。南亚国家与中国特殊的地缘政治关系，以及中国未来的能源发展需求决定了南亚国家对中国能源安全具有重要的战略意义，中国与南亚国家开展能源合作是共建"一带一路"的重要内容。随着共建"一带一路"倡议的推进以及"中巴经济走廊""孟中印缅经济走廊"合作项目的深入发展，中国与南亚国家的能源合作范围不断扩大，合作项目众多，目前已经取得丰富的合作成果。但是，由于南亚地区地缘社会形势复杂，中国与南亚国家的能源合作也面临一系列挑战和问题。在碳中和背景下，能源转型、结构升级以及新能源开发与合作成为实现可持续发展的重要命题，国内外学者关于南亚国家能源开发与合作、能源转型等问题的研究也不断增多和深入，尤其自2013年共建"一带一路"倡议提出以来相关文献不断增多。

1. 关于南亚国家能源形势的研究

印度传统能源禀赋条件差异较大，具体体现为"一富两不足"的分化特点。根据国际能源署（IEA）数据，印度煤炭资源较为丰富，探明储量为870亿吨，占世界总量的8.6%，居世界第五位[①]；而石油和天然气资源匮乏，石

---

① "Coal 2024 Analysis and Forecast to 2027", IEA, 2024, https://iea. blob. core. windows. net/assets/a1ee7b75-d555-49b6-b580-17d64ccc8365/Coal2024. pdf.

油储量约 6 亿吨，仅占世界总量的 0.3%，天然气储量为 38 万亿立方米，仅占世界总量的 1.7%[①]。在传统能源需求中，石油是印度最主要的能源消费品，占能源消费总量的 35%，煤炭、天然气次之。2023 年，印度石油消费总量为 2.31 亿吨，同比增长超 5%[②]。印度人口众多，截至 2023 年有 14.4 亿人[③]，随着经济社会的发展，印度能源需求量正在不断增长，能源消费总量逐年提高，各类能源消费均在增长，本国能源产量难以满足巨大的能源需求，能源大量依靠进口。为了解决国内能源紧缺的问题，印度积极与俄罗斯、中东国家、非洲国家以及缅甸等能源出口国合作，进口油气资源。中印两国同为世界上人口众多的能源消费大国，经济发展迅速，能源需求量大，两国在国际能源市场上的竞争在所难免。但中印两国在竞争中也有一些能源合作，积极发挥各自主动性，联合能源消费国家扩大能源阵营，应对"亚洲溢价"（陈富豪、朱翠萍，2020），在减少碳排放、保护全球气候、开发可再生能源方面中印两国也有相关合作。李昕蕾（2020）总结了印度的清洁能源外交策略，认为印度重视通过双边或多边国际合作推动清洁能源开发。金莉苹（2018）提出，莫迪执政以后所宣称的可再生能源发展计划，由于体制、资金、技术等限制无法按时实现。德尔贝洛（Del Bello，2021）认为，印度面临投资不足、项目延期等问题，难以实现其可再生能源发展计划。S. K. 巴塔里亚等（Rai et al.，2015）认为，印度化石能源有限，但人口增长与经济发展促使其寻求替代能源，印度应当加快探索发展地热能。

巴基斯坦是南亚地区少数传统能源禀赋条件整体较好的国家。巴基斯坦煤炭资源丰富，储量达到 1851.75 亿吨[④]，主要分布在信德省、俾路支省、旁遮普省和开伯尔-普赫图赫瓦省；油气资源位列世界第五，石油储量为 2270 亿桶，其中可开采量为 91 亿桶；天然气储量约为 16.6 万亿立方米，其

①　"India Gas Market Report：Outlook to 2030"，IEA，2025，https://iea. blob. core. windows. net/assets/ef262e8d-239f-4cfc-8f8c-4d75ac887a0f/IndiaGasMarketReport. pdf.

②　"World Energy Outlook 2023"，IEA，2023，https://iea. blob. core. windows. net/assets/86ede39e-4436-42d7-ba2a-edf61467e070/WorldEnergyOutlook2023. pdf.

③　"World Population Prospects 2024：Summary of Results"，World Bank Group，2024，https://data. worldbank. org/country/india.

④　《世界能源统计年鉴 2024》，能源研究院（EI），2024，https://assets. kpmg. com/content/dam/kpmg/cn/pdf/zh/2024/08/statistical-review-of-world-energy-2024. pdf。

中约 3.0 万亿立方米技术上可开采[①]。但是，由于资金、技术等条件限制，巴基斯坦能源开发水平较低，资源优势未能较好地转化为经济优势。Rafi 等（2014）认为，巴基斯坦由于面临传统能源危机、经济环境脆弱、喜马拉雅山地冰川融化等问题，需推动能源转型，构建以水能、风能、生物质能等可再生能源为主导，以不可再生能源为补充的能源结构。

孟加拉国能源资源贫乏，传统化石能源呈现"富气少煤缺油"的特点。目前，孟加拉国仍没有大规模开采煤炭，唯一开采运营的巴拉普库利亚煤矿设计年产量仅 100 万吨，石油储量极少，石油及其产品基本全部依靠进口，石油对外依存度高达 90% 以上。孟加拉国主导能源是天然气，根据孟加拉国石油、天然气和矿产公司的统计，孟加拉国先后发现 27 个天然气田，探明及预测可采总储量为 7920 亿立方米。截至 2024 年，孟加拉国的天然气产量为 0.8 亿米³/日，其中 0.6 亿米³/日来自本地气田，0.2 亿米³/日来自再气化 LNG。天然气及电力生产是孟加拉国能源工业的核心，但也不能满足国内的能源需求。长期以来，国内能源短缺和电力供应不足、国际能源合作有限成为制约孟加拉国经济发展的主要因素（吴磊、詹红兵，2018a）。孟加拉国的能源安全、能源公平以及环境可持续都存在问题，面临严峻形势。

2. 关于南亚国家能源合作的研究

在以南亚国家为主体的研究中，曹峰毓、王涛（2016）认为南亚国家共同面临石油依赖进口、电力严重短缺、节能减排压力大等相似困境，印度与尼泊尔、斯里兰卡等国共建双边能源合作机制，南盟与孟加拉国多部门在技术经济合作计划框架下建立多边能源合作机制，但由于地区资源互补性差、缺乏政治互信、资金技术匮乏，能源合作机制多还停留在初级阶段。穆罕默德·纳维德·伊夫蒂哈尔等（Iftikhar, et al., 2015）认为大多数南亚国家能源结构单一，依靠一种能源提供国内 50% 以上电力的现象较为普遍，因此需提升能源使用效率、推动可再生能源发展。索赫尔·拉纳（Rana, 2017）认为跨喜马拉雅经济走廊可关注农业和水力资源开发，各国解决边界问题是走廊成功建设的关键。

当前全球能源行业正处于发展的转折点，国际能源合作开始向以低碳、

---

① "BP Energy Outlook 2023", BP, 2023, https://www.bp.com/content/dam/bp/business-sites/en/global/corporate/pdfs/energy-economics/energy-outlook/bp-energy-outlook-2023.pdf.

清洁为导向的能源经济产业链转变，清洁能源合作成为重中之重。崔守军（2022）指出，共建"一带一路"倡议为促进清洁能源国际合作提供了广阔的平台。基于"印太战略"，美国强化与印度的清洁能源合作伙伴关系，通过加强与印度的联合，扩充清洁能源合作联盟，进一步分化发展中国家阵营（李昕蕾，2021）。同时，印度基于能源革命、大国战略的双重需要，将清洁能源外交作为印度整体对外行动的优先事项（张锐，2020）。印美两国领导人多次强调双边能源战略伙伴关系的重要性以及为增强全球能源安全而利用新的机会加强合作的重要性，尤其是利用更多的天然气、清洁煤以及可再生能源和能源技术来推动印度的经济增长（肖军，2021）。

3. 关于南亚能源地缘政治格局的研究

当今国际能源格局和地缘政治格局，对于扩大和加深"一带一路"油气合作既是机遇也是挑战。美国认为共建"一带一路"倡议严重威胁了其在中东和印度洋地区的石油霸主地位，因此，中国在推进共建"一带一路"倡议过程中将不可避免地受到美国的影响（王德华，2015）。同时，非传统安全威胁不容低估，一方面，印度洋地区的海上恐怖主义、海盗和有组织犯罪等问题"久除不尽"，提高了地区治理与合作难度；另一方面，气候变化、自然灾害等引起的安全风险不容忽视（李恪坤、楼春豪，2019）。国外学者及政府智囊将中国在环印度洋地区的能源合作视作威胁，特别是印度认为自己受到来自中国的竞争，动摇了其区域大国地位（Holmes et al.，2008）。"季节计划"是印度强化与印度洋国家联系，为印度的海洋战略服务的一项战略，印度学者把"季节计划"与"21世纪海上丝绸之路"联系在一起，将其视为"反制"中国"21世纪海上丝绸之路"的战略规划（陶亮，2015）。在印度看来，印度洋是"印度之洋"，是印度获取大国地位的必要条件。在"印太"语境下，印度将以更为积极、进取的姿态提升其在印度洋的控制力（邹应猛、龚贤周，2019）。戴永红、秦永红（2010）分析认为中国能源安全受到国际地缘政治因素的巨大影响，涉及中国与印度、巴基斯坦、孟加拉国、斯里兰卡和尼泊尔的能源合作；戴永红、秦永红（2015）又提及中缅油气管道在给中缅两国带来合作利益的同时，也将改变亚洲特别是东南亚和南亚的能源地缘政治格局。刘稚、黄德凯（2018）认为，地缘政治对"孟中印缅经济走廊"建设的影响远远大于地缘经济，中印之间因政治互信不足导致的印度"关键大国"角色缺失，是该走廊建设未能取得实质性进展的重要原因。刘鹏（2014）指出，当前孟中印缅次区域合作机制面临的问题首先是要为区域合作设定明确的目标，现有的选项包括次区域国际组织、自贸区模式和维持现有模式。此外，还需要根据国际机制所包含的要素进行仔细设计，其中包括国际机制的成员资格、国际机制的议题范围、国际机制的集中程度和国际机制的灵活性。刘晓伟（2019）则认为，机制初创成本高昂、共同意愿缺乏、关键性大国缺失、成员国数量少导致小国不敢"搭便车"等因素决定了该次区域合作一定时期内机制化的合理限度，同时机制化水平的提高并不一定有利于提升次区域合作水平和增加公共产品的供给，所以机制化不应成为所有次区域合作追求的目标。

（三）关于中国与南亚国家能源合作的研究

对于中国与南亚国家能源合作的研究，多数学者主要是从地缘政治的视角对共建"一带一路"与南亚地区的形势进行分析，或从经济贸易领域对共建"一带一路"倡议下中国与南亚国家的经贸合作进行研究，研究中会涉及或提及能源领域的合作问题，但研究的重点主要集中在能源地缘政治格局和能源基础设施建设等方面。总体来看，国内外对中国与南亚国家能源合作的相关研究成果以论文为主，进行全面综合研究的专著数量比较有限，且研究主要集中于中印能源合作，研究的重点为油气能源合作。

1. 关于中国与南亚地区能源合作的研究

从宏观层面来看，就中国与南亚地区能源合作的现状而言，南亚各国是共建"一带一路"的重要国家，开展区域和国际能源合作具有重大意义。该地区各国与中国具有巨大的能源供需互补需求，可有效缓解中国能源的采购压力，并且印度洋的安全与稳定将有利于中国的战略实施与经济利益（王德华，2015）。在未来能源合作中，中国会积极顺应周边国家对深化能源合作和确保能源安全的需求，提供更多国际公共产品（康煜等，2019）。陈继东等（2016）以共建"一带一路"为背景，深入探讨了构建中国西部与南亚贸易能源通道的战略意义、面临的问题等，并对这一战略的推进提出相关建议。尹继武（2010）阐明了虽然南亚国家能源自然禀赋不足、开发能力不强，但经济增长较快，多数南亚国家对进口能源依赖度较高，并且南亚国家是中国近邻，又是中国进口油气的重要通道，同南亚国家开展能源合作对中国具有战略意义。马宏（2007）讨论了中国在南亚建设的能源走廊以及中国能源企业在南亚应关注的焦点。石泽（2015）认为在共建"一带一路"过程中，应以能源资源合作为抓手，不论从中国与周边国家未来经济发展结构、优势互补的角度看，还是从中国与周边国家已具备的合作基础和条件来看，都是最为现实和可行的。因此，应将能源资源合作作为中国与周边区域合作的优先选项，着力加以推动。同时，曹峰毓、王涛（2016）也指出，当前中国与南亚的合作还仅限于不深入、层次较低的多边合作，存在能源资源互补性差、缺乏政治互信和政府介入过多等问题。中国在环印度洋地区的能源合作计划也面临一定的风险。杨晓萍（2012）认为，从一个统领且连贯的角度看，南亚是一个具有独特性和相对封闭性的战略单元，安全架构呈现失衡性和断裂性特征。在力量上，南亚地区"印度中心"特征非常明显，虽然各国对印度的依赖程度不尽相同；在制度上，南亚区域合作联盟制度设计的缺陷产生了经济、社会双重影响，导致印度和巴基斯坦两大阵营经济融合出现断裂以及社会层面官方与非官方融合的严重脱节；在观念上，南亚地区长期存在"重陆地轻海洋""重军事对抗轻社会发展"的思维偏见，虽然目前陆权和海权的优先性正在被重新定义，但认知上的偏见并不能轻易改变。

2. 关于中国与南亚国家双边能源合作的研究

陈利君等（2011）认为，不可再生能源分布严重不均且储量有限，使世界能源安全形势日趋严峻。从未来发展形势看，随着一批发展中国家经济的崛起和能源需求量的增加，世界能源将长期处于"紧运行"状态。吕江（2021）认为，传统能源安全观已无法适应新的能源安全形势需要，只有建立在"供需平衡"上的能源安全观，才更符合未来国际能源格局的演变现实。中印作为发展中的大国，能源安全形势日益严峻。双方只有加强合作，才能实现互利共赢，才能共同应对挑战，才能共同推动能源安全体系建设。李渤（2011）在总结经济全球化深入发展态势下全球能源供需格局的基础上，分析中印两国在崛起过程中的能源需求和相互依赖度，以及能源问题在中印关系中的战略地位及对现实以至未来中印关系的影响。在此基础上，对中印在能源领域的竞争与合作进行模型分析，并提出激发中印能源竞争与合作潜力的措施，对两国能源关系发展的前景进行探讨。戴永红、袁勇（2014）从地缘政治经济的视角，全面系统分析了中印两国的海外能源战略，选择了中东、中亚、东南亚、南亚、非洲、南美洲、北美洲、欧洲、大洋洲和北极等10个世界油气富集区，分析这些地区的地缘政治经济特征、主要国家的能源资源政策，中印海外能源战略的演变和中印海外能源合作与竞争，并重点探讨分析了中印两国在这些地区的能源战略选择。叶玉、刘宗义（2010）通过比较分析的方法说明虽然中印能源政策各有侧重，但是中印两国可以在缓和能源资源竞争、开发能源技术、交流市场管理和制度建设经验以及推进多边能源机制建设等方面进行合作。陈利君（2010）也探讨了中印能源合作，认为两国为解决能源短缺和不安全问题都采取了若干措施，并取得了不小的成效，但总体上看，双方的能源安全保障体系均远未建立。戴永红、阮露洁（2013）认为，虽然中国与南亚大国印度之间存在不可避免的竞争，但目前两国间已逐步由"零和博弈"转向"竞合博弈"。面对日益复杂多变的国际能源形势，在全球化不断加速演进背景下，中印之间只有不断加快能源合作的步伐，才能真正实现互利共赢，更好地建设能源安全保障体系。余功铭、王轶君（2018）总结了印度油气行业的发展现状和当前的油气政策，对中印两国在油气资源领域的巨大合作空间以及面临的挑战进行分析。张立、李坪（2016）认为，中印两国应通过推进基础设施、能源等领域取得新突破，扭转印度的疑虑、排斥和警惕态度，但中印两国由于能源问题的高同质性，合作较少且存在摩擦。张娜（2017）认为，中印两国应加强绿色发展与能源转型方面的合作。张春宇、陈玉博（2019）则认为中印两国应共同推进全球能源治理。苏健等（2020）认为，在国际油价下行的背景下，中印两国应掌握买方市场的议价能力，携手与产油大国议价，消除"亚洲溢价"。

除了印度，中国与巴基斯坦、孟加拉国、尼泊尔的能源合作也是研究热点。张超哲（2014）认为，巴基斯坦是中国向西开放的重要支点，多种因素促成中巴经济走廊建设步入新阶段。刘宗义（2016）认为，中巴两国政府加大了推进中巴经济走廊建设的力度，但走廊建设仍面临巴基斯坦国内政治掣肘、民众期待过高、精英阶层对华态度分化、沿线安全问题严重、外部势力干扰等严峻挑战。陈小萍（2009）从三个方面分析了中国与巴基斯坦的能源贸易：巴基斯坦设想的能源贸易通道的构成要素，建立中巴能源贸易通道的重要意义以及建成能源贸易通道面临的挑战。吴磊、詹红兵（2018a）指出，作为能源净输入国，孟加拉国必须依靠国际市场获得能源，必须加强国际能源合作，孟加拉国应坚持可持续发展理念，牢牢把握共建"一带一路"的机遇，借助中国力量推动能源工业现代化以及区域能源合作。刘长敏、焦健（2020）认为，中巴务实合作以中巴经济走廊建设为引领，以瓜达尔港、能源、交通基础设施和产业合作为重点。中巴经济走廊和孟中印缅经济走廊建设是中国与南亚国家开展能源合作的重要平台，国外学者对"两廊"建设有较多关注。阿里·海德尔·萨利姆（Saleem，2017）认为，俾路支省的经济发展与政治稳定问题影响中巴经济走廊建设，走廊建设项目带来的经济发展、就业机会实际上为该省带来了稳定。朱翠萍、斯瓦兰·辛格（2015）提出，中国和印度是孟中印缅次区域合作中的两个大国，中印双边合作进程缓慢是制约孟中印缅经济走廊建设的关键因素。

3. 关于共建"一带一路"倡议的研究

2021年6月23日，在"一带一路"亚太区域国际合作高级别会议期间，中国、阿富汗、孟加拉国、巴基斯坦等国共同发起"一带一路"绿色发展伙伴关系倡议。近年来，绿色发展理念日益融入共建"一带一路"具体项目，"绿色效应"持续显现，为共建"一带一路"增添新亮色。将绿色发展理念融入共建"一带一路"，为共建国家和地区创造更多的绿色公共产品，将有效推动2030年可持续发展议程的落实（许勤华，2018）。共建"一带一路"国家和地区绿色能源禀赋特点明显，推进"一带一路"绿色能源合作有着较大的潜力，中国已与共建"一带一路"国家和地区开展了卓有成效的绿色能源合作（蓝庆新等，2020）。徐建山等（2016）重点剖析了印度、阿富汗、巴基斯坦、孟加拉国4个国家的地缘政治环境、政体政局、经济和社会形势、油气对外合作历史和现状、油气产业发展和供需情况，以及合作机会和存在的风险。朱翠萍（2017）认为南亚在共建"一带一路"中的战略地位、合作广度与深度，不仅取决于南亚自身的地缘政治结构、南亚在地区和世界格局中的位置，更取决于中国的地缘政治结构、中国在南亚的战略定位和战略诉求以及中国与南亚国家之间的互动。潜旭明（2017）认为，共建"一带一路"倡议不仅是新时期中国大周边外交的重要战略布局，而且对中国当前能源安全战略规划与国际能源合作具有重要的指引作用。

国外学界对中国与南亚国家能源合作的考察，主要集中在能源运输安全，南亚地区内部能源经济一体化或单一国家与中国的能源贸易、战略关系，本地区、本国能源供给可持续性等方面（Singh，2013）。

三　理论基础

本书主要是在碳中和的背景下，结合构建人类命运共同体理念和共建"一带一路"倡议，以要素禀赋理论、能源地缘政治理论、相互依存的能源合作机制理论等为支撑，对推进中国与南亚各国能源合作的可行性和重要性，中国与南亚国家能源合作的历史、现状、前景，以及合作的难点、重点进行纵向、横向比较分析与研究，并得出一定的结论，为未来中国与南亚国家能源合作提供有效的路径选择和对策建议。

（一）要素禀赋理论

要素禀赋理论亦称为"赫克歇尔-俄林理论"（Heckscher-Ohiln Theory）或"H-O理论"，最初由瑞典经济学家赫克歇尔提出，后来瑞典经济学家俄林在赫克歇尔的研究基础上进一步开展深入分析和理论阐释。1919年，赫克歇尔发表论文《对外贸易对收入分配的影响》，明确提出要素价格均等化命题，并且讨论了国家之间要素禀赋差异在确定比较优势和国际贸易中的重要作用，这成为要素禀赋理论的起源。1933年，俄林在《区域贸易和国际贸易》一书中提出，假定各国在需求情况相似、生产要素的生产效率相同情况下，各国商品价格的差异决定贸易格局。该理论认为各国要素禀赋的相对差异以及生产各种商品时利用这些要素的强度差异是国际贸易的基础，要素禀赋不同是国际贸易产生的根本原因。

要素禀赋理论的基本框架可以概括为两个核心概念和四个基本定理。两个核心概念是要素丰裕度（Factor Abundance）和要素密集度（Factor Intensity），四个基本定理则分别是赫克歇尔-俄林（Heckscher-Ohlin，H-O）定理、要素价格均等化（Factor Price Equilibrium，FPE）定理、斯托尔珀-萨缪尔森（Stolper-Samuelson，SS）定理和罗伯津斯基定理（Rybczynski Theorem）。要素禀赋理论采用了两个要素比例的概念：要素丰裕度和要素密集度。要素丰裕度是指一个国家所拥有的各种可用生产要素之间的相对丰裕关系，根据要素丰裕度的不同，可以把不同的国家区分为资本相对丰裕的国家和劳动相对丰裕的国家。要素密集度是产品生产过程中不同投入要素之间的比例关系。在资本和劳动两要素假定下，要素密集度可以用生产中使用的资本劳动比率（$k_i = K_i / L_i$，$i = X$，Y），即人均资本消耗量来衡量。根据生产过程中要素密集度的不同，产品可区分为劳动密集型产品和资本密集型产品。要素密集度与要素丰裕度可以表征各国对于各种生产要素的投入程度会对最终国际贸易流向产生的影响。因为商品的各种要素会导致生产成本不同，最终会导致商品价格的变化，而国际贸易产生的重要因素就是商品价格的差异。各个国家不同商品的价格不一样，就可以利用国际贸易进行资源的合理交换。要素禀赋理论具有明显的特征：一般均衡分析方法、开放的理论体系和内在的动态属性。这些特征使现代贸易理论具有不可替代的优越性，同时对于发展中国家经济发展也具有重要的现实意义。

（二）能源地缘政治理论

地缘政治学是政治地理学及国际关系学的交叉学科，拉采尔被认为是近代地缘政治理论的奠基人，他提出的国家有机体理论是地缘政治学的核心理论基础。之后，瑞典地理学家鲁道夫·契伦在拉采尔国家有机体理论的基础上，提出地缘政治学理论。他认为地缘政治学是把国家作为地理有机体或一个空间现象来认识的科学。随着研究的深入，有学者相继提出"海权论""陆权论""空权论""边缘地带论"等地缘政治理论。能源地缘政治理论是在地缘政治学基础上逐步发展起来的。地缘政治是政治行为体通过对地理环境的控制和利用，实现以权力、利益、安全为核心的特定权利，并借助地理环境展开竞争与协调的过程及由此形成的空间关系（陆俊元，2005）。在结构上，地缘政治包括地理和政治两个核心概念，其中前者是对地理空间的一种表象认识，后者是获取世界权力的一种战略思考。在地缘政治理论中，"地理"涉及国家、领土、边界、民族、资源、人口等要素，这些要素相互联系、相互制约。领土、边界勾画出国家地理位置、面积的大小和形状，而资源、人口等则是决定国家经济权力、政治权力和未来发展潜力的要素（许勤华，2006）。

随着能源成为重要的战略性资源，对全球油气资源的争夺成为各国政治、外交政策的重要基础，能源本身所具有的稀缺性、不可再生性和分布不均衡性决定了能源问题的地缘政治属性。石油资源由此成为最重要的地缘要素，继而产生了以石油为基础的能源地缘政治理论。能源地缘政治理论是地缘政治理论与资源政治理论的统一，是现代地缘政治理论与国际能源政治理论的结合。能源地缘政治通常是指国际政治中围绕能源这种战略资源的占有、使用、控制、交易，由地理分布以及与地理密切相关因素引起的，不同国际行为体之间的相互关系与涉及重大国际政治及国际关系的战略和策略问题。分析国际能源地缘政治结构可以从能源的生产、交换、消费、分配四个环节着手，分解成三个相互平行的部分：一是能源生产的地缘政治，主要是指围绕石油与天然气相对集中的地区展开的资源控制权和开采权争夺；二是能源消费的地缘政治，主要指的是能源消费国为获取能源资源而展开的竞争和博弈；三是能源贸易的地缘政治，主要是指能源生产中心与消费中心的不重叠而导致的能源贸易流通格局（崔守军，2013）。在地缘政治学基础上发展起来的能源地缘政治理论有"地理"、"政治与经济"和"能源"三个核心概念，三者形成了一个互动的三角。能源地缘政治学的中心议题是阐释国家在地理空间中的能源权力关系，也就是国家的地理位置、面积大小和形状、资源、人口等地缘政治要素对国家拥有、获取能源或者利用能源维护国家利益的影响（王海运、许勤华，2012）。

能源地缘政治学早期的主要代表——美国学者梅尔文·科南特，在其1978年出版的被认为是能源地缘政治学研究领域重要基础文献的《能源地缘政治》一书中分析指出，"获取原材料尤其是获得能源是国际政治关系的当务之急。获得这些基本商品的能力已不再受到传统的殖民关系或军事力量的保护，而是取决于地理因素和各国政府在不同政治条件基础上进行的政治决策。控制资源的国家将控制那些依赖资源的国家，从而引起国际关系的深刻转变"（Conant et al.，1978）。

不同历史阶段的地缘政治学有不同的特点，能源地缘政治理论也随着地缘政治学的发展而发展。传统的地缘政治学反映的是工业化国家（包括工业化初级和中级阶段国家）的地缘政治，即现代社会的地缘政治，相关研究以国家间关系为主要对象；而后工业化时代国家（主要指那些已经完成工业化过程的发达资本主义国家）的地缘政治所包含的内容则比以前宽泛得多，研究主要以全球性网络为着眼点，更关注全球化所带来的各种影响。在这种转变中，国家的支配性政治权力被削弱，变成日益增多的多样化政治的一项内容。由于当代地缘政治学有了明显的后工业化时代特征，能源地缘政治理论也必然反映这些特征。能源地缘政治理论的新发展对国际能源体系产生较大影响，贸易、生产、金融的跨国化和国家行为的国际化开启全球体系的新进程。在新的条件下，当国家间的空间由于现代交通和通信的发展而日趋缩小时，国家间相互作用的类型、方式和规模也会发生巨大的变化，国家之间将从"争霸"逐步转向"寻求合作"。这种新理念关于新型国际关系的解释阐述了全球政治的新属性，并且为国家制定地缘战略提供了新的论据。在国际能源体系依然保持高度竞争的同时，"寻求合作"越来越成为体系中各种行为体之间能源关系的主流。对于能源地缘特性的新认识，促使各国际能源活动主体日益重视加强对话、寻求合作（王海运、许勤华，2012）。

（三）相互依存的能源合作机制理论

相互依存理论以第二次世界大战后各国之间相互联系飞速扩展和相互影响急剧增强的事实为依据。1968 年，理查德·库珀（Cooper，1968）在《相互依存的经济学——大西洋社会的经济政策》一书中首次系统阐述了相互依存理论。20 世纪 70 年代，正当相互依存理论盛行时，全球首次石油危机的爆发促使西方国家认识到"一个并不称心如意但却更为对称的相互依存的存在"。相互依存理论成为国际学术界认识石油危机、探讨能源安全的主要理论工具，并对世界各国开展国际能源合作产生深远的影响（Conant et al.，1978）。梅森·威尔里奇（Willrich，1975）认为，"能源领域是战后世界经济日益趋于相互依存的一个典型例证——石油是国际贸易中最为重要的商品，私人石油公司是最有权力的跨国企业"，因此必须从经济相互依存的现实出发来认识能源安全问题。1976 年，纳兹利·乔克里（Choucri，1976）深刻剖析国际能源领域的相互依存关系，认为"日益增长的石油贸易和不断上涨的石油价格对所有国家国际行为的制约导致了世界范围的相互依存"，并指出石油生产和交换的不对称结构决定石油价格居高不下，进而引起一系列经济和政治后果，在国际政治领域增强了对国家独立自主性的制约。能源交易中的不对称性提供了国家间相互依存的基础，在进口国和出口国之间形成相互影响与制约的杠杆。在西方工业国家高度依赖石油进口的同时，石油出口国的经济也依赖西方，以获得工业产品、先进的技术和服务。这种相互依存使石油进口国和出口国认识到在保持国际经济军事稳定方面，双方存在共同利益，由于所有参与石油交易的国家相互制约，所以每个国家都需要通过预测其他国家的行为来降低不确定性，从而寻找控制其他国家行为的方式，由此可以形成集体行动的制度化基础（Choucri，1976）。

20 世纪七八十年代，随着世界性石油危机、美元地位的动荡、跨国公司的迅猛发展，以及粮食、资源、环境、气候等全球性挑战日益严峻，尤其是世界各国各地区相互依赖关系的凸显，全球主义观念逐渐加强对传统和新兴的现实主义各种思潮的冲击，新自由主义应运而生。新自由主义者从全球化发展和国际社会相互依存理论出发，强调国际机制对构建国际能源体系的作用。国际机制包括由国际规则、国际规范和国际制度组成的框架。他们认为国际机制在国际合作中起着重要作用，可通过对国家行为进行规制，通过谈判、合作达到互信以缓解彼此间的恐惧感。在能源政治尤其是能源安全问题上，国际机制不仅能防止国际能源关系的无政府状态，而且能有效促进能源领域的国际合作。国际学术界对冷战后的能源问题研究深受新自由主义者影响，许多学者将建立能源合作机制视为实现地区能源安全的出路（余建华等，2012）。罗伯特·曼宁认为，与其将能源视为冲突的源泉，不如重视"能源所具有的促进一体化、创造更广泛的利益共享与合作范围的能力"，以及能源对于国家经济和安全具有战略意义。一国和他国通过建设能源通道或其他形式，形成能源上相互依存的格局，需要一定程度的相互信任。弗朗西斯·尼古拉斯等（Nicolas et al.，2004）在研究亚欧能源安全合作问题时指出，亚洲和欧洲在能源领域存在广泛相似性，双方都高度依赖中东的能源，均面临能源安全问题，同时这也成为促进亚欧相互依存的战略因素，一方的政策选择将影响另一方的决策。亚洲可以借鉴欧洲石油战略储备机制、跨国能源协议等经验，而亚欧双方在能源安全上的利益趋同为它们提供在解决能源问题上引导全球治理的机会。

（四）碳中和理念

能源是经济社会发展的重要物质基础，也是碳排放的最主要来源（《经济日报》，2024a）。人类通过三次科技革命和三次工业革命，实现了从农业文明向工业文明的跃迁，同时导致一系列环境污染和生态破坏问题，资源环境约束成为后续发展的主要阻碍，工业文明发展惯性逼近临界点。碳达峰、碳中和是推进生态文明建设、实现人类社会可持续发展的必由之路。"碳达峰"是指某个地区或行业，年度碳排放量达到历史最高值，是碳排放量由增转降的历史拐点，标志着经济发展由高耗能、高排放模式向清洁的低能耗模式转变。"碳中和"是指某个地区在一定时间内，人类活动直接和间接排放的碳总量，与通过植树造林、工业固碳等方式吸收的碳总量相互抵消，实现净零排放。

自《巴黎协定》签订以来，全球承诺在21世纪中叶前后实现净零排放的国家越来越多，法国、英国、日本等国均承诺到2050年实现净零排放。碳中和已成为各国追求的共同目标和共同价值观，占全球GDP75%、全球碳排放量65%的重要经济体开始实践碳中和目标。2020年9月22日，中国国家主席习近平在第七十五届联合国大会一般性辩论上宣布，中国"二氧化碳排放力争于2030年前达到峰值，努力争取2060年前实现碳中和"。实现碳达峰、碳中和，是以习近平同志为核心的党中央统筹国内国际两个大局做出的重大战略决策，是着力解决资源环境约束突出问题、实现中华民族永续发展的必然选择，是构建人类命运共同体的庄严承诺，彰显了中国始终坚持以世界眼光、全球视野构建人类命运共同体的大国担当。

在碳中和背景下，全球将掀起新一轮产业革命与能源革命，"双碳"目标将从能源结构、生产方式、经济形态、产业结构等多个方面引发经济社会系统性变革。中国要紧抓机遇，实现"到 2030 年，中国单位国内生产总值二氧化碳排放将比 2005 年下降 65% 以上，非化石能源占一次能源消费比重将达到 25% 左右，森林蓄积量将比 2005 年增加 60 亿立方米，风电、太阳能发电总装机容量将达到 12 亿千瓦以上"的目标[①]，让经济发展实现深度脱碳，推动产业结构转型升级，大力发展清洁能源与低碳、零碳、负碳技术，在全球气候治理中贡献"中国智慧"，塑造良好的国际形象，提高中国在国际社会上的话语权与影响力。

（五）公共产品理论

公共产品理论作为新政治经济学的重要理论，由美国学者保罗·萨缪尔森于 20 世纪 50 年代中期提出。该理论把社会产品分为公共产品与私人产品，并指出公共产品具有效用的不可分割性、消费的非竞争性和受益的非排他性，私人产品具有敌对性、排他性和可分性。由于私人提供公共产品会出现"免费搭车者"问题，难以实现公共利益最大化，所以通常需要政府介入。

公共产品理论适用范围广泛，能源作为一种全球公共产品，其供应稳定性与可持续性对全球经济社会发展意义重大，因此，国际能源合作需要考虑能源作为公共产品的特性，通过国际合作保障能源稳定供应和公平分配。从能源供应现状来看，中国和南亚国家都面临能源需求增长与能源结构转型的双重挑战。南亚地区人口众多，经济发展迅速，对能源的需求持续攀升，然而部分国家能源供应体系尚不完善。中国虽在能源领域有一定成就，但为实现碳中和目标，也需要加速推进能源转型。

在此背景下，明确能源的公共产品属性，认识能源合作的重要性，有助于推动和保障能源供需的稳定与可持续。中国在可再生能源技术研发、能源基础设施建设等方面经验丰富，拥有完整的产业链。南亚国家则具备丰富的

---

① 王怡：《2020—2060 年中国风电装机规模及其 CO_2 减排预测》，《生态经济》2021 年第 7 期。

可再生能源，如太阳能、水能等。通过合作，中国可输出技术与经验，帮助南亚国家提升能源供应能力；南亚国家的资源也能为中国能源转型提供支持，从而实现能源资源的优化配置，保障双方能源稳定供应，构建良好的合作模式。基于对能源的优化配置，双方还可建立能源合作协调机制，共同制定能源发展规划，确保能源分配的公平性。同时，加强在能源技术研发、人才培养等方面的交流，推动能源领域的可持续发展。这不仅有利于中国和南亚国家应对能源挑战，实现各自的碳中和目标，更能为全球能源公共产品的稳定供应与合理分配贡献力量，推动全球经济社会的可持续发展。

第一章
碳中和背景下的全球能源形势
与中国能源安全

能源是人类文明进步的重要物质基础和发展动力，关乎国计民生和国家安全。国际政治局势的变幻莫测、国家间关系的亲疏远近、科技发展水平的不平衡性等一系列不稳定因素均会对全球能源形势以及中国的能源安全产生直接或间接的影响。在全球持续推进碳中和的背景下，绿色低碳发展理念得到各国政府、企业和民众的广泛认可，一次能源能量密度持续提升的路径被突破，而中国作为全球能源生产与消费大国，能源行业进入转型发展新时期，国家能源安全面临极大的挑战。正确认识碳中和背景下中国的能源发展及能源安全现状，将有利于更好地迎接挑战，丰富中国的能源安全内涵，构建全方位、多层次的能源治理体系，加快实现碳中和目标及能源转型。因此，本章将从碳中和背景下的全球能源形势、中国的能源禀赋与能源结构以及碳中和背景下的中国能源安全现状与挑战三个部分进行论述。

第一节　碳中和背景下的全球能源形势

由于世界经济的持续发展以及工业化、城市化进程的不断加快，尤其是新兴经济体的快速崛起，全球能源需求量不断提升。同时，气候变化问题也变得日益严峻。2015 年，第 21 届联合国气候变化大会通过了《巴黎协定》，制定了相较于前工业化时期，全球平均气温上升幅度控制在 2℃ 以内的长期目标，并于 2016 年 11 月 4 日起正式实施，而控制全球气温的最主要方式就是减少碳排放。近年来，越来越多的国家明确碳中和目标，并陆续出台了相关的碳减排措施。

2020年9月22日，在第七十五届联合国大会上，中国宣布将加大国家自主贡献力度，采取更加有力的政策和措施，力争2030年前二氧化碳排放达到峰值，努力争取2060年前实现碳中和。中国的承诺为国际减排行动注入强大动力，全球低碳转型步伐不断加快。在亚洲，日本已宣布将于2050年前实现碳中和，还发布了"绿色增长战略"，韩国也明确将在2050年前实现碳中和。在欧洲，欧盟已公布《欧洲气候法》，以立法形式明确规定2050年前实现碳中和。英国也推出绿色工业革命十点计划，以期在2050年之前实现碳中和目标。综合来看，世界各国已为绿色转型注入强大的政治动力，并推动全球能源形势发生转变。

一 全球能源供需现状

当前，全球能源供需结构处于煤炭、石油、天然气与新能源"四分天下"的格局（许勤华，2021）。2020年，新冠疫情导致全球能源消费水平下降，全球一次能源消费量下降20.45艾焦[①]，降幅达3.48%（见图1-1）；碳排放量下降201730万吨，降幅达5.92%（见图1-2），均为1945年以来的最大降幅。2021年全球经济复苏后，能源系统开始强劲反弹，截至2023年底，全球发电量增长2.5%，达到创纪录的2.99万太瓦时，其中可再生能源发电的占比提高至30%，可再生能源在能源消费结构中的占比提升至14.6%，比2022年增加0.4个百分点，能源消费增长速度是能源供应总量增长速度的6倍[②]。

随着碳中和逐渐成为国际社会的共识，全球碳减排的进程加速推进，其中，受碳中和目标影响最大的就是能源领域，低碳转型与绿色发展也将是实现碳中和目标最为关键的部分。其中，在太阳能和风能强劲扩张的推动下，可再生能源（不包括水力发电）发电占比继续呈上升趋势。2023年，可再生能源发电占比达到30%，高于核能发电的占比（9.1%）。2023年，煤炭在电力行业的市场份额达35.1%，高于2021年的水平（BP，2024）。

---

① 1艾焦＝40万吨硬煤。
② 《世界能源统计年鉴2024》，能源研究院，2024，https://assets.kpmg.com/content/dam/kpmg/cn/pdf/zh/2024/08/statistical-review-of-world-energy-2024.pdf。

图 1-1 2014—2023 年全球一次能源消费量

资料来源：Energy Institute，*Statistical Review of World Energy*（2024）。

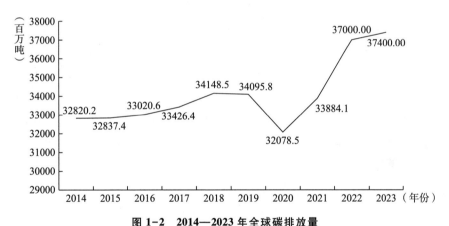

图 1-2 2014—2023 年全球碳排放量

资料来源：International Energy Agency，*World Energy Statistics Yearbook*（various years from 2013 to 2023）。

（一）煤炭的供需状况

英国石油公司（BP）的统计数据显示，截至 2023 年底，世界已探明煤炭储量为 10741 亿吨，主要分布在美国、俄罗斯、澳大利亚、中国和印度，分别占 23.2%、15.1%、14%、13.3% 和 10.3%。虽然多个国家已经明确碳中和目标，但煤炭在未来很长一段时间内仍将是世界主要能源之一。

从全球层面来看，2018 年以来，世界煤炭生产和消费均呈现增长态势，此后的 5 年，世界煤炭供需进入基本平衡状态。从区域层面来看，煤炭的易获得性和低成本使其成为新兴经济体的主要能源（刘闯、蓝晓梅，2020）。2000 年以来，世界煤炭进出口贸易重心持续向东转移，由北美地区向亚太地区转移，亚太地区逐渐成为世界煤炭生产、消费和贸易的中心。再加上欧美国家的绿色能源替代水平逐步提升，以及亚洲地区相对强劲的经济增长带动煤炭消费显著增长，预计未来几年，煤炭出口和消费重心向亚洲转移的趋势将更加明显。

（二）油气资源的供需状况

20 世纪以来，油气资源在世界能源结构中的占比持续上升，现已超越煤炭成为维持人类活动的重要能源，也是重要的工业原料之一。油气资源广泛应用于人类生产与生活的各个领域，在国民经济中占据重要地位。

1. 石油

近半个世纪以来，世界石油产量和消费量始终保持增长态势，年均增长率约为 2%，供需总体保持平衡，多数年份维持供略大于求。

当前世界石油供需增速有所放缓，供需总体形成了以亚太、北美、欧洲及欧亚大陆为主的石油消费中心和以中东、北美、欧洲及欧亚大陆为主的石油生产中心。

从地区层面看，2014—2019 年北美洲石油产量总体稳步增长，2020 年后保持高位，消费量呈波动上升趋势；2014—2023 年中南美洲石油产量整体下滑，消费量相对稳定；2014—2023 年欧洲石油产量基本稳定，消费量有所增长，能源转型特征明显；2014—2023 年独联体石油产量稳中有升，消费量波动增长。中东作为核心产油区，2014—2023 年石油产量与消费量同步增长，区域经济发展带动石油需求增长。2014—2023 年非洲石油产量总体先降后升，消费量呈波动态势。2014—2023 年亚太地区石油产量相对稳定，消费量总体攀升，成为全球石油消费主力（见表 1-1）。

从全球视角看，2014—2023 年全球石油产量波动增长，从 88834 千桶/天升至 96376 千桶/天；消费量整体上行，从 90677 千桶/天增至 100221 千桶/天。这体现了全球对石油需求的韧性，也反映了能源供需在波动中寻求平衡，亚太地区主导消费增长，中东等产区在保障供应的同时释放自身消费需求。

表 1-1 2014—2023 年世界主要地区石油供需情况

单位：千桶/天

地区产量/消费量	2014 年	2015 年	2016 年	2017 年	2018 年	2019 年	2020 年	2021 年	2022 年	2023 年
北美洲产量	18860	19756	19275	20278	22833	24466	23133	24063	23681	24150
北美洲消费量	22747	22462	22093	22465	22510	22906	23025	23184	23784	23710
中南美洲产量	7662	7758	7355	7160	6481	6206	5841	5716	5927	6028
中南美洲消费量	6478	6377	6151	6136	6000	5889	5889	5920	6010	6120
欧洲产量	3426	3596	3623	3579	3538	3424	3579	3412	3389	3376
欧洲消费量	14223	13980	14319	14619	14929	14908	14826	14720	14650	14580
独联体产量	13857	13998	14199	14374	14624	14727	13496	14245	14321	14450
独联体消费量	4165	4102	4156	4205	4320	4367	4149	4280	4350	4420
中东产量	28199	30021	31818	31359	31665	30162	27664	31890	32120	32560
中东消费量	8885	8873	9002	9000	8879	9011	8321	9120	9250	9400
非洲产量	8213	8118	7672	8134	8288	8452	8665	8540	8620	8710
非洲消费量	3749	3877	3906	3956	4045	4098	3559	3680	3750	3820
亚太地区产量	8295	8377	8041	7771	7610	7628	7525	7680	7720	7810
亚太地区消费量	30911	32332	33523	34690	35330	35330	33834	34980	35820	36540
全球石油产量	88834	91632	91989	92568	94852	94961	88391	92319	94232	96376
全球石油消费量	90677	92787	94381	96099	97265	97598	88696	91444	94122	100221

资料来源：《世界能源统计年鉴 2024》，能源研究院，2024，https://assets.kpmg.com/content/dam/kpmg/cn/pdf/zh/2024/08/statistical-review-of-world-energy-2024.pdf。

在经济增长放缓的背景下，世界对能源的需求有所下降，尤其是全球原油需求增速受乌克兰危机等因素的影响有所下降。尽管石油需求下滑，但石油供应总体仍偏紧。国际能源署预测，随着时间的推移，"欧佩克+"和美国的石油产量将稳步上升，但需求增速有所放缓，全球可以避免俄罗斯石油供应中断所导致的供应短缺，但石油市场供应偏紧的局面仍将在一定程度上持续。

2. 天然气

在保障能源安全和应对全球气候变化的双重背景下，大力发展天然气等清洁能源已成为发展低碳经济、进一步优化能源结构和加快能源转型的主要方向，天然气在很多国家尤其是欧洲国家的能源转型中扮演了重要角色，能源转型对欧洲影响较大。

从全球层面来看，20世纪70年代以来，世界天然气产量呈快速增长趋势，供需总体平衡，基本保持了供略大于求的局面。2009年，受国际金融危机影响，天然气产量和消费量有所回落，2010年以后又恢复了增长趋势。其中，由于新兴经济体消费量和天然气资源国自身消费需求快速增长，2001—2015年全球天然气产量和消费量加速增长（年均增长率分别为2.6%和2.5%），高于1991—2000年增长水平（年均增长率均为2.1%）。英国石油公司发布的《世界能源统计年鉴2024》数据显示，2020年全球天然气产量为3.82万亿立方米，2021年全球天然气产量为3.99万亿立方米，同比增长4.4%，2022年全球天然气产量为4.04万亿立方米，同比增长1.3%。2023年上半年，全球天然气产量同比下降0.3%，为2.04万亿立方米。全球经济复苏带动天然气需求增长、区域市场竞争加剧、可再生能源增长乏力以及极端天气和地缘政治因素等综合作用，造成全球天然气市场供需失衡，区域供应结构性紧张问题凸显，预计短期内供应紧张仍将持续。

从区域层面来看，北美地区天然气供需总体平稳增长，供应能力不断提升，基本保持供需相对平衡。随着北美经济持续复苏，天然气需求将继续维持增长态势。中南美洲天然气供需水平总体相对较低，供略大于求，基本能够实现自给自足。欧亚大陆天然气消费量总体高于产量，供需缺口最大时达1000亿立方米，其中欧洲天然气供应将在供给侧地缘政治影响因素增加的情况下持续偏紧。非洲天然气供需总体呈缓慢增长趋势，保持相对稳定，天然气生产水平远高于消费水平，近年来产量和消费量趋于平稳。亚太地区天然气供需总体呈高速增长、供不应求的局面，消费量增速大于产量增速，供给缺口持续扩大。

（三）可再生能源的供需状况

可再生能源包含风能、水能、太阳能、生物质能、地热能、海洋能等非化石能源，属于绿色低碳能源。进入21世纪以来，世界面临的能源安全与气候环境问题日趋复杂与严峻，发展可再生能源已经成为许多国家能源战略的重要部分及能源转型的核心领域。

从全球层面来看，可再生能源发电正在给全球电力系统带来结构性转变，未来可再生能源发电将逐渐成为主流。IEA数据显示，2022年，可再生电力容量持续增长并再创纪录，生物燃料需求稳步提升（IEA，2022）。截至

2022 年底，可再生能源装机容量占全球装机容量的 40%。当前全球面临的能源危机为加速清洁能源转型并推进碳中和增加了新的动力，更加强调了可再生能源的关键作用。

从区域层面来看，亚洲地区是当前可再生能源产量和交易量最大的市场。截至 2023 年末，全球可再生能源装机总量达 3864522 吉瓦，同比增长约 14%（见表 1-2）。水电装机总量以 1230 吉瓦居于首位，依旧是可再生能源装机的重要组成部分。2021 年，全球 60% 的新增可再生能源装机来自亚洲，中国是最大的贡献国，可再生能源供应能力日益提升。此外，欧洲大力推行清洁低碳的能源发展政策，大力发展风能和太阳能光伏产业，推动欧洲成为全球可再生能源的第二大市场，同时显著减少电力系统对俄罗斯天然气的依赖。虽然绝对值较小，但世界其他区域，特别是南美洲、中东和北非可再生能源装机容量也在显著增长。总体而言，到目前为止，中国、欧盟以及南美洲的可再生能源产能增长量已远远超过美国。

表 1-2　2014—2023 年全球主要地区可再生能源装机总量

单位：吉瓦

地区	2014 年	2015 年	2016 年	2017 年	2018 年	2019 年	2020 年	2021 年	2022 年	2023 年
非洲	32511	34770	37476	42869	48187	50310	53715	55611	59342	62066
亚洲	633140	722384	813317	920590	1025152	1125137	1301278	1455904	1630944	1959076
中美洲	10192	11888	13204	14035	14987	15892	16432	17067	17617	18559
欧亚大陆	84742	88542	91912	96576	100719	104278	110463	115841	119154	122145
欧洲	439951	465128	488677	513004	537514	574844	609134	651443	715649	785821
欧盟	352718	371257	388080	405786	423435	451019	479820	516882	575557	640449
中东	15962	15905	16719	17087	18645	21432	23618	25876	30501	35825
北美洲	287519	309486	333151	349639	367827	392949	424732	462211	492473	526967
大洋洲	24206	25747	27029	29181	34389	40267	47008	52314	58744	64400
南美洲	170073	178645	193516	202731	213538	223576	232868	247165	266925	289663
全球	1698295	1852496	2015003	2185712	2360957	2548686	2819247	3083431	3391349	3864522

资料来源：《可再生能源能力统计（2024）》，国际可再生能源署，2024，https://www.irena.org/Publications/2024/Mar/Renewable-capacity-statistics-2024。

《全球能源分析与展望 2021》预测，在全球碳中和情景下，2040 年后非化石能源供应量将超过化石能源，成为一次能源的主要来源。[1] 到2050年，煤炭、石油、天然气等化石能源供应量将减少近50%，化石能源占一次能源的比重将下降超过50个百分点，2025年之前化石能源供应量将持续增长，之后进入下降通道；非化石能源供应量年均增长4.4%，2040年后非化石能源将取代化石能源成为主要能源，2050年风能和太阳能占一次能源的比重将超过50%。全球以电为中心的能源供应特征将进一步凸显，2050年发电能源占一次能源的比重将超过70%，电能占终端用能的比重将超过50%。

二 碳中和背景下能源供需结构变化趋势

随着越来越多的国家宣布面向21世纪中叶的低碳转型发展目标，碳中和正成为国际社会推动全球能源转型和可持续发展的一致方向以及全球能源转型的关键领域。在碳中和背景下，全球主要经济体通过产业结构升级、能效技术进步、低碳燃料替代等措施，加大碳减排力度，这一系列举措都将使全球能源供需格局产生结构性变化，推动全球能源结构加速迈向清洁低碳。

（一）能源供需结构低碳化

一方面，去化石能源化趋势增强。全球一次能源结构正加速清洁化和低碳化，去化石能源化特别是去煤炭化和去石油化趋势显著增强。麦肯锡咨询公司的报告预测，全球化石能源总需求将在2027年达到顶峰，其中石油需求将于2029年达峰，天然气需求将于2037年达峰，煤炭需求则在2014年达峰后持续稳步下降（McKinsey & Company，2021）。英国石油公司的报告认为，在三种情景（渐进转型、快速转型、净零排放）下，2050年化石能源在一次能源中的占比将由2018年的85%分别降至67%、39%、22%，可再生能源占比则由5%分别升至22%、44%、59%（BP，2020）。彭博新能源财经预测，全球石油需求将于2035年达峰，2050年全球石油需求有望降至2018年水平（BNEF，2024）。2021年，IEA的报告《2050年净零排放：全球能源行业路线图》预计，到2050年，化石能源占全球能源供应量的比重将从当前的近4/5下降到近1/5（IEA，2021）。

另一方面，可再生能源替代加速。可再生能源等非化石能源占全球能源消费的比重将持续上升。2023年，全球可再生能源发电能力增长14%，可再

---

[1] 国网能源研究院有限公司编著《全球能源分析与展望2021》，中国电力出版社，2021。

生能源总发电能力创下历史新纪录，全球新增发电量的 86% 来自可再生能源。其中，太阳能发电能力增量占可再生能源发电能力增量的 73%；风能发电能力增量占可再生能源发电能力增量的 24.5%；可再生水力（不包括抽水蓄能）发电能力增长 0.6%；生物质能发电能力增长 3%；地热能发电能力仅增加 0.2 吉瓦，2023 年底全球地热能发电装机容量达到 15 吉瓦（李学华，2024）。IEA 预测，到 2040 年可再生能源在电力结构中的占比将从 1/4 增长到 2/3（IEA，2018）。IEA 发布的报告《2050 年净零排放：全球能源行业路线图》预测，2050 年全球电力中的约 90% 来自可再生能源，其中风能和太阳能发电占比接近 70%（IEA，2021）。

（二）能源供需结构多元化

能源供需不再以传统化石能源为主，而是化石能源与非化石能源共同发展。自 19 世纪末起，全球能源系统先后经历了分布式能源时代和集中能源时代。1880—1910 年为分布式能源时代，小型分布式能源电厂发电量增量占全球发电量增量的 100%。1911—2000 年为集中能源时代，规模经济推动电厂规模越来越大，分布式能源占比不足 10%。2001 年至今，分布式能源再度兴起，全球加速转向综合能源时代，信息化潮流和相关技术革命推动现代能源产业更加集约和互联。同时，区块链技术进一步推动能源系统的去中心化。据 2018 年美国能源咨询公司 Indigo Advisory 的统计，在能源领域使用区块链技术的案例总数超过 100 个，其中 40% 为分布式发电项目，20% 为电网管理和电动汽车充电项目，还有 10% 为能源基础设施和物联网设备连接项目。[1] 据"财富商业观察"（Fortune Business Insights）预测，到 2026 年区块链技术在能源公用事业领域应用的年均增长率将达 37.6%，区块链市场规模有望增至 15.64 亿美元。[2]

（三）能源供需结构数字化

据 IEA 发布的《2022 年能源技术展望》，在低碳能源技术加速部署的情况下，预计全球将在 2050 年全面实现净零排放。新能源技术作为实现碳中和目标、降碳减排的关键环节，正在不断发展与变革。在能源体系绿色转型

---

[1] "Program on Technology Innovation：Blockchain-U. S. and European Utility Insights Market Intelligence Briefing Report"，EPRI，2019，https：//www. epri. com/research/products/000000003002016663.

[2] "Blockchain in Energy Utilities Market"，Fortune Business Insights，https：//www. Fortune businessinsights. com.

和绿色技术创新的潮流中，风能、太阳能技术的发展应用不断取得新进展。风能方面，海上风电发展成为新的增长点。根据全球风能理事会（GWEC）发布的《2023 年全球海上风电报告》，2023 年，全球海上风电新增装机容量达到 10.8 吉瓦，同比增长 24%，创下历史第二高年度装机纪录。太阳能占比也在快速上升。据彭博社新能源财经发布的《2020 年电力过渡趋势报告》，太阳能已成为人类第四大电力来源。同时，太阳能发电设备成本的快速下降使太阳能技术可广泛应用于家庭、企业等多种场合。

随着新一轮科技革命加速推进，数字化技术将与能源产业融合，全球能源发展将进入数字能源新时代。在数字化大潮下，各国纷纷将大数据分析及机器学习、区块链、云计算等数字技术应用于能源生产、运输和消费等环节。目前，欧美及日本等都在积极发展低碳能源新技术，大力推动信息和数字技术与能源产业的深度融合。据 IEA 统计，2014 年以来，全球对数字电力基础设施和软件的投资年均增长 20% 以上，2018 年达到 500 多亿美元，比全球燃气发电投资高出近 40%（惠春琳，2019）。2020 年，油气行业数字化升级进一步加速，云计算、大数据、物联网等新兴技术在能源领域的应用更加广泛，世界各大能源公司均将数字化作为技术创新和提升效率的主要方向和手段。据 IEA 预测，数字技术大规模应用将使油气生产成本减少 10%—20%，使全球油气技术可采储量提高 5%。随着数字技术与能源行业的高度融合，智能化将成为能源数字化发展的更新和更高阶段。大数据分析和人工智能将为能源行业提供技术、经验和有价值的信息，从而显著提高能源行业生产效率，大幅降低成本。

三 碳中和背景下全球能源地缘政治格局变迁

随着碳中和在国际社会达成共识，许多国家已出台相关政策并采取行动。碳中和加速能源领域低碳转型的同时，也使传统油气资源国的地缘政治影响力受到冲击，传统能源生产国与西方发达国家、新兴经济体在全球能源格局中的相对地位正在发生变化，资源国与消费国之间的界限也日渐模糊，新的"能源地缘政治版图"正在形成。

（一）全球能源供给需求中心转移

当前全球能源格局呈现西方发达国家、新兴国家、能源生产国的三角态势，而三方的博弈也正在进行。其中，随着美国页岩油气革命的成功，美国油气产量持续增加，基本实现能源独立，摆脱对中东能源的依赖，大幅提升了美国在能源外交方面的灵活性，进一步加强了美国对国际能源市场的影响力。全球石油供应格局正由欧佩克与俄罗斯联合主导，逐渐转变为由美国、俄罗斯、沙特阿拉伯构成的大三角主导；石油消费市场正在逐步形成以北美、中东、俄罗斯—中亚为主的产油区和以亚洲、欧洲为主的消费区格局。

（二）能源外交模式的转变与创新

能源地缘政治是国家或者国家集团运用权力，通过制定国际能源战略实现对国际能源体系的影响和控制，主要目标是维护能源安全。碳中和背景下，全球清洁能源转型将给长期以来由化石能源主导的能源贸易模式带来重大变化。在传统化石能源的国际贸易合作中，一般是生产国与消费国间的互动，而可再生能源开发利用规模具有一定的弹性，主要集中在一国境内"就地取材"，分布式的能源生产和消费模式使每个国家都能够实现"自产自销"，不存在传统能源领域的"资源诅咒"。

可再生能源的开发利用主要受技术限制，即使是电力贸易，当前也只形成了小型的区域性市场，电力能源大型跨国运输的不确定性较大。另外，可再生能源的使用必将带来更广泛的电气化和跨境电力贸易，加上俄罗斯对乌克兰天然气"断供"有例在先，各国对"断电"成为能源外交政策工具、外交武器的担忧也相应出现。事实上，切断供应的做法在因传统化石能源产生的摩擦和制裁历史上并不常见，更何况即使对一国停止供应传统能源，也可以相对容易地将传统能源转运并转卖给其他国家，而通过既有跨境电缆开展的电力贸易，则没有那么容易转换买家。

（三）能源治理体系的变革与重构

一是美国欲以技术优势主导新形势下的国际能源治理体系。继重返《巴黎协定》后，美国更加注重对可再生能源技术的投资，旨在通过技术优势，主导能源转型新形势下的国际能源治理体系。2021年，拜登提出规模为6万亿美元的2022财年预算案，其中用于能源气候目标的预算超过740亿美元，投资领域包括能源基础研究、清洁能源技术以及电动汽车制造和充电基础设施建设等。美国通过加强关键能源技术研究、开发和部署，促进清洁能源发展和经济复苏，为成为世界清洁能源大国奠定基础。

二是"欧佩克+"减产联盟内部分歧严重，减产例会难以达成统一协议。在 2021 年的石油减产会议上，尼日利亚、阿曼、伊拉克和阿联酋等大多数成员国都表达了维持现有产量水平的态度，仅俄罗斯、哈萨克斯坦认为当前全球石油需求缓慢回暖，应当小幅增产。沙特阿拉伯为了维护减产协议的稳定性，认可了俄哈两国 2 月和 3 月共增产 7.5 万桶/日的计划，并以自愿额外减产 100 万桶/日的举动试图影响其他产油国继续履行减产协议。2021 年，"欧佩克+"原计划于 7 月召开减产例会，因分歧较大会议反复推迟，最后由于阿联酋拒绝将减产协议延长至 2022 年底，沙特阿拉伯和俄罗斯不得不宣布取消此次例会，这是"欧佩克+"成立以来首次取消减产例会。推迟两周后，减产例会终于召开并达成了逐步增产的一致意见，最终沙特阿拉伯同意了阿联酋的诉求，也将沙特阿拉伯、伊拉克、科威特和俄罗斯等国的产量基准上调，以避免更大范围的分歧。"欧佩克+"成员国的发展诉求各异，分歧日益扩大，将会制约该组织在国际油气市场发挥更大的影响力。

第二节　中国的能源禀赋与能源结构

中国幅员辽阔，但存在"富煤、缺油、少气"的能源结构。中国的油气地质资源可采量相对有限，加之多年来经济的快速增长、工业化水平的快速提升和城镇化进程的不断加快，中国的油气产能和需求持续增长，能源供给面临巨大压力和严峻形势。目前，中国也在加速能源结构调整，提高新能源在能源生产与消费中的占比。了解中国现有的能源资源和能源结构，分析能源生产与消费的变化将有助于中国更好地应对能源转型带来的机遇与挑战。

一　中国的能源资源禀赋

中国是一个"富煤、缺油、少气"的国家，但除了化石能源，中国还有非常丰富的生物质能、地热能、海洋能、太阳能、固废能源等可再生能源。目前，中国已开发的太阳能、风能还不到技术可开发量的 1/10，可再生资源的开发利用前景十分广阔。在实现"双碳"目标的进程中，进一步全面、系统地认识中国的能源资源禀赋现状，有助于更好地开发利用可再生能源。

（一）化石能源资源禀赋

近年来，中国在保障能源安全的总体部署下，重视对能源资源的勘探开发与储量统计。自然资源部、国家统计局等部门协同对全国一次能源资源储量、生产总量与消费总量进行了统计，由统计结果可知，在能源转型趋势下，2013—2023 年中国天然气产量占一次能源生产①总量的比重总体提高（见图 1-3），但在短期内煤炭、石油仍占主导地位，中国的能源结构总体来说尚未发生根本性变化。

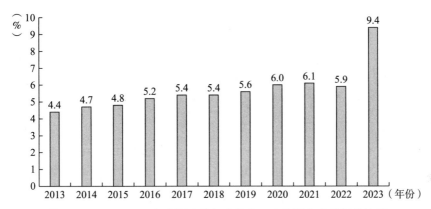

图 1-3　2013—2023 年中国天然气产量占一次能源生产总量的比重

资料来源：国家统计局，http://www.stats.gov.cn/。

1. 煤炭

改革开放以来，中国煤炭勘探开采技术水平不断提升。目前，中国建成神东、黄陇、宁东、新疆等 14 个大型煤炭基地，这些大型煤炭基地煤炭产量占全国的 94% 左右，还有陕北、大同、平朔等一批亿吨级矿区（王显政，2018）。

根据自然资源部数据，2022 年，中国煤炭探明储量为 2070.12 亿吨。其中，山西的煤炭储量为 483.10 亿吨，占全国煤炭储量的 23.3%，位居全国第一；内蒙古的煤炭储量为 411.22 亿吨，占全国煤炭储量的 19.9%，位居全国第二；新疆的煤炭储量为 341.86 亿吨，占全国煤炭储量的 16.5%，位居全国第三；陕西的煤炭储量为 290.97 亿吨，占全国煤炭储量的 14.1%，位居全国第四（自然资源部，2023）。

2. 石油

2020 年，中国石油储量②为 36.19 亿吨，石油资源主要分布于新疆、河

---

① 根据《中国统计年鉴 2021》对一次能源生产总量的统计，将一次能源分为原煤、原油、天然气、一次电力及其他能源。

② 石油储量，指探明资源量和控制资源量中可经济采出的剩余探明技术可采储量。

北、黑龙江、陕西和甘肃五省区。其中新疆的石油储量为 6.26 亿吨，占全国石油储量的 17%，位列全国第一，其后分别是甘肃（石油储量 3.96 亿吨，占比 11%）、陕西（石油储量 3.68 亿吨，占比 10%）、黑龙江（石油储量 3.63 亿吨，占比 10%）、河北（石油储量 2.55 亿吨，占比 7%）。

根据《2023 年中国自然资源公报》及《2023 年全国油气储量统计快报》数据，截至 2023 年末，中国石油剩余技术可采储量 38.5 亿吨，同比增长 1.0%（新华社，2024）。中国石油勘探开发取得良好成果，在找矿突破战略行动实施 10 年来（2011—2020 年），通过实施地质找矿运行新机制，中国形成了油气勘探开发新格局，新增石油探明地质储量达到 101 亿吨，约占新中国成立以来累计探明总储量的 25%。预计未来随着勘探技术水平的提高，中国将有望开采更多的石油资源。但随着能源消费结构的转变，未来石油在终端消费中的燃料属性将大幅弱化（李玲，2021）。随着能源结构的调整，中国在保障能源安全的前提下，将会逐渐减少石油的进口量，逐步摆脱对石油资源的依赖。

3. 天然气

截至 2023 年末，中国天然气剩余技术可采储量为 66834.7 亿立方米，同比增长 1.7%；页岩气剩余技术可采储量为 5516.1 亿立方米；煤层气勘查新增探明地质储量为 3179.3 亿立方米，其中新增探明技术可采储量为 1613.4 亿立方米，同比增长 712.1%（自然资源部，2024）。中国天然气资源主要分布于四川、陕西、新疆、内蒙古四省区，四省区天然气储量分别为 16546.46 亿立方米、11770.37 亿立方米、11482.11 亿立方米、10115.95 亿立方米[①]。中国页岩气资源主要分布于四川和重庆，其中四川省的页岩气储量最丰富，达到 3777.69 亿立方米[②]。中国煤层气储量相对较少，集中于山

---

① 《2022 年全国矿产资源储量统计表》，武汉市节能协会，2023 年 5 月，http：//www.wuhaneca.org/uploads/PDF/%E8%87%AA%E7%84%B6%E8%B5%84%E6%BA%90%E9%83%A8%EF%BC%9A2022%E5%B9%B4%E5%85%A8%E5%9B%BD%E7%9F%BF%E4%BA%A7%E8%B5%84%E6%BA%90%E5%82%A8%E9%87%8F%E7%BB%9F%E8%AE%A1%E8%A1%A8.pdf.

② 《2022 年全国矿产资源储量统计表》，武汉市节能协会，2023 年 5 月，http：//www.wuhaneca.org/uploads/PDF/%E8%87%AA%E7%84%B6%E8%B5%84%E6%BA%90%E9%83%A8%EF%BC%9A2022%E5%B9%B4%E5%85%A8%E5%9B%BD%E7%9F%BF%E4%BA%A7%E8%B5%84%E6%BA%90%E5%82%A8%E9%87%8F%E7%BB%9F%E8%AE%A1%E8%A1%A8.pdf.

西省，另分散于辽宁、安徽、四川、贵州、陕西等省份。

在常规油气勘查中，中国不断在天然气新区、新层系方面取得多项新成果，页岩气等非传统油气矿产勘查也取得重要突破。2015 年，中国天然气和页岩气的剩余探明技术可采量分别为 51939.5 亿立方米、1301.8 亿立方米，到 2020 年，天然气、页岩气的查明资源储量分别为 62665.78 亿立方米、4026.17 亿立方米，仅仅 5 年天然气储量就有了显著增加。

找矿突破战略行动实施以来，通过深化矿产资源管理改革，中国天然气新增探明地质储量达 6.85 万亿立方米，约占新中国成立以来累计探明总量的 45%。中国页岩气勘探开发取得长足进展，川南气田年产量达到 117 亿立方米，涪陵气田年产量达到 67 亿立方米（自然资源部，2025）。此外，中国在煤层气勘探开发中还发现了沁水千亿立方米级煤层气田。天然气资源勘探取得的一系列成果将有利于中国达成碳中和目标，天然气将成为未来很长一段时间支撑中国经济社会发展的重要能源之一。

（二）非化石能源资源禀赋

1. 太阳能

中国的太阳能资源丰富，全国 2/3 以上的地区年日照时数大于 2200 小时，年辐射量在 5000 兆焦耳/米² 以上。根据中国气象局风能太阳能资源评估中心的划分标准，中国太阳能资源分布地区分为四类，其中，一、二、三类地区年日照时数大于 2200 小时，年辐射总量高于 5000 兆焦耳/米²，具有利用太阳能的良好条件；四类地区虽然太阳能资源条件较差，但仍有一定的利用价值。[1]

根据统计资料，中国陆地每年接收的太阳辐射总量为 $33×10^3$—$84×10^3$ 兆焦耳/米²，相当于 $24×10^4$ 亿吨标准煤[2]的储量，初步分析全国太阳能技术可开发装机容量达到约 1560 万兆瓦，其中东北地区的太阳能技术可开发量为 42.2 万兆瓦，占全国的 2.71%；华东地区为 20.6 万兆瓦，占全国的 1.32%；华中地区为 22.87 万兆瓦，占全国的 1.47%；西北地区为 1029.1 万

---

[1] 《2023 年中国风能太阳能资源年景公报》，中国气象局网站，2024 年 2 月 22 日，https://www.cma.gov.cn/zfxxgk/gknr/qxbg/202402/t20240222_6082082.html。

[2] "标准煤"是能源的度量单位。各种能源由于所含热值不同，采用的实物计量单位也不一样。为了便于对各种能源进行汇总计算和对比分析，把各种能源的实物单位折算成统一的标准单位。

兆瓦，占全国的 65.95%；西南地区为 84.5 万兆瓦，占全国的 5.41%；华北地区为 348.3 万兆瓦，占全国的 22.32%；华南地区为 12.9 万兆瓦，占全国的 0.83%。在全国各省份中，新疆的太阳能技术可开发量最大，为 420 万兆瓦，其后依次是青海、内蒙古（蒙西）、甘肃，此外甘肃、西藏、宁夏以及山东等地太阳能技术可开发量也比较可观（中国气象局，2023）。

2. 风能

中国风能资源丰富，全国 10 米高度可开发和利用的风能储量超过 10 亿千瓦，仅次于美国、俄罗斯，位居世界第三。据最新风能资源普查初步统计成果，中国陆上离地 10 米高度风能资源总储量约 43.5 亿千瓦，位居世界第一。其中技术可开发量为 2.5 亿千瓦，技术可开发面积约 20 万平方千米，潜在技术可开发量约 7900 万千瓦。中国海上 10 米高度可开发和利用的风能资源储量约为 7.5 亿千瓦，且海上风速高，鲜有静风期，可以有效利用风电机组发电容量（中国政府网，2005）。

中国陆上风能资源丰富的地区主要是"三北地区"（东北、华北、西北）和东南沿海及附近岛屿。"三北地区"风能丰富带，包括东北三省（辽、吉、黑）、河北、内蒙古、甘肃、青海、西藏和新疆等省区。该区域有近 200 千米宽的地带风功率密度在 200—300 瓦/米^2，有的地区可达 500 瓦/米^2 以上，可开发利用的风能储量约 2 亿千瓦，占全国可利用储量的 80%。该地区还是中国连成一片的最大风能资源区。东南沿海地区风能丰富带是中国风能最佳丰富区之一，仅在距海岸 50 千米的范围之内，沿海及岛屿风能丰富带的年有效风功率密度就在 200 瓦/米^2 以上，部分沿海岛屿风功率密度甚至在 500 瓦/米^2 以上，如台山、平潭、东山、南麂、大陈、嵊泗、南澳、马祖、马公、东沙等。东南沿海地区风能丰富带的年有效风速（4—25 米/秒）时数可达 7000—8000 小时。此外，还有内陆局部风能丰富区，风功能密度一般在 100 瓦/米^2 以下，年有效风速时数在 3000 小时以下。此外，某些地区由于受湖泊和特殊地形的影响，风能资源也比较丰富。

3. 水能

中国的水能资源极为丰富，技术可开发容量达 6.87 亿千瓦，年发电量约 3 万亿千瓦时。但中国的水力资源分布不均衡，其中，西南地区集中了全国超过 60% 的可开发水力资源。金沙江、澜沧江、雅砻江、大渡河及黄河等主要流域水能资源丰富、开发基础好，风、光等新能源资源也十分丰富，具备以水风光为主的可再生能源一体化开发的天然优势。

根据全国水利资源普查成果与现实情况，中国规划了 13 个水电基地，位于西南地区的水电基地达 7 个。由于中国水能资源丰沛，且水力发电清洁无污染，水力发电成为中国仅次于火力发电的主力，而西南地区的水电基地就是中国水电的主要来源。目前，中国水电开发率为 49.3%，剩余水电开发潜力仍然巨大，仅藏东南部分河段的装机容量就可达约 6000 万千瓦，年发电量可达 3000 亿千瓦时，相当于 3 个三峡工程，每年可提供近 3000 亿千瓦时清洁、可再生、零碳的电力资源。

4. 核能

根据国际原子能机构与经济合作发展组织核能机构于 2020 年联合发布的新版铀红皮书《2020 年铀：资源、生产和需求》，截至 2019 年 1 月，中国的铀矿资源合理估计储量约 34.4 万吨，分布于 13 个省份的 21 个铀矿区。与2016 年的铀矿资源总量相比，下降约 7%（Grancea et. al.，2020）。中国铀矿资源虽位列世界第十，但随着 2025 年 1 月 10 日自然资源部中国地质调查局联合中国石油长庆油田分公司、中国核工业地质局等单位在鄂尔多斯盆地泾川地区取得铀矿找矿重大突破，中国已探明铀矿储量升至世界第九位（新华社，2025）。中国铀矿资源分布广泛，已查明的铀矿资源主要集中于 5 个铀成矿省和 3 个铀成矿区[①]，即华南活动带铀成矿省、扬子陆块东南部铀成矿省、天山铀成矿省、祁连—秦岭铀成矿省、华北陆块北缘铀成矿省，以及鄂尔多斯盆地铀成矿区、二连一侧老庙盆地铀成矿区和滇西铀成矿区。中国69% 的已查明铀矿资源分布于储量 3000 吨以上的矿田和单一矿种的矿床，铀矿床的特点是"小而多、贫而可用、散而相对集中"，即铀矿的矿床数量多、铀矿石性能好、铀矿产出较集中（张金带等，2008）。

铀矿在中国主要用于核能发电，以降低对煤炭的依赖，建立清洁高效能源体系。核电相较火力发电更加高效节能，装机容量 100 万千瓦的核电厂每年仅需核燃料 25—30 吨，是相同容量火电厂消耗煤量的十万分之一。

二　中国的能源生产结构

经过多年发展，世界能源转型由起步蓄力期转向全面加速期，正在推动

---

① 铀成矿区指有利环境范围内具有较丰富矿产资源及潜力的成矿地质单元。

全球能源和工业体系加快重构。在新一轮能源革命中，中国形成了以煤炭、石油、天然气、非化石能源多轮驱动的能源供给体系，核电和可再生能源发展水平处于世界前列，中国的能源生产结构总体上有力保障了经济社会发展和民生用能需求。

（一）传统化石能源生产

中国拥有丰富的煤炭资源，而煤炭作为推动第二次工业革命的重要能源，对中国的工业化发展起到举足轻重的作用。作为世界上最大的发展中国家，中国的煤炭产量位居世界前列。1978—2017 年，中国煤炭产量由 6.2 亿吨增加到 35.2 亿吨，增长 4.7 倍；累计产煤 688 亿吨，占全国一次能源生产总量的 75% 左右。"十三五"期间，中国经济快速增长，国民经济的加速发展仍旧有赖于煤炭的生产。2020 年，中国一次能源生产总量为 40.8 亿吨标准煤，较上一年增长 2.8%。2020 年，中国的煤炭产量为 39 亿吨。在一次能源生产总量中，2020 年原煤生产总量占比 69%，相较上一年提高 1 个百分点。从 2019—2020 年的中国一次能源生产结构来看，煤炭占比总体稳定（见图 1-4）。

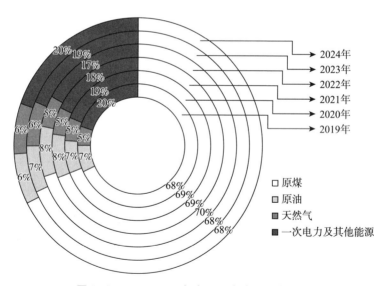

图 1-4　2019—2024 年中国一次能源生产结构

资料来源：国家统计局，http://www.stats.gov.cn/。

石油是工业的血液，也是现代交通系统得以正常运行的保障。中国经济社会发展离不开石油资源。2020 年中国的原油产量为 19492 万吨，同比增长

1.2%。2020年，在一次能源生产总量中，原油占比7%。2023年，国内原油产量达2.08亿吨，连续6年保持增长。此外，"十三五"时期，中国长输油气管网总里程达到16.5万公里，进一步完善了国内的石油供应网络，保障了石油供应安全（国家统计局，2024a）。

相较于煤炭和原油资源，天然气资源具有清洁、高效的特征，对降低大气中二氧化碳含量具有重要作用，逐渐成为传统化石能源中具有优势的能源。根据《中国统计年鉴2021》的数据，2019—2020年，中国的天然气产量增长10%。2015—2020年，中国天然气产量逐年增加，体现了当前能源低碳转型的要求。

近年来，中国正在逐渐减少煤炭、石油等高碳化石能源的生产，在保证总体能源供给稳定的情况下调整能源的生产供应结构。从原煤、原油、天然气三者的生产比例变化情况可以看出，近年来天然气的供应有所增加，生产增速远高于原煤和原油（见图1-5）。

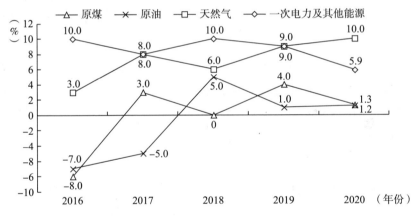

图1-5　2016—2020年中国一次能源产量同比增速

资料来源：国家统计局，http://www.stats.gov.cn/。

"十三五"期间，中国一次能源生产量年均增长2.5%。以此为基础，中国在《"十四五"现代能源体系规划》中提出新要求：必须协同推进能源低碳转型与供给保障，加快能源系统调整以适应新能源大规模发展，推动形成绿色发展方式和生活方式（国家能源局，2022）。以此为目标，中国计划到2025年，国内能源年综合生产能力达到46亿吨标准煤以上，其中将原油的年产量稳定在2亿吨，提高天然气产量到2300亿立方米以上。为此，中国将继续加大国内油气勘探开发力度，原有油气田保持稳产，新开发油气田加强产能建设，保障原油持续稳产增产，同时积极加大非常规资源如页岩油、页岩气、煤层气的开发力度。

（二）可再生能源生产

在能源转型背景下，可再生能源生产对确保能源安全和改变以化石能源为主导的传统能源体系有着重要意义。中国在能源生产中强调提高可再生能源在整个能源供应体系中的占比，增加可再生能源的产出。

"十三五"期间，中国的可再生能源在发电装机容量、利用水平、技术装备、产业竞争力等方面取得显著成就，实现跨越式发展。中国可再生能源发电装机容量占发电总装机容量的比例持续提升，截至 2024 年 9 月底，全国可再生能源发电装机容量达 17.3 亿千瓦，同比增长 25%，占全国发电总装机容量的 54.7%（《经济日报》，2024b）。在发电量方面，2024 年前三季度，全国可再生能源发电量达 2.51 万亿千瓦时，同比增长 20.9%，约占全部发电量的 35.5%。其中，风电、太阳能发电量合计达 13490 亿千瓦时，同比增长 26.3%（澎湃新闻，2024）。从全世界来看，中国在可再生能源发电领域仍然稳居世界第一位。

中国的水力发电是可再生能源发电的主力。三峡水电站作为世界上规模最大的水电站，是中国水力发电的主力军，装机容量达 22500 兆瓦，2020 年发电量高达 111.8 太瓦时。根据 2021 年英国石油公司的统计，2020 年中国水力发电量占中国可再生能源发电量的 59%，占据主导地位。中国长江三峡集团有限公司统计了葛洲坝、三峡、向家坝、溪洛渡、白鹤滩、乌东德 6 座梯级水电站（它们共同构成了世界上最大的清洁能源走廊）2021 年的发电量，6 座水电站累计发电量达 2628.83 亿千瓦时，相当于减排 2.2 亿吨二氧化碳。

在可再生能源发电领域，核电也是不可或缺的一环。近年来，中国核电发电量逐年增加。2019 年，中国核电有效装机容量为 4874 万千瓦，产生了 3483.5 亿千瓦时电量，核电发电量占当年中国总发电量的 4.88%。2019 年，中国建成 46 个核反应堆[①]，广东的阳江核电站 6 号机组和台山核电站 2 号机组也于同年接入电网，开始供电。2020 年，中国共有核电机组 49 台，核电

---

① 此处根据《2022 年铀：资源、生产、需求》的统计，不包含广东的阳江核电站 6 号机组和台山核电站 2 号机组。

装机容量达 5102.72 万千瓦，产生了 3662.43 亿千瓦时电量，同比上升 5.14%，相当于减少 10474.19 万吨标准煤的燃烧，减排 27442.38 万吨二氧化碳，为全球碳减排做出巨大贡献。

根据《〈核安全公约〉中华人民共和国第八次国家报告（2016—2018）》以及中国核能行业协会《2019 年核电运营与建设年报》，2015—2019 年，中国地热能的产出比例逐步下降，从 74.94% 下降到 72.32%；由风能和太阳能产生的电能占比从 2015 年的 2.99% 上升至 2019 年的 6.65%；核能产出的电能占比从 2015 年的 3.04% 增加至 2019 年的 4.88%。2023 年，中国核电机组发电量为 4334 亿千瓦时，位居全球第二，占全国发电量的 4.86%（中国核能行业协会，2024）。截至 2024 年 10 月底，中国并网太阳能发电装机规模已达 7.93 亿千瓦，与上一年同期相比，增长 48.0%，预计 2024 年将新增太阳能发电装机容量约 2.5 亿千瓦，累计装机容量有望突破 8.5 亿千瓦，这将使太阳能发电装机容量在中国发电总装机容量中的占比超过 25%（中国电力企业联合会，2024a）。2024 年 1—10 月，中国风电发电量达 7581 亿千瓦时（国家能源局、国家统计局，2024）。

国家能源局和中国电力企业联合会发布的相关信息显示，中国可再生能源发电取得巨大成就。截至 2021 年底，中国可再生能源发电累计装机容量达 10.6 亿千瓦，占全部电力装机容量的 44.8%，其中全国水电装机容量达 3.91 亿千瓦（常规水电 3.5 亿千瓦、抽水蓄能 3639 万千瓦），同比增长 5.6%，水电发电量达 13401 亿千瓦时；核电装机容量达 5326 万千瓦，同比增长 6.8%；风电装机容量达 3.28 亿千瓦，同比增长 16.6%，风电发电量达 6556 亿千瓦时；太阳能发电装机容量达 3.06 亿千瓦，同比增长 20.9%，其中集中式光伏发电装机容量 2 亿千瓦、分布式光伏发电装机容量 1.1 亿千瓦；光热发电装机容量达 57 万千瓦；生物质能发电装机容量达 3798 万千瓦，发电量 1637 亿千瓦时。全口径非化石能源发电装机容量达 11.2 亿千瓦，同比增长 13.4%，占总装机容量的比重为 47%，比上一年提高 2.3 个百分点，历史上首次超过煤电装机容量占比[1]。

从以上统计数据可以看出，中国在可再生能源生产领域持续取得进步，

---

[1]　《2021 年度全国可再生能源电力发展监测评价报告》，EESIA，2022，https://www.eesia.cn/upload/files/2022/9/1de56f6f9994b5c1.pdf。

保持可再生能源生产世界第一的水平，这是中国实现碳中和的必由之路。"十四五"以来，世界能源转型进入关键期，全球能源将加速向低碳、零碳的方向演进，可再生能源将逐步发展成为支撑经济社会发展的主力能源，可再生能源的产量还将不断增加。

三 中国的能源消费结构

目前，中国能源消费还处于以传统化石能源为主、可再生能源为辅的结构，这决定了传统化石能源仍是中国能源消费的主体。根据国家统计局数据，2021 年，中国一次能源消费总量为 52.4 亿吨标准煤，2012—2021 年年均增长率为 3.0%。在能源消费结构方面，2021 年煤炭占 56.0%，石油占 18.5%，天然气占 8.9%，一次电力及其他能源占 16.6%（国家统计局，2022a）。

（一）传统化石能源消费

2023 年，中国能源消费总量为 57.2 亿吨标准煤，比上一年增长 5.7%。其中，煤炭消费量同比增长 5.6%，原油消费量同比增长 9.1%，天然气消费量同比增长 7.2%，电力消费量同比增长 6.7%。煤炭消费量占能源消费总量的比重为 55.3%，比上一年下降 0.7 个百分点；天然气、水电、核电、风电、太阳能发电等清洁能源消费量占能源消费总量的比重为 26.4%，上升 0.4 个百分点（中能传媒研究院，2024）。

（二）电力消费与可再生能源消费

2011—2023 年，中国煤炭消费占一次能源消费比重下降 12.1 个百分点，水电、核电、风电等非化石能源消费占比提高 7.7 个百分点。2023 年，中国煤炭消费占一次能源消费的比重为 55.3%。截至 2024 年 6 月底，中国可再生能源装机容量达到 16.53 亿千瓦，占总装机容量的 53.8%（国家能源局，2024d）。

相较于传统化石能源消费，中国的可再生能源消费主要集中于可再生能源发电产生的电力消费。此外，在电力行业中，可再生能源用于发电的比例不断提高，这也意味着可再生能源产生的电力消费将不断增长。2015—2019 年，中国的电力消费总量从 58020 亿千瓦时上升至 74866 亿千瓦时，平均每年增长 4211.5 亿千瓦时，其中工业电力消费和居民电力消费是电力消费的两大主要部分。2021 年中国全社会用电量达到 8.3 万亿千瓦时，同比增长

10.3%，2019—2021 年全社会用电量年均增长 7.1%，各季度的平均增速[①]分别为 7.0%、8.2%、7.1% 和 6.4%，总体保持平稳较快增长[②]（见图 1-6）。

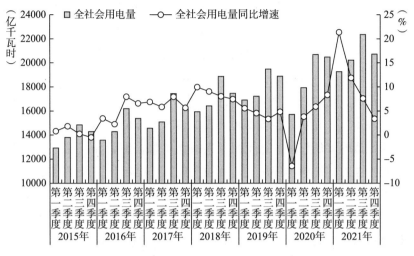

图 1-6　2015—2021 年分季度中国全社会用电量及同比增速

资料来源：《2021 年中国电力行业经济运行报告》，http://lwzb.stats.gov.cn/pub/lwzb/tzgg/202205/W020220511403033990320.pdf。

从 2015—2021 年各季度的中国全社会用电量及同比增速来看，多年来电力消费总体处于波动增长的状态。从 2021 年各行业用电量分析来看，第一产业用电量为 1023 亿千瓦时，比上一年增长 16.4%。实现两位数增长的原因之一是，国家深入推进乡村振兴战略，对农村电网进行改造升级，广大乡村地区用电条件持续改善，大大增加了电力消费。2021 年第二产业用电量达 5.61 万亿千瓦时，比上一年增长 9.1%；第三产业用电量达 1.42 万亿千瓦时，比上一年增长 17.8%；城乡居民生活用电量达 1.17 万亿千瓦时，比上一年增长 7.3%。在三大产业和城乡居民生活用电中，增长速度最快的是第三产业用电，这主要得益于电动汽车产业的持续迅猛发展。

全社会用电量的快速增长，为新能源消纳创造了有利条件。2021 年，风电、太阳能发电量占全社会用电量的比重首次突破 10%，达到 11.7%。而在

---

① 此处的平均增速是以 2019 年同期值为基础，采用几何平均法计算得到。

② 中国电力企业联合会：《中国电力行业年度发展报告 2021》，北极星火力发电网，2021 年 7 月 8 日，https://news.bjx.com.cn/html/20210708/1162855.shtml。

全社会用电量增加的同时，国家发展改革委和国家能源局还提出省级可再生能源电力消纳责任权重。可再生能源电力消纳责任权重分为总量消纳责任权重和非水电消纳责任权重两类，并在其中设立了最低消纳责任权重和激励性消纳责任权重，以保证可再生能源生产的电力得到合理使用。2021年，全国各地可再生能源电力消纳量为2.49万亿千瓦时，占全社会用电量（8.30万亿千瓦时）的30%。其中，风电的消费量为6556亿千瓦时，光伏发电的消费量为3270亿千瓦时，生物质能发电的消费量为1637亿千瓦时，水电的消费量为13445亿千瓦时。[①] 在可再生能源电力消纳责任权重的实施中，各省份基本完成了最低的消纳责任权重，甚至超额完成激励性消纳责任权重，切实保障了可再生能源电力的消纳和使用，对可再生能源发电起到了很好的促进作用。

根据《"十四五"现代能源体系规划》的要求，"十四五"期间中国单位GDP二氧化碳排放要累计下降18%，单位GDP能耗要累计下降13.5%。这意味着到2025年时，中国非化石能源消费占比提高到20%左右，能源电气化水平不断提升，电能占终端用能比重达到30%左右。但作为能源消费主体行业的工业部门，对可再生能源的消费远不及对传统化石能源的消费。在工业消费侧能源转型的背景下，电能或者天然气替代煤炭直接燃烧取得一定成果。近年来，电能对煤炭的直接替代在工业与制造业领域取得积极进展。2023年中国全社会终端用能电气化率达到28%，比2014年提升约7个百分点（中国电力企业联合会，2024b）。随着不断扩大清洁能源利用规模，2023年中国清洁能源消费比重达到26.4%，比2013年前提高10.9个百分点，煤炭消费比重累计下降12.1个百分点（国务院新闻办公室，2024）。然而，要实现清洁能源消费绿色转型，还需不断扩大对可再生能源的开发利用，持续提升可再生能源消费占比。

此外，能源消费弹性系数[②]和电力消费弹性系数[③]也反映了中国的经济发展水平。2015—2020年，中国能源消费弹性系数处于波动之中，以2017年为分界点，2017年之前的能源消费弹性系数大于0小于0.5，而之后的则大于0.5小于1。这表明2017年之前中国能源消费带来的经济增长效益高于

---

① 《2021年度全国可再生能源电力发展监测评价报告》，EESIA，2022，https://www.eesia.cn/upload/files/2022/9/1de56f6f9994b5c1.pdf。

② 能源消费弹性系数是指一定时期内能源（生产、消费）增长速度与GDP增长速度的比值。

③ 电力消费弹性系数是指一定时期内电力消费的增长速度与GDP增长速度的比值。

2017 年之后能源消费带来的经济增长效益。自 2014 年中国提出经济发展新常态以来，中国经济从高速发展阶段转向高质量发展阶段，能源作为经济社会发展的动力，无论是能源生产还是消费均处于稳中有增的趋势。但 2020 年起，受全球性公共卫生突发事件、经济结构短期变化、政策调整及长期能效矛盾共同作用，能源消费增长速度相对下降，2020 年中国能源消费弹性系数提高到 0.96 的水平。

当下，中国电力消费弹性系数呈现复杂的变化态势，而全社会用电量增速与能源消费增速也有新的表现。2023 年，中国全社会用电量达 92241 亿千瓦时，同比增长 6.7%（国家能源局，2024e），高于同期 GDP 增速 1.5 个百分点。从能源消费结构来看，2023 年非化石能源在能源消费总量中的占比提高到 17.2%，煤炭、石油、天然气消费占比分别为 55.3%、18.3% 和 8.7%，同比分别下降 0.9 个百分点、增长 0.4 个百分点和增长 0.2 个百分点（国家统计局、中商产业研究院，2024）。这表明可再生能源消费比例持续提高，且用于发电的能源在整体能源消费中的重要性日益凸显。

电力在中国能源消费市场中占据稳健且重要的地位。随着中国能源消费结构的调整和电力行业的发展，以可再生能源发电为主的电力行业快速发展，截至 2023 年底，全国发电装机容量达 292224 万千瓦，同比增长 14%，增速同比提升 6 个百分点。其中，非化石能源发电装机容量 157541 万千瓦，同比增长 24.1%，占总装机容量的比重首次突破 50%，达到 53.9%（电力规划设计总院，2024）。这充分体现了电力行业作为可再生能源未来发展重要窗口的地位。

第三节 碳中和背景下的中国能源安全现状及挑战

传统意义上的能源安全主要指以可支付的价格获取充足的能源供应。但随着国际能源安全形势不断发生变化，在全球碳中和的大趋势下，传统能源安全观受到时代的制约，各国需要充分认识参与全球气候治理的必要性和紧迫性。2021 年下半年出现的全球"能源荒"使国际社会认识到能源安全依然是经济发展和国家安全的重要基础，全球碳中和目标的实现离不开低碳发展与能源安全的平衡。因此，在当前多元的能源结构背景下，能源安全将不再局限于石油供应与石油价格安全，而是一个更系统、更立体和更高水平的综合性概念，涵盖油气、电力和可再生能源等多个能源种类，涉及供应安全、需求安全、技术安全及能源金融安全等诸多方面。

当前，世界正经历百年未有之大变局，同时伴随贸易保护主义、单边主义、孤立主义抬头，全球化受到挑战，中国能源安全的内外部环境变得错综复杂，给中国能源合作以及参与国际能源治理带来众多挑战。

一　中国的能源安全现状

能源安全是国家安全的重要组成部分，能源安全风险会导致国家乃至世界范围的地缘政治、经济、金融及社会安全的全方位震动，因而保障能源供给的安全性与能源贸易的稳定性已成为世界各国实现经济长足发展的核心议题，获得能源成为 21 世纪压倒一切的首要任务（罗伯茨，2008）。随着共建"一带一路"倡议的深入发展和构建人类命运共同体理念逐步深入人心，获得世界上大多数国家的响应和支持，中国的国际能源合作和能源外交也取得丰硕的成果，中国与世界各地的能源合作不断深入，能源进口渠道趋于多元、稳定，能源消费结构逐渐优化，能源技术不断突破，新能源产业发展迅速，能源安全体系不断完善。

（一）能源消费需求持续增长，结构不断优化

未来，中国的能源消费需求仍将处于持续增长态势。预计到 2025 年，中国石油需求将达到 6 亿吨左右，其中，化工用油需求将达到 1.6 亿吨，成品油需求将达到 3.8 亿吨。在天然气方面，预计到 2025 年，中国天然气需求将达到 5000 亿立方米，天然气的消费占比将提升至 14%。

中国作为煤炭消费大国和温室气体排放大国，煤炭消费量占能源消费总量的比重正在下降。2021 年中国煤炭消费量占能源消费总量的 56%，比上一年下降 0.9 个百分点。煤炭消费占比下降是大势所趋，降低煤炭消耗是实现碳达峰、碳中和的必由之路。伴随清洁能源的不断发展，未来中国煤炭消费占比将进一步降低，或将实现煤炭清洁化应用。虽然中国油气资源消费占比较低，但中国在继 2017 年超过美国成为世界最大石油进口国后，2018 年又超过日本成为世界最大天然气进口国，对外依存度持续走高。近年来，中国清洁能源产业不断发展壮大，清洁能源消费量占能源消费总量的比重也在持续提高。2021 年，天然气、水电、核电、风电、太阳能发电等清洁能源消费量占能源消费总量的 25.5%，同比提升 1.2 个百分点。

（二）油气进口来源日益多元，具备双重通道保障

中国石油进口来源十分广泛，石油进口国主要是沙特阿拉伯、俄罗斯、伊拉克、阿曼、安哥拉、阿联酋、巴西、科威特、马来西亚，自上述 9 国进口量占总进口量的 83%；天然气进口来源国达 28 个，管道天然气进口国主要为陆上接壤国家，其中对土库曼斯坦高度依赖，占比 56%，其次为俄罗斯、哈萨克斯坦、乌兹别克斯坦、缅甸，中国能源应急保障能力不断增强。据国家统计局数据，2023 年中国进口的原油高达 5.64 亿吨，同比大涨 11%；进口天然气 1656 亿立方米，同比增长 9.9%。中国能源自给率长期以来维持在 80% 以上，但油气对外依存度一直较高，因此能源安全的核心应为关注油气供应保障。

2015 年之前，中国有将近 90% 的石油进口和 70% 的天然气进口依赖海上运输。从中东和非洲地区进口的石油和天然气，需要从波斯湾，经过霍尔木兹海峡，横穿印度洋，途经马六甲海峡、中国南海，才能到达中国的沿海码头。而来自澳大利亚以及美国的液化天然气船要经过浩瀚的太平洋。一旦发生区域冲突或被封锁，相关海峡容易受到控制，中国的能源海上进口风险较大。为保障中国能源安全，破除马六甲困局，中国在 2003 年规划四大油气能源进口通道，包括一条海上通道和三条陆上通道，即东南通道、东北通道、西北通道、西南通道，四大通道都是油气运输功能兼备。经过多年的建设，目前中国四大能源进口通道战略布局已基本完成。其中，东北通道以中俄油气管道为主体，包含 2010 年投产的原油管道和 2019 年部分投产的东线天然气管道，西线天然气管道作为远期规划仍在推进中。西北通道分中亚天然气管道及中哈原油管道，两条管道分别在霍尔果斯、独子山与西气东输管道连接。西南通道为中缅油气管道，管道实行油气双线并行，起于皎漂港，到达安顺后原油北上重庆，天然气南下贵港。东南通道主要是从非洲、中东、大洋洲等地十多个国家运输能源至沿海一带。四大能源进口通道将共同对中国形成海陆双重能源供应保障，促进中国能源进口来源多元化，并能在较短时间内推动天然气在中国能源消费总量中的占比提升。

（三）能源技术领域加速发展，持续推进转型进程

近年来，随着太阳能、风能等非传统可再生能源技术水平的提高和成本的下降，世界多国加快了发展可再生能源的步伐。全球新一轮能源科技创新进入持续高度活跃期，可再生能源、核能、储能等一大批新能源技术正以前

所未有的速度加快迭代，成为全球能源向绿色低碳转型的核心驱动力。能源技术创新是中国能源产业高效率、低成本发展的重要环节，将对推动中国完成能源转型、实现"双碳"目标和保障能源安全发挥重要作用。目前，中国在能源技术领域取得阶段性成果，创新能力显著提升，建成一批具有先进技术的精品能源示范工程、推广一批具有国际竞争力的多个"世界第一"和"国际首个"项目，掌握一批具有自主知识产权和关键核心技术的清洁高效能源装备产品，已经建立较为完备的清洁能源装备制造产业链，能源产业链、供应链安全保障水平不断提高。但是，相较于世界能源科技强国，以及面对引领能源革命的内在要求，中国的能源科技创新还存在短板，即部分能源技术装备尚存短板，能源技术装备长板优势不明显，能源领域原创性、引领性、颠覆性技术偏少，现有绿色低碳技术难以有效支撑能源绿色低碳转型，推动能源科技创新的政策机制有待完善。

二 碳中和背景下中国能源安全面临的挑战

碳达峰、碳中和是一场极其广泛深刻的绿色工业革命，日益恶化的全球气候和生态环境对世界各国的碳减排提出明确的要求。但是，能源转型是一个复杂而漫长的发展过程，牵涉全球、区域、各个国家政治经济社会发展的各个方面。从目前全球能源形势看，未来很长一段时间内石油、天然气仍然是全球的刚性需求，并且仍将在许多国家的能源消费格局中占主导地位。中国作为人口大国，面临发展经济、实现中国式现代化的艰巨任务，中国能源需求持续高速增长，在未来相当长的一段时间内将面临较为严峻的挑战。

（一）国际形势的潜在风险加剧

当前，全球能源格局正处于不断变动之中，中东、非洲、中亚—俄罗斯、欧洲、南美洲等主要能源供应地局势不稳。首先，由于乌克兰危机，全球石油、天然气和煤炭以及大宗商品等价格飙升。自2022年2月24日乌克兰危机发生以来，欧洲布伦特原油价格涨幅达20%左右，最高时涨幅一度达40%，全球对石油危机再次来临的恐慌情绪不断蔓延，国际能源市场未来面临的不确定性风险将持续增加。其次，就需求侧而言，欧洲不断推进清洁能源革命，电力装机清洁化比例持续上涨，对天然气的依赖度也随之攀升。由于气候异常，2021年欧洲出现大规模的"能源荒"，天然气需求激增且价格上涨。从全球范围来看，碳中和正从国际共识转变为国际行动，能源转型不断推进，天然气被越来越多的国家作为煤炭的替代品，而中国对石油和天然气的对外依存度均较高，全球天然气供应紧缺问题将成为威胁中国能源安全的一大挑战。最后，就供给侧而言，重点能源供应地固有的地缘政治与民族宗教矛盾以及恐怖主义威胁尚存，例如中亚地区政权更迭引发的政治局势动荡风险，领导人权力变革成为中亚政治稳定的最大变数（孙超，2022）；未来美国的能源政策及政治走向也将对全球地缘政治及能源市场的走势产生影响。其中，中东、中亚、俄罗斯等是中国油气资源的主要来源地，国际形势的变动对中国与各国开展稳定的能源贸易合作以及中国的能源安全带来了一定的风险和不确定性。

（二）化石能源的转型前景复杂

一直以来，传统化石能源进口国的能源供应安全容易受油气出口国政治动荡、恐怖袭击或武装冲突造成的供应中断和能源价格波动影响。[①] 从长期来看，发展新能源和可再生能源可以更好地保障相关国家的能源供应安全。但能源转型需要稳妥地推进，激进的、过快的能源转型将不可避免地带来能源供应冲击。例如，2021年下半年，欧洲、美国等地出现能源价格飙升和电力短缺，既是多重因素导致的供需失衡，也与不断加速的国际低碳转型、美欧日渐盛行的激进环保政策和能源干预主义不无关系。2008年国际金融危机后，民粹主义回潮，环保议题日益政治化，气候治理成为欧美政党赢得选票的关键议题。在碳中和大趋势下，世界多个国家的碳减排政策相继出台，使传统能源生产和投资需求受到抑制，供给弹性降低。国际社会日益认识到能源转型的长期性和复杂性，同时更加重视转型政策的渐进性和能源供应的稳定性。

（三）清洁能源体系不完善

为缓解中国能源安全问题，推进替代能源的发展是一项关键举措。煤制油、煤制气等煤化工产业能够有效利用煤炭资源实现油气替代，推动石油消费量的下降，从而降低油气的对外依存度，在一定程度上降低中国能源安全风险。但是，目前中国的替代能源发展不足，体制机制存在发展障碍。例如，煤制油、煤制气等煤化工产业以大量耗煤为生产基础，这一过程会带来

---

① "A New World：The Geopolitics of the Energy Transformation"，IRENA，2019，https：//www. geopoliticsofrenewables. org.

相应的环境与水资源污染，并且中国的煤矿资源和水资源逆向分布，煤化工项目多分布在新疆、内蒙古、山西等缺水地区。近年来，电动汽车在中国取得很大的发展，但仍面临成本偏高、基础设施建设不足、行业部门缺乏协调等问题。发展清洁能源可以同时保障能源安全、应对气候变化和减少环境污染，目前化石能源消费量占能源消费总量的85%以上，如何在保障国家能源安全的同时兼顾低碳发展是一个重要议题。一个有效的能源供给体系应该为所有人提供可持续、安全、成本可接受的能源。虽然不同经济发展阶段具有不同的发展特征和能源发展目标，但能源政策目标需要平衡，这意味着从中长期来看中国能源体系还将是"两条腿走路"：煤炭的清洁发展和新能源快速发展。而煤炭的清洁利用受到高成本和碳排放的约束，因此需要从技术和整体能源系统的安全效率出发考虑政策导向。

气候变化影响下，"脱碳"成为全球能源发展的大势所趋。虽然各国政府及企业正为实现脱碳目标不断发力，但在地缘政治冲突持续不断、全球政治局势动荡、能源价格波动以及雄心勃勃的碳中和承诺等多重背景叠加的情况下，全球能源形势不论是短期还是中长期都面临巨大的挑战和不确定性。到2050年，电力、氢能和合成燃料将有望占能源消费结构的50%。化石能源的需求将持续增长，其中石油需求将在未来5年内达到顶峰。[①] 因此，未来仍需要不断推动以清洁、低碳、高效等特征为主的能源转型，保障能源安全并实现碳中和目标，积极应对全球气候变化。中国作为负责任的大国，正在认真履行自己的大国义务，持续加速能源结构调整，不断突破低碳技术壁垒，推进新能源的发展，以早日实现碳达峰、碳中和目标。同时，实现碳中和也绝不仅仅是为了体现大国担当，更是保障中国能源安全的关键环节。中国对石油、天然气的对外依存度一直处于较高水平，一旦油气资源的运输通道受阻，将给中国的能源安全带来严重威胁。因此，推进新能源的发展将有助于扭转中国能源过度依赖进口的局面。

---

① "Global Energy Perspective 2022", McKinsey Company, 2022, https://www.mckinsey.com/in-dustries/oil-and-gas/our-insights/global-energy-perspective-2022.

第二章
中国与南亚海陆国家能源
合作的现状与前景

南亚为喜马拉雅山脉以南、印度洋以北地区，东临孟加拉湾，西濒阿拉伯海，是连接东亚、东南亚与西亚、北非地区的重要桥梁，也是中国南向合作的重要区域，对于中国而言具有重要的地缘战略价值。南亚地区人口基数庞大，目前已超过18亿人，丰富的人力资源为南亚地区经济社会发展奠定重要基础，近年来南亚地区国家发展势头强劲，地区生产总值（GDP）逐年增长，已成为亚洲经济的重要增长极之一。能源是促进经济增长的重要物质基础，南亚国家均为发展中国家，大多数处于工业化初期或中期阶段，对能源有着强烈的需求。然而，由于传统油气资源匮乏，难以满足工业化发展要求，不稳定的能源供应成为南亚地区经济社会发展的一大阻碍。中国作为全球最大的发展中国家，有世界上最为完备的工业门类和工业品种，在工业化发展的过程中积累了丰富的经验，特别是在围绕能源领域的基础设施建设、开采和炼化技术以及绿色低碳发展等方面具备较强的综合实力。近年来，在区域经济合作不断取得新进展的背景下，中国和南亚国家的关系也迎来了崭新的阶段，未来双边合作的空间将不断拓展，进一步深化双边合作关系。能源领域作为双边合作的重要着力点和突破口，也是中国与南亚国家投资与合作的重要领域，未来中国与南亚各国将积极推动双边能源领域的多层级合作。

第一节　印度能源状况与中印能源合作

印度是南亚地区面积最大、人口最多、政治经济实力和影响力最大的国家，也是南亚地区最大的能源消费国，面临严峻的"能源贫困"问题。近年来，伴随经济的不断增长，印度的能源供需矛盾进一步突出，愈发依赖海外进口能源。中国与印度的能源状况相似，从全球能源的储备和分布状况以及中印两国的能源消费状况来看，中印两国在能源领域既存在竞争又需要合作。

一　印度能源禀赋与供需状况

印度煤炭资源丰富，储量位列世界第五，石油、天然气储量也不少，可再生能源丰富，整体而言，印度并不是一个资源匮乏的国家，但是随着人口增长、经济发展和城市化水平的不断提高，印度的能源消费需求日益旺盛，现有的能源供给能力不足以满足市场需求。

（一）印度能源禀赋条件

煤炭是印度最为丰富的化石能源，储量占全球煤炭总储量的 10.3%。英国石油公司（BP）统计数据显示，印度煤炭全部探明储量达 111052 百万吨，其中无烟煤和烟煤 105979 百万吨、次烟煤和褐煤 5073 百万吨。[①] 印度煤炭资源丰富，但质量不佳，不利于开发利用。印度石油资源禀赋条件较差，蕴藏总量较少，主要分布在西北沿海和东南内陆地区。BP 数据表明，2000 年底，印度石油探明储量为 53 亿桶，2010 年为 58 亿桶，2019 年的石油探明储量降至 47 亿桶，截至 2020 年印度的石油探明储量仅 45 亿桶，占全球石油总储的 0.3%。[②] 随着石油资源消耗量不断增长，印度的石油储量呈现逐年下降的趋势。天然气是印度的第二大传统能源，2020 年印度天然气探明储量为 1.3 万亿立方米，占全球天然气总储量的 0.7%。与石油的情况相反，随着勘探技术的不断发展，印度天然气探明储量正在缓慢增长。2000年，印度天然气探明储量为 0.7 万亿立方米，到 2019 年天然气探明储量达 1.3 万亿立方米。[③] 除化石能源外，印度的可再生能源也很丰富。该国大部分国土常年拥有 250—300 个晴天，即约 3000 个小时的日照时数，每年接收

---

① 《世界能源统计年鉴 2021》，BP，2022，https://www.bp.com.cn/content/dam/bp/country-sites/zh_cn/china/home/reports/statistical-review-of-world-energy/2021/BP_Stats_2021.pdf。

② 《世界能源统计年鉴 2023》，能源研究院，2024，https://assets.kpmg.com/content/dam/kpmg/cn/pdf/zh/2023/10/statistical-review-of-world-energy-2023.pdf。

③ 《世界能源统计年鉴 2021》，BP，2022，https://www.bp.com.cn/content/dam/bp/country-sites/zh_cn/china/home/reports/statistical-review-of-world-energy/2021/BP_Stats_2021.pdf。

的太阳能辐射大约达 5000 万亿千瓦时，大部分地区每平方米每天可接收 4—7 千瓦时太阳能辐射，是世界上太阳能最丰富的地区之一。印度处于季风区，风能资源分布广泛，主要分布在南部、西南部，其中，卡纳塔克地区的风能资源最为丰富，总体可开发风能资源为 20000 兆瓦。印度的生物质能发展较为迅速，主要是在不适宜农作物生长的地区，比如冰川、荒地、沙漠等地区广泛种植生物质能原材料，用于生物质能发电。此外，印度沿海地区还存在大量的潮汐能。总体而言，印度的可再生能源总量丰富、类型多元、开发潜力很大。

（二）能源供应状况

在煤炭供应方面，印度煤炭产量不大而且增长速度缓慢。从整体趋势来看，2014—2023 年印度煤炭产量呈现波动上升趋势（见图 2-1）。虽然 2019 年产量出现小幅下降，但随后恢复增长，并在 2022 年和 2023 年实现较大幅度增长。这说明印度对煤炭能源的需求有所增长，并且煤炭生产能力有所提升，煤炭产业呈现较平稳的发展态势。不过，随着全球对清洁能源的重视和能源转型的推进，未来印度煤炭产量的增长趋势可能会受到环保政策、能源结构调整等因素的影响。

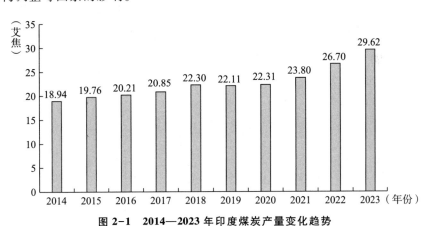

图 2-1　2014—2023 年印度煤炭产量变化趋势

资料来源：《世界能源统计年鉴 2024》。

在石油供应方面，印度的石油供给能力较弱，2014—2023 年以年均 4.1% 的速度下滑。数据显示，2018 年，印度石油产量超过 40 百万吨，但此后持续下降。截至 2023 年底，印度石油产量仅为 29.2 百万吨，较 2020 年下降约 22.3%①（见图 2-2）。

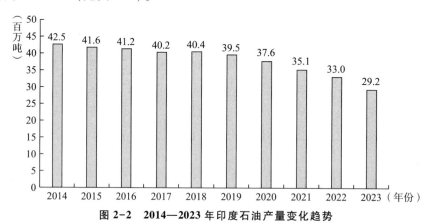

图 2-2　2014—2023 年印度石油产量变化趋势
资料来源：《世界能源统计年鉴 2024》。

在天然气供给方面，2010—2016 年，印度的天然气产量整体呈下降趋势，从 474 亿立方米降至 266 亿立方米，降幅较大。2016 年后印度天然气产量呈现波动变化趋势，2020 年仅为 238 亿立方米，处于 2013—2023 年的最低水平。2020 年后印度天然气产量开始回升，2021 年达 286.7 亿立方米，增长显著；2022 年升至 341.1 亿立方米，2023 年为 350 亿立方米，虽然增速放缓但仍保持增长态势（见图 2-3）。②

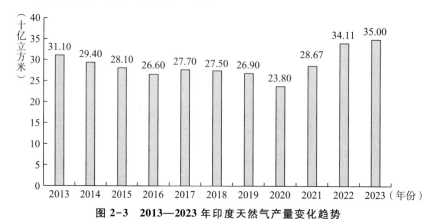

图 2-3　2013—2023 年印度天然气产量变化趋势
资料来源：《世界能源统计年鉴 2024》。

---

① "Indian Oil Market Outlook to 2030", IEA, 2024, https://iea.blob.core.windows.net/assets/4a13289b-1e25-45c8-9faf-9db532eaed1c/IndianOilMarket-Outlookto2030.pdf.

② 《世界能源统计年鉴 2024》，https://assets.kpmg.com/content/dam/kpmg/cn/pdf/zh/2024/08/statistical-review-of-world-energy-2024.pdf。

在可再生能源方面，印度可再生能源发电量增长迅速，2023 年印度可再生能源发电量同比增长 7.65%。2014—2021 年，印度可再生能源发电量逐年增长，2021 年发电量达到 420 太瓦时的峰值，随后 2022 年略有下降[1]（见图 2-4）。

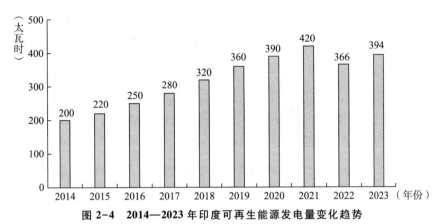

图 2-4　2014—2023 年印度可再生能源发电量变化趋势

资料来源：《世界能源统计年鉴 2024》。

（三）能源消费状况

总体来看，印度能源消费需求旺盛。在煤炭方面，印度煤炭消费量总体呈上升趋势，2010 年印度煤炭消费量为 12.16 艾焦，2012 年增至 13.82 艾焦，2016 年为 16.84 艾焦。之后煤炭消费量增速更快，2017 年、2018 年和 2019 年印度煤炭消费量分别为 17.44 艾焦、18.59 艾焦和 18.60 艾焦。2020 年，印度煤炭消费量同比下降 5.7%，为 17.54 艾焦。2021 年上升至 19.27 艾焦，2022 年进一步增加到 20.03 艾焦，2023 年达到 21.98 艾焦（见图 2-5）。[2]

在石油方面，印度石油消费需求旺盛，根据 BP 的数据，2015 年印度日均消费 4147 千桶石油，2019 年的石油日均消费量已经达到 5148 千桶。按照印度的石油消费增长情况，2020 年石油日均消费量将再次提升。然而，因为全球能源贸易通道受阻，2020 年印度石油日均消费量比 2019 年下降 9.3%，

[1] Annu Kumari, "Renewable Energy for Sustainable Development in India", IJFMR, 2024, https://www.ijfmr.com/papers/2024/3/20410.pdf；《世界能源统计年鉴 2022》，2023，https://www.bp.com.cn/content/dam/bp/country-sites/zh_cn/china/home/reports/statistical-review-of-world-energy/2022/bp-stats-review-2022-full-report_zh_resized.pdf。

[2] 《世界能源统计年鉴 2024》，2024，https://assets.kpmg.com/content/dam/kpmg/cn/pdf/zh/2024/08/statistical-review-of-world-energy-2024.pdf。

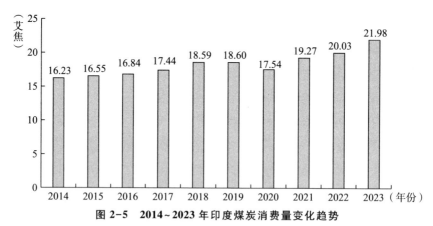

图 2-5 2014~2023 年印度煤炭消费量变化趋势

资料来源:《世界能源统计年鉴 2024》。

仅为 4669 千桶。2020—2022 年印度石油消费量呈现上升趋势,2021 年增长幅度较大;2022 年继续增长,但增长幅度相对收窄(见图 2-6)。①

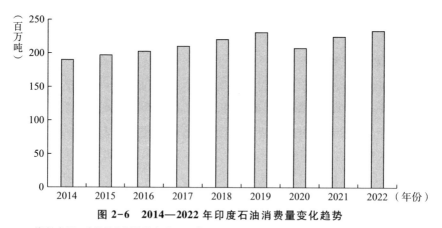

图 2-6 2014—2022 年印度石油消费量变化趋势

资料来源:《世界能源统计年鉴 2023》。

在天然气方面,印度天然气消费量增长较为缓慢,2014—2023 年年均增速为 3.2%,总体表现出波动增长的特征。2012 年印度的天然气消费量为 603 亿立方米,之后的几年天然气消费量有所下降,2016 年印度天然气消费量已经降至 478 亿立方米。随后,印度天然气消费量开始回升,2017 年消费量达到 508 亿立方米,到 2023 年达到 650 亿立方米(见图 2-7)。

---

① 《世界能源统计年鉴 2023》,2023,https://assets. kpmg. com/content/dam/kpmg/cn/pdf/zh/2023/10/statistical-review-of-world-energy-2023. pdf。

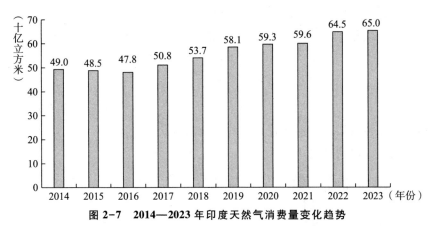

图 2-7 2014—2023 年印度天然气消费量变化趋势

资料来源：《世界能源统计年鉴 2024》。

在可再生能源方面，2010—2020 年，印度可再生能源消费量以年均 14.8% 的速度增长。2010 年，印度的可再生能源消费量仅为 0.36 艾焦；2014 年，印度可再生能源消费量达到 0.63 艾焦；2018 年，印度可再生能源消费量为 1.18 艾焦；2020 年，印度可再生能源消费量大幅提升，与 2019 年相比，增长 7.5%，达到 1.43 艾焦（见图 2-8）。

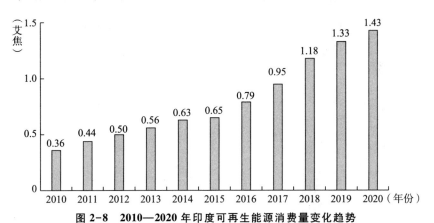

图 2-8 2010—2020 年印度可再生能源消费量变化趋势

资料来源：《世界能源统计年鉴 2021》。

（四）能源供需特点

印度能源供需缺口大，能源供不应求。在能源供给方面，化石能源仍然是印度能源供给体系的支柱，尤其是煤炭在印度的能源供给结构中具有不可替代的地位，供给总量长期居于首位。虽然印度能源供应结构不断多元化，但短期内，煤炭资源的主要地位仍难以撼动。值得注意的是，可再生能源在印度的能源供给结构中已占有一定比重，虽然尚不突出，但发展势头良好（见图2-9）。能源需求方面，煤炭占据主导地位，需求量高于石油。在能源消费结构中，石油、煤炭的消费量不断上升。随着印度经济的不断发展，石油在能源消费结构中的地位将进一步增强，而天然气在印度能源消费结构中的份额也在缓慢增加，但相较于石油，天然气仍逊色不少。相比之下，可再生能源在能源消费结构中的占比较小（见图2-10）。

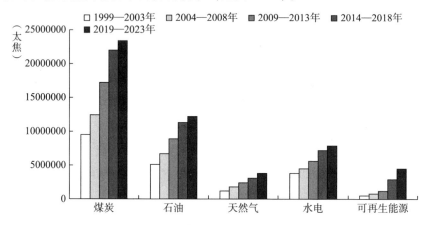

图2-9 1999—2023年印度各类能源供给量变化趋势

资料来源："2023 Energy Statistics India"，https://ruralindiaonline.org/en/library/resource/energy-statistics-india-2023/。

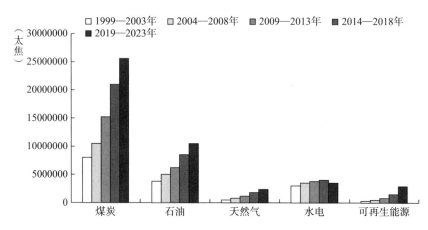

图2-10 1999—2023年印度各类能源消费量变化趋势

资料来源："India's Energy Overview"，https://www.vasudha-foundation.org/wp-content/uploads/Indias-Energy-Overview_March-2024.pdf。

二 中国与印度能源合作的历史和现状

中国与印度在能源结构方面存在一定的相似性，两国都表现为整体能源储量不足、能源消费总量巨大以及能源对外依存度高。由于全球能源资源分布不均，为了本国的能源安全和政治经济发展，中印两国在能源方面存在明显的竞合关系。

（一）能源基础设施合作

中印两国资源禀赋条件差，能源消费需求大，导致能源供需结构失衡，需要从海外大量进口能源。中印两国在保障能源安全方面存在共同利益，能源运输管道作为能源进口的重要途径，中印两国加快了在能源运输管道建设方面的合作。2004 年，印度加入中苏（丹）联合运营的输油管线；2005 年，印度获得上合组织观察员身份，使该合作平台基本覆盖南亚区域能源运输体系涉及的所有国家；2006 年，中国石油天然气管道局与印度瑞莱斯公司签订了印度"东气西输"天然气管道工程建设合作协议，根据该协议，中国为印度"东气西输"工程建设 1088 公里的管道及配套站场，这也是两国迄今最大的能源合作项目；2009 年，中缅签署了关于建设输油管道的协议文件，随后印度天然气管理局和维德什公司分别向中缅天然气管道项目投资 8388 万美元和 1.68 亿美元；2016 年，中印两国还主动强化孟中印缅四国合作，积极推动孟中印缅国际能源大通道建设，并且在 2016 年第四次中印战略经济对话中，双方还围绕联合开展能源规划、可再生能源项目建设、煤炭开发以及电站运维中心等议题进行了深入交流。

（二）传统能源合作

全球传统能源分布不均，主要集中在中东、非洲和西亚等地区，而世界经济发展中心集中在太平洋沿岸，这使全球能源供需格局出现明显的产销中心分离现象。中印两国能源状况相似，经济发展势头良好，能源消费旺盛，能源对外依存度高，因此中印两国在传统能源方面存在明显的竞合关系。

1. 竞争方面

为满足国家能源消费需求，中印两国在中东地区、里海、东南亚以及非洲地区展开了激烈的能源竞争，具体表现为两国在国际能源投资招标中的竞争。

（1）中东地区。中东油气质量好、易开发，是世界上油气资源最丰富的地区之一，强大的油气供给能力决定了其在全球能源供需结构中占据重要地位。中印两国根据自身能源状况，都将视线转向了中东地区。2000 年，印度三大石油公司获得伊朗天然气一期工程 25% 的股份；2001 年，印度又获得25 年内每年自卡塔尔进口 750 万吨液化天然气的权利，印度还与沙特阿拉伯、阿联酋等石油产出国达成相关的石油协定。2003 年，中石化参与阿扎德油田竞标；2004 年中国与阿拉伯国家签署了《中国—阿拉伯国家合作论坛宣言》和《中国—阿拉伯国家合作论坛行动计划》两个文件，强化彼此间能源合作。2005 年，印度政府又与伊朗国家石油公司签署了价值 400 亿美元的液化天然气协议，伊朗承诺未来 25 年内为印度提供 500 万吨液化天然气，未来 1 年内每天为印度提供 10 万桶石油；2010 年，印度与卡塔尔达成新的供气协议；2024 年，卡塔尔能源公司和印度最大天然气进口公司 Petronet LNG 续签自 2028 年起生效、为期 20 年、每年供应 750 万吨液化天然气的协议。中石化则利用自身较强的实力，积极开展与伊朗、伊拉克、沙特阿拉伯等国油气公司的合作或通过独自竞标获取了伊朗和沙特阿拉伯等国的油气资源开采权。

（2）非洲地区。非洲是中国第二大能源进口来源国，目前中国在非洲的油气资源开发已取得重大成效。2005 年在安哥拉一处油田的竞标中，中国以超出印度 14 亿美元的收购价，成功获得安哥拉该处油田的开采权。同年，中印两国针对厄瓜多尔石油开采权展开了激烈的角逐。此后印度在非洲的能源竞争步伐不断加快，通过发展援助、投资合作的方式获得尼日利亚、苏丹和利比亚的油气开采权。不过，印度也借助"印非论坛"寻求进一步参与非洲能源的开发。

（3）东南亚地区。东南亚地缘战略优势突出，处于全球贸易的"十字路口"，一直以来是世界大国竞争的重要战略要地。丰富的油气资源进一步强化了东南亚在全球的战略地位。中印两国在地理位置上与东南亚接近，双方在东南亚的能源竞争也十分激烈。2004 年，中国寰球工程公司和缅甸海洋石油总公司缅甸有限公司、新加坡 Golden Aaron Pte 有限公司积极与缅甸石油与天然气公司达成开发缅甸 3 个总面积达 2 万平方英里区块的油气合作协议，同年又进一步获得另外 3 个油气区块开发权，加快了中国在缅甸的油气开发进程。此后，印度也加快了在缅甸的油气开发步伐。2005 年，印度石油公司获得缅甸海上一号开采区 30% 的股份。2006 年，印缅双方签署能源合作协议，根据该协议，印度成为缅甸能源优先购买者。2007 年，印度又获得缅甸 3 个深水区块的天然气开采权并达成印缅油气开发协议。

（4）中亚地区。里海油气资源丰富，拥有 6 个独立的油气盆地，石油储量达 900 亿—2000 亿桶，约占世界石油总储量的 8%；里海的天然气储量达 14 万亿立方米，占世界总储量的 4%—5%。中国凭借上合组织的良好氛围和地缘优势，广泛与中亚国家开展能源合作。而印度在遭受国际金融危机冲击之后，才开始在中亚地区布局能源投资，并试图与中国在中亚地区展开新的竞争。2005 年，印度石油天然气公司与米塔尔钢铁公司组成联盟，以 36 亿—38 亿美元联合竞购哈萨克斯坦第二大石油生产商——哈萨克斯坦石油公司。中国石油天然气集团公司最终以 41.8 亿美元成功收购该公司，创下当时中国最大海外并购纪录。[①] 2024 年，中哈签署《中华人民共和国政府与哈萨克斯坦共和国政府关于实施可再生能源领域项目的协议》（国家能源局，2024f），支持两国企业参与哈萨克斯坦境内风电、光伏等项目投资建设，并确定了首批共计 1.8 吉瓦的重大项目清单。中塔两国积极推动共建"一带一路"倡议与塔吉克斯坦"2030 年前国家发展战略"对接，中国石油 100% 持股塔吉克斯坦博格达项目，致力于为塔吉克斯坦油气工业发展做贡献。

2. 合作方面

合理的能源价格和持续性能源供给是维护国家能源安全的重要保障。中印两国虽存在能源竞争，但能源均高度依赖进口，能源进口结构十分相似，这意味着两国能源安全易受到能源供给国变动的影响。因此，在共同的能源利益下，中印两国在传统能源方面也进行了广泛的合作，尤其是近年来中印积极主动开展"中印+"的合作模式，联合能源消费国应对"亚洲溢价"。2005 年，印度召开"地区合作——能源安全的关键"主题峰会，中印双方第一次与产油国面对面讨论"亚洲溢价"问题；随后，中印联合巴西、南非等国家共同组成"基础四国"，提高能源对话能力。不仅如此，中印双方还强化了与金砖国家的能源合作，提高了双方在全球能源问题治理中的地位。2018 年，中印两国就协调石油采购立场，商讨建立以石油买方为基础的"石油俱乐部"，并且在"联合采购原油"上取得进展。2019 年，在欧佩克减产以及美国对伊朗和委内瑞拉实施制裁的背景下，中国和印度着手成立一

---

① 《中石油击败印企收购哈油田　50 亿美元购 8.33% 股份》，观察者网，2013 年 9 月 10 日，https://www.guancha.cn/Industry/2013_09_10_171390.shtml。

个"石油买家俱乐部",以便在原油定价和采购方面拥有更大的话语权。

此外,随着中印两国在传统油气资源竞争中的负面影响凸显,两国纷纷意识到恶性竞争提高了双方在能源进口中的成本,而合作更有利于双方能源的良性发展。因此,双方逐步以合资的方式共同开发油气资源,以满足对能源的需求。2006年,中印两国以双方各控股25%的方式收购哥伦比亚石油公司股份;2007年,中国燃气控股有限公司和印度石油天然气公司在百慕大群岛共同出资成立公司,各控股50%;2008年中印联手获得哥伦比亚石油公司Omimex de Colombia的股份,中印双方股份各占50%,同年中石化和印度石油天然气公司共同投资了伊朗亚达瓦兰油田;2012年,中国石油天然气集团与印度石油天然气公司签署协议,在世界范围内共同开采油气资源,中印油气合作进一步发展。

(三) 可再生能源合作

碳中和背景下的全球能源转型使中印两国面临国家能源安全的威胁,在战略方面加强对可再生能源的关注,也成为中印两国新的竞合领域。中印两国可再生能源技术存在明显的差距。中国在可再生能源技术方面已经实现跨越式发展,全球一半以上的可再生能源成品生产于中国,而印度的可再生能源技术较为落后,这为中印两国的可再生能源合作提供了重要的技术前提。2010年,华能与印度有关企业签署了美国国际电力公司50%股权买卖协议,同年华能和粤电集团通过双方合资公司海外国际兴业有限公司,收购印度GMR集团持有的全球电力公司(InterGen)50%股权。2015年,晶澳太阳能与印度大型投资集团Essel Infraproject Ltd签署谅解备忘录,根据该备忘录,双方在印度合资建设一座产能500兆瓦的光伏电池和组件厂。2017年,天合光能为软银能源在印度安得拉邦提供的455兆瓦太阳能组件已投入使用,并开始输送清洁安全的太阳能电力。2018年,中国的光伏产品已经占据印度80%左右的市场,中国的东方日升、正泰新能、尚德电力、晶澳太阳能、天合光能、晶科能源等企业更是在印度的光伏产业中占据了前10名。2024年,正信光电与印度SOLARWORLD公司达成合作协议,决定共同在印度建立光伏组件生产线。

三 中国与印度能源合作的前景分析

为满足本国的能源需求、缓解能源供需紧张,印度政府加快对可再生能源开发和利用的立法工作。印度国内良好的政治和经济环境，为印度持续增加海外能源进口以满足本国的能源需求提供了动力。中国可在可再生能源方面为印度提供技术、装备和手段，因此，中印两国在可再生能源领域存在较大的合作空间，而在传统能源领域始终处于竞合状态。中印双边关系的不确定性，给中印两国的能源合作增加了许多不确定因素。

（一）中国与印度双边关系的发展态势

中印关系是世界上最复杂的双边关系之一，对中印双边能源合作产生重要影响。

一方面，中印两国领土争端影响两国关系。中印两国在发展过程中均高度关注自身在亚太地区和全球的影响力，发展的一致性与竞争性并存。中印关系的复杂性源于安全问题，继而外溢到政治、经济、文化等领域。在双方共同努力下，1996 年两国建立"面向 21 世纪的建设性合作伙伴关系"；2005 年升级为"面向和平与繁荣的战略合作伙伴关系"，这使中印关系站在新的起点。近年来，印度以对立性思维处理两国关系，悬而未决的边界问题以及由此导致的安全摩擦长期影响双边关系，印度对中国的态度和政策时常变化，中印合作的基础不断遭到削弱。

另一方面，印度对中国的经济贸易脱钩趋势明显。中印两国经济贸易合作的情况并不十分乐观，中印双边贸易摩擦升级。印度为了所谓的保护本国企业，计划对来自中国的几百种产品设置更高的贸易壁垒。印度还不断进行一系列反倾销活动，以抵制中国制造的产品，这一行为不仅限制了中印双边贸易，还使中国企业承担巨大的经济损失。尤其是在 2020 年前后，印度对中国的经济排斥更为显著，中国在印度的制造工厂和企业全面进入停工停产状态。印度对中国设置的关税壁垒，很大程度上影响了中印两国的能源合作。

（二）中印能源合作前景展望

大多数发展中国家的经济增长与能源消费呈正相关关系。印度是世界上经济增长较快的国家之一，此前增速为 7% 左右，但是受到多重因素影响，近年来印度处于经济低迷时期。世界银行预测，印度经济增速将再次恢复到原有水平。同时，印度是世界上重要的人口大国，庞大的人口基数增加了对能源消费的需求。总而言之，印度能源消费需求旺盛，这为中印两国寻求能源合作机会提供重要基础。

一是中印传统能源领域的"竞合"状况将持续。随着全球能源转型的推进和深入，世界主要国家均承诺实现碳中和，碳中和也将逐步改变全球能源地缘政治格局。但是，化石能源作为全球的主要能源，未来几十年内，油气资源主导全球能源供需的格局并不会发生显著变化。《2030 世界能源展望》预测，未来 20 年，全球 94% 的石油需求净增长、30% 的天然气需求净增长，近 100% 的煤炭需求净增长以及 48% 的非化石能源需求净增长将来自中印两国。在现有的能源储备状况下，中印两国传统能源领域的"竞合"关系将会持续。在未来几十年，中印两国将成为全球油气大国，油气进口价格暂时不能摆脱全球能源市场变动的影响。因此，中印两国将在治理能源"溢价"方面保持长久的合作。

二是中印两国在积极寻找能源合作契合点。中印两国频繁举行能源会议，在传统能源合作与能源转型方面不断寻找契合点。在能源转型方面，2018 年中印领导人在武汉会晤，双方均表示对气候合作需要新定位与新思考，寻找更有针对性的合作路径，包括水、能源和粮食纽带安全的合作，两国产学研界联合研发核心低碳技术和开辟地方政府气候合作新空间；在 2019 年的中印第六次战略经济对话能源合作工作组会议上，双方又围绕可再生能源、清洁煤技术、智能电网、新能源并网、智能电表、电动汽车及基础设施和储能合作等议题进行了深入探讨交流。在传统能源合作方面，为了保障国家能源安全，中印两国积极应对美国对伊朗的石油制裁，两国企业倡导建立"石油买家俱乐部"。2018 年 6 月，中印双方就油气领域合作深入交换意见，中印两国政府也在公开场合对"石油买家俱乐部"表示肯定。在此框架下，中印两国就这一问题保持联系，并考虑进口更多的美国原油，对冲欧佩克对世界石油市场和油价的影响。

三是能源电气化可能成为中印两国未来合作方向。随着全球对可持续发展和减少碳排放的共识加深，中国在此领域开展前瞻性布局。除积极加快对可再生能源领域的立法进程，确保政策引导与法律支撑外，中国在可再生能源制造业及整个产业链上的发展引人注目，已具备显著的国际竞争优势。从太阳能到风能再到储能技术，中国拥有世界领先的技术实力和产能规模。这些优势与印度庞大的能源需求市场形成天然互补，两国在可再生能源领域的合作潜力巨大。印度作为能源消费大国，正积极寻求能源结构转型，与中国在可再生能源技术、设备及资金等方面的合作，无疑将构成中印能源合作的重要前景之一，共同推动全球能源转型与绿色发展。

第二节　巴基斯坦能源状况与中巴能源合作

巴基斯坦是南亚地区第二大国，也是南亚地区为数不多资源禀赋条件较好的国家，但由于受自然条件、开发技术、资金设备等各种因素的限制，巴基斯坦的能源供需形势仍十分严峻。近年来，随着巴基斯坦发布了具体有效的能源政策，加强国际能源合作，巴基斯坦的能源供需状况有所缓解。在与各国的能源合作中，中巴能源合作为巴基斯坦的能源供需平衡做出巨大贡献。在中巴经济走廊建设的推动下，中国已经成为巴基斯坦最大的能源合作投资国。

一　巴基斯坦能源禀赋与供需状况

巴基斯坦的煤炭和天然气资源较为丰富，但石油资源较少。随着巴基斯坦经济的发展，巴基斯坦的能源需求超过能源供给，导致能源供需结构失调。巴基斯坦可再生能源储量丰富，但是由于技术、资金条件限制，可再生能源开发规模较小。近年来，得益于能源开发技术水平的提升和国际能源合作的广泛推进，巴基斯坦的能源供需逐渐平衡。

（一）巴基斯坦能源禀赋条件

巴基斯坦化石能源丰富，但结构存在不合理之处，不利于资源清洁高效利用。根据相关资料，巴基斯坦已探明煤炭储量为1850亿吨，主要集中在信德省和俾路支省，信德省的塔尔煤田是巴基斯坦最大煤田，预计可采储量达1750亿吨（Pakistan Geological Survey，2024）。石油方面，截至2024年6月，巴基斯坦原油储量达2.43亿桶，比2023年12月增长26%，分布在俾路支省、信德省和旁遮普省。天然气方面，截至2024年中，巴基斯坦天然气储量达到0.52万亿立方米，主要分布在北部波特瓦（Potwar）盆地、南部印度河盆地和近海大陆架（Oil and Gas Regulatory Authority，2025）。但近年来，由于能源消费量增长迅速，巴基斯坦的天然气消耗量已经超过新发现储量。巴基斯坦可再生能源丰富，在风能方面，巴基斯坦位于季风带，信德省南部存在一条东西宽60公里、南北长180公里[1]的"风电走廊"，可利用

---

[1]　"Ecommerce Gateway Pakistan"，2024，https://solarwindexpo.com/about-us.php.

的风能装机容量达 11000 兆瓦；在太阳能方面，巴基斯坦位于热带和亚热带地区，太阳辐射达到 1000 瓦/米^2，太阳能资源主要集中在信德省、俾路支省和旁遮普省的荒漠区；在水能方面，巴基斯坦拥有世界上较大的河流之一——印度河，可开发水电蕴藏量约 59000 兆瓦[1]。

（二）巴基斯坦能源供给状况

在煤炭方面，巴基斯坦煤炭产量增长较快，呈现波动上升的态势。2014—2018 年，巴基斯坦煤炭产量缓慢增长，从 340 万吨增长至 440 万吨；2019—2023 年增速加快，其中 2023 年煤炭产量达 1710 万吨，整体呈明显上升趋势，反映出巴基斯坦煤炭生产能力总体提升（见图 2-11）。从当前的煤炭供给变化趋势来看，如果不受外部力量干扰，巴基斯坦的煤炭供给能力还会不断增强。

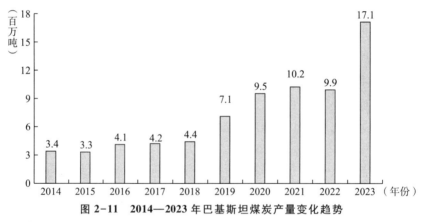

图 2-11　2014—2023 年巴基斯坦煤炭产量变化趋势

资料来源：IEA，https://www.iea.org/。

石油和天然气方面，原油和天然气是巴基斯坦的两种主要能源产品。近年来，巴基斯坦的原油供给能力呈现波动下降趋势（见图 2-12），天然气产量也有所下降（见图 2-13）。另外，巴基斯坦水电产量总体呈上升趋势，其他可再生能源产量也有所增加（见图 2-14）。

（三）巴基斯坦能源需求状况

在煤炭方面，2013 年以来，巴基斯坦煤炭消费量呈现快速增长趋势。

---

[1]　Akash Kumar Shukla, K. Sudhakar, Prashant Baredar, "Renewable Energy Resources in South Asian Countries: Challenges, Policy and Recommendations," *Resource-Efficient Technologies*, 2017（3）.

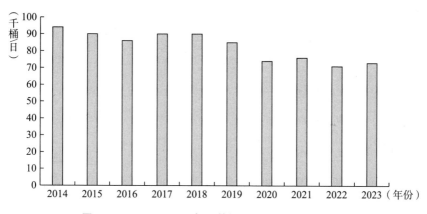

图 2-12　2014—2023 年巴基斯坦原油产量变化趋势

资料来源："Pakistan Crude Oil Production"，https://countryeconomy.com/energy-and-environment/crude-oil/production/pakistan。

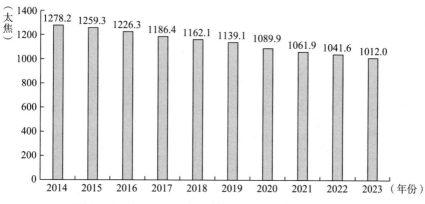

图 2-13　2014—2023 年巴基斯坦天然气产量变化趋势

资料来源：IEA，https://www.iea.org/。

2014 年巴基斯坦煤炭消费量为 1020 万吨，之后逐年增长，2015 年为 1150 万吨，2016 年为 1310 万吨，到 2023 年达到 2480 万吨（见图 2-15）。

巴基斯坦石油消费需求较为旺盛，2014 年巴基斯坦石油消费量为 23478 太焦，2015 年为 24297 太焦，2016 年 25116 太焦，到 2023 年达到 29484 太焦，整体呈上升趋势（见图 2-16）。

在天然气方面，2014—2023 年巴基斯坦天然气消费量总体呈上升趋势，从 2014 年的 45360 太焦增至 2023 年的 59220 太焦，增长 30.6%。2020 年巴基斯坦天然气消费量略有回落，降至 52815 太焦，但随后迅速反弹并持续增

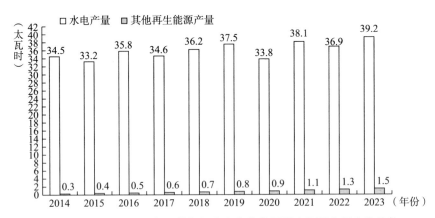

图2-14 2014—2023年巴基斯坦水电和其他可再生能源产量变化趋势

资料来源：IEA，https://www.iea.org/。

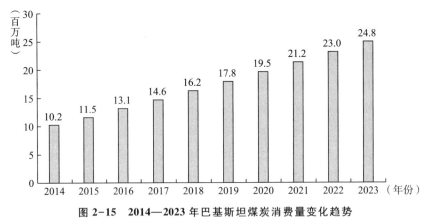

图2-15 2014—2023年巴基斯坦煤炭消费量变化趋势

资料来源：IEA，https://www.iea.org/。

长，表现出巴基斯坦天然气消费强劲的增长态势（见图2-17）。

在可再生能源方面，巴基斯坦的可再生能源消费主要分为两种类型：一种是水电消费，一种是其他可再生能源消费。水电消费是巴基斯坦可再生能源消费的主要类型，消费量从2014年的33.39太瓦时增至2023年的38太瓦时，尽管增长速度相对于总消费量较慢，但总体呈现上升趋势，表明巴基斯坦在水电领域的投资和开发取得一定成效。此外，其他可再生能源消费量从2014年的0.397太瓦时显著增长至2023年的5太瓦时，尤其是2019年之后，增长速度明显加快，可以看出巴基斯坦在风能、太阳能等领域实现快速发展（见图2-18）。

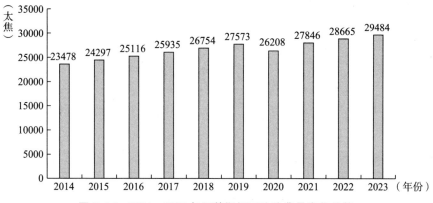

图 2-16　2014—2023 年巴基斯坦石油消费量变化趋势

资料来源：IEA，https://www.iea.org/。

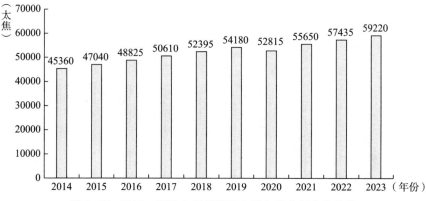

图 2-17　2014—2023 年巴基斯坦天然气消费量变化趋势

资料来源：IEA，https://www.iea.org/。

（四）巴基斯坦能源供需特点

巴基斯坦能源供需逐渐趋于平衡，但在能源供给和需求两端各有特点。在能源供给方面，石油和天然气长期占据巴基斯坦能源供给的主体地位。煤炭是巴基斯坦的第三大能源，近年来，巴基斯坦煤炭供给总量有所提升，在国家能源供应结构中占据更大份额（见图 2-19）；水电、太阳能和风能等可再生能源供给能力较弱，但也有所增强。在能源需求方面，巴基斯坦的能源消费以化石能源为主，可再生能源作为一种新的能源消费类型，在巴基斯坦能源消费结构中的优势尚不明显。

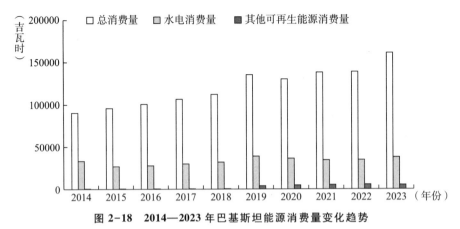

图 2-18 2014—2023 年巴基斯坦能源消费量变化趋势

资料来源:《巴基斯坦能源报告》, https://www.enerdata.net/estore/country-profiles/pakistan.html。

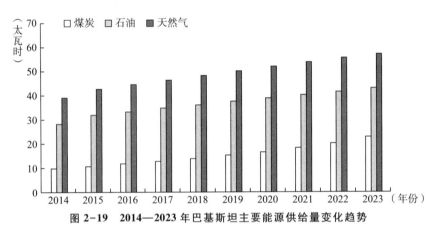

图 2-19 2014—2023 年巴基斯坦主要能源供给量变化趋势

资料来源: IEA, https://www.iea.org/。

二 中国与巴基斯坦能源合作的历史与现状

从中巴建交到中巴经济走廊建设,中巴双方关系的友好发展有力地推动了能源合作,两国在能源基础设施建设、传统能源和可再生能源开发等领域开展了广泛且深入的合作,中国和巴基斯坦的电力合作为巴基斯坦提供了 1/4的电力,有效缓解了巴基斯坦电力供应紧张的局面,也为巴基斯坦的经济发展提供了强大动力。虽然两国能源合作处于初级阶段,但也取得一定成果,为下一阶段双方的能源合作奠定基础。

（一）能源基础设施建设合作

能源基础设施建设合作是中巴能源合作必不可少的领域。无论是在中巴经济走廊还是在共建"一带一路"倡议框架下，中巴两国都在能源基础设施建设方面开展广泛的合作，中国为完善巴基斯坦的能源基础设施做出重要贡献。

首先，能源管道建设方面。能源管道建设是中巴能源合作的重要环节，特别是在中巴两国油气资源消费极为旺盛的情况下，油气管道建设是能源跨国运输的基础，能够为下一步的能源开发与贸易节约时间、降低成本。在《巴基斯坦2030远景展望》[①]中，巴基斯坦政府确立了使铁路运输成为主要运输方式、推动国家经济发展的目标。2015年，中巴双方签署协议，扩建瓜达尔港—新疆喀什的铁路、公路，以及通往伊朗的能源管道，推进连接中国西部与阿拉伯海的经济走廊建设，共同维护管道安全运营（《中国石油报》，2015）。

其次，电力基础设施建设合作方面。巴基斯坦的电力基础设施极为薄弱，制约其电力开发与输送，影响人民生活水平提高和经济社会发展。因此，电力基础设施的建设也是中巴能源合作的重要内容。2020年，中巴合作建设的拉合尔换流站直流双极完成空载加压开路（OLT）试验，巴基斯坦国家电网最高电压等级历史性达到660千伏（能源界，2020）；2021年，巴基斯坦SK水电站项目引水隧洞A6a-A6b段全线贯通，为后期开挖和钢衬施工奠定了坚实基础（国际电力网，2021a）；同年，迪阿莫巴沙大坝顺利建成，改写世界水电建设史，成为世界上高度最高、体积最大的碾压混凝土重力坝（国际电力网，2021b）。

最后，港口建设方面。瓜达尔港是中巴能源合作和战略合作中最为重要的项目。瓜达尔港是在中国共建"一带一路"倡议下推进建设的重要港口，也是中国海陆能源运输的重要衔接点。在中巴合作建设之前的很长一段时间，瓜达尔港基本处于闲置状态。2013年，中国企业正式获得瓜达尔港运营权后，便开始对港口进行全方位建设，翻新所有重要的设施，升级电力系统，维修港区道路、堆场，新增码头装卸设备，升级供油系统、海水淡化和污水处理系统，安装港区监控系统等。在中巴两国通力合作下，瓜达尔港重

---

① "Pakistan in the 21st Century Vision 2030", Government of Pakistan Islamabad, 2007, https://faolex. fao. org/docs/pdf/pak149943. pdf.

新焕发了生机。目前，瓜达尔港可处理散货、集装箱、滚装货物、液化石油气输送等各种业务，已经具备全作业能力。2016 年，瓜达尔港第一次大规模向海外出口集装箱；2020 年 1 月 7 日，首批液化石油气船停靠瓜达尔港，4000 吨液化石油气通过瓜达尔港输送到千家万户。

（二）传统能源合作

中巴两国都是能源需求旺盛的发展中国家，能源稳定供给关系到国家的安全和稳定发展。巴基斯坦的传统能源储量丰富，但由于勘探开发技术限制，化石能源开发不够充分。2006 年 2 月，中巴两国签订《中巴能源领域合作框架协议》，为双方能源合作提供了政策支持，自此，两国在传统能源勘探、开发等方面的合作逐渐增多。2007 年，中国振华石油控股有限公司与巴基斯坦石油与自然资源部在巴基斯坦首都伊斯兰堡签署了勘探合同，根据该合同中国振华石油控股有限公司获得巴斯卡和东巴哈瓦普尔区块石油天然气100%的开采权；2012 年，华信资源有限责任公司通过公开竞标取得巴基斯坦塔尔煤田第一区块的开采经营权；2015 年，上海电气公司与华信资源有限责任公司签署了《巴基斯坦塔尔煤田一区块煤电一体化合作协议》，同年信德安格鲁煤矿公司在巴基斯坦塔尔煤田第二区块建成一座年产能 380 万吨的露天煤矿；2016 年，内蒙古霍林河露天煤业股份有限公司拟以投资 1000 万美元优先股的方式投资巴基斯坦的信德安格鲁煤矿公司，并向其提供技术服务。之后中巴两国的石油交易也逐渐增多。2021 年，中国石油国际事业巴基斯坦公司供应给巴基斯坦国家石油公司的国产欧 V 标准汽油，获得巴基斯坦海关给予的进口关税减免优惠，实现"零关税"。这是中巴自贸协定第二阶段议定书降税安排实施后，首批次在巴基斯坦获得关税减免优惠的中国汽油，也成为巴基斯坦油气进口史上首批享受"零关税"的汽油（国际石油网，2020）。

同时，为满足巴基斯坦的电力消费需求，中巴两国在煤火电开发方面的合作也逐渐深入，这极大地缓解了巴基斯坦的电力紧张局面。2014 年 11 月，在中国国务院总理李克强与巴基斯坦总理谢里夫的共同见证下，中巴两国代表签署了《关于中巴经济走廊能源项目合作的协议》[①]，明确优先实施项目

---

① 《中华人民共和国政府和巴基斯坦伊斯兰共和国政府关于中巴经济走廊能源项目合作的协议》，中国外交部网站，2014 年 11 月 8 日，http://treaty.mfa.gov.cn/tykfiles/20180718/1531877024856.pdf。

1040 万千瓦，积极推动项目 664.5 万千瓦。目前，中电建卡西姆 2×660 兆瓦项目、中电国际胡布 2×660 兆瓦项目、华能如意萨希瓦尔 2×660 兆瓦项目等一批火电项目已经开工建设、投产发电，其中，萨希瓦尔燃煤电站是中国在海外建设的第一个大型高效清洁煤电项目，燃煤电站计划建成两台 660 兆瓦超临界燃煤发电机组（能源界，2019）。由中国企业出资的萨希瓦尔燃煤电站（1320 兆瓦）、卡西姆港口火电厂（1320 兆瓦）、胡布火电厂（1320 兆瓦）和 Engro 塔尔火电厂（660 兆瓦）已经投入使用；2020 年，Thal Nova、塔尔（胡布）能源以及上海电气（塔尔煤田第一区块）三个项目也完成了融资，三个项目的总装机容量高达 1980 兆瓦（国际煤炭网，2021）；2021年，中国能建国际公司和江苏院联合体与巴基斯坦史迪克森能源公司通过云会议签署了巴基斯坦塔尔煤田第二区块 330 兆瓦燃煤电站项目工程承包合同（能源财经，2021）。然而，2021 年之后，巴基斯坦政府宣布不再建设新的燃煤电厂，这给中巴两国煤电合作带来新的不确定性。

（三）可再生能源合作

巴基斯坦的风、水、光资源丰富，开发可再生能源成为缓解其能源供应紧张局势的重要途径。但是可再生能源的开发利用和储存需要技术支持，巴基斯坦受限于研发技术和资金不足，开发能力有限。相较于巴基斯坦，中国的可再生能源开发技术先进、资金充足、经验丰富，为促进中巴两国的可再生能源合作提供了便利条件。

水电在巴基斯坦的电力供应结构中占据主导地位，经过多年的发展，中巴两国的水电合作取得丰富的成果。2009 年，巴基斯坦扎尔达里总统在访华期间与中国三峡水电集团负责人签订了巴基斯坦邦吉—吉尔吉特—巴尔蒂斯坦水电工程项目合作建设谅解备忘录，双方计划在该地区建立 7000 兆瓦水电工程；2014 年，中国能建葛洲坝集团负责巴基斯坦规模最大的水电工程 NJ 项目，该水电项目总装机容量超过 1000 万千瓦；2020 年，中国电建公司和巴基斯坦边境工程组织与巴基斯坦巴沙开发公司签订了巴基斯坦巴沙大坝（土建标）及 Tangir 水电站项目合同（北极星电力网，2020）；2021 年，中国能建葛洲坝集团与巴基斯坦 GRC 公司组成联营体，与巴基斯坦开普省能源发展局签署巴基斯坦巴拉科特水电站现汇项目 EPC 合同（国际电力网，2021c）。同年，科哈拉、帕坦等水电项目也成功签署购电协议（澎湃新闻，2021）。

此外，巴基斯坦风力资源丰富，但长期以来，巴基斯坦的风力开发水平较低，发电量很小。在与中国进行风力发电项目合作之后，巴基斯坦境内的风力发电项目快速发展。2010 年，中国国务院总理温家宝在访巴期间与中国国家开发银行、中巴投资股份有限公司共同就风力发电项目签署三方合作备忘录，以支持中水对外公司以 BOT 模式在巴基斯坦筹建 4.95 万千瓦的风电项目，这是中资企业第一次在巴基斯坦风力发电行业进行投资，拉开了中资企业在巴基斯坦进行风电开发的序幕，标志着中巴在风力发电方面开始实质性合作；2012 年，中巴风电合作更加频繁，巴基斯坦将这一年称为风力发电的发展之年；2015 年，中巴经济走廊建设萨察尔风电项目成为第一单完成签约的融资项目，同年，中巴签署大沃风电项目（中国风电新闻网，2019）。截至 2019 年，中国电建连续与巴基斯坦私人投资商成功签署了麦特罗风电、古莱玛风电、阿提斯提克风电、雷克赛德风电、因达斯风电、鼎能能源风电、马斯特绿色能源风电、阿科特二期风电和特里肯姆风电共 9 个风电项目合同，合计装机容量 460 兆瓦。该系列项目建设地点集中在巴基斯坦信德省锦屏地区，该地区为巴基斯坦集中开发的风电示范基地。

与水电和风电领域的快速合作不同，由于巴基斯坦的地形地势条件复杂，中巴太阳能合作项目需要克服的困难要比水电和风电项目多得多。因此，太阳能合作项目的发展速度较为缓慢，不过也取得较为可观的成就。2013 年，巴基斯坦旁遮普省政府与中国北方工业公司签署了一份谅解备忘录，在旁遮普省科里斯地区建立装机容量 300 兆瓦的太阳能发电工厂；2016 年，中兴能源巴基斯坦 90 万千瓦太阳能发电项目完成一期 30 万千瓦并网发电，成为中巴经济走廊首个完成融资、首个建成并网发电的太阳能发电项目，该项目全部建成后将成为全世界单体最大太阳能发电项目，每年可提供清洁电力近 13 亿千瓦时，极大地缓解了巴基斯坦电力供应紧缺的局面。

另外，核能是清洁高效的能源，开发核电对巴基斯坦未来的发展极为重要，中巴在和平利用核能领域具有良好的合作基础和广阔的发展空间。1992 年，中巴两国签订了核电站合作合同，中国向巴基斯坦出口 30 万千瓦的核电站设备；2000 年，中巴两国合作建设的核电站首次并网发电成功；2005 年，中巴合作建设的恰希玛核电二号机组工程（C-2 项目）开工，装机容量为 30 万千瓦，2011 年投入商业运行；2009 年，中国上海核工程研究设计院与中国中原对外工程公司又与巴基斯坦签署了恰希玛核电三号、四号发电机组（C3/C4）的工程设计建设与技术服务总承包合同；2014 年，中国同意向巴基斯坦提供 65 亿美元贷款以便在其南部港口城市卡拉奇建造两座核电站；2020 年，中国"华龙一号"海外首堆巴基斯坦卡拉奇核电工程二号机组（K-2）正式开始装料（中核集团，2020）。截至 2022 年，卡拉奇核电站 K-2/K-3 项目作为中巴经济走廊能源合作中的关键项目，采用中国完全自主知识产权的三代核电压水堆"华龙一号"技术，顺利通过验收，意味着卡拉奇核电站 K-2/K-3 两台机组全面建成投产，两台机组投产后，每年可为当地提供近 200 亿千瓦时的清洁电力，满足 200 万人口的年度生产和生活用电需求，极大地缓解了当地的电力供应压力，助力巴基斯坦的能源结构优化与经济社会发展。

三　中国与巴基斯坦能源合作的前景分析

近年来，巴基斯坦的经济发展势头良好。在 2022 财年的预算案中，巴基斯坦政府宣布多项刺激经济发展的措施，这些因素共同促进巴基斯坦国内投资的增长，使巴基斯坦经济复苏的前景更加明朗（施普皓，2021）。良好的经济发展形势推动能源需求增长，中巴两国的能源合作具有广阔的前景。

（一）中国与巴基斯坦双边关系的发展态势

中国和巴基斯坦是全天候战略合作伙伴关系，双边关系良好，在政治、经济、外交等领域联系紧密。在能源合作领域，中巴在能源基础设施建设、化石能源开发、可再生能源开发等领域深入开展合作，共同建设多个大型能源开发项目，对改善巴基斯坦的能源和电力消费形势、提高居民用电水平做出重要贡献。未来，在坚实合作的基础上，中巴两国将继续巩固双边友好关系，继续拓展在能源领域的务实合作，保障能源安全，促进经济发展。

中巴友好关系为双边能源合作提供良好基础。中巴关系建立在相互尊重主权、独立、文化和传统以及相互信赖和相互支持基础上。中国为巴基斯坦提供多种无偿或者有偿经济援助，巴基斯坦也在中国遇到困难时竭尽全力帮助中国。巴基斯坦对华关系是巴基斯坦外交政策的基石，良好的政治关系为中巴之间的经贸往来和能源合作提供较好的基础和条件，两国的能源合作正向更高水平迈进。

能源战略对接为中巴能源合作创造优越条件。中巴两国的能源合作长期保持良好局面。自中国提出共建"一带一路"倡议以来，能源合作成为共建

"一带一路"倡议的关键部分，在共建"一带一路"倡议下，中巴两国能源合作水平迅速提升。中巴两国的能源战略有效对接，为中巴两国的能源合作奠定良好基础。然而，中巴两国在能源合作上也存在一些问题和障碍。巴基斯坦政局不稳定，政府内部人员变动乃至内阁更迭频繁，政策持续性不足，关于中巴能源合作的部分优惠政策难以落实；而且巴基斯坦国内和周边地区的安全形势较为复杂，多股恐怖主义势力和地方分离主义、反政府组织活动频繁，威胁巴基斯坦民众以及外来投资企业的人员和设备安全，对中巴能源合作产生不利影响。能源项目投资大、建设周期长，巴基斯坦经济发展相对落后，财力有限，导致能源建设资金短缺，有时预算中的能源建设资金也无法完全到位，一部分建设项目被迫停工或暂缓上马（陈利君，2012），这些问题都不同程度影响到中巴之间的能源合作。

（二）中巴能源合作前景展望

近年来，巴基斯坦经济增长势头迅猛，巴基斯坦政府在财年预算中宣布了一系列经济刺激措施，极大地激发了国内投资活力，为巴基斯坦的经济复苏奠定坚实的基础。基于巴基斯坦当前的能源消费格局及现有的能源合作基础，中巴两国将在可再生能源、现有燃煤发电技术改良以及电力系统建设三个关键领域展开深度合作。

1. 可再生能源开发势头良好

为保障能源安全并减少对进口化石能源的依赖，巴基斯坦自 2006 年起通过一系列政策加速本土可再生能源发展。2006 年，巴基斯坦设立替代能源发展基金（AEDF），通过风险分担和信贷支持鼓励生物柴油开发；2009 年，《可再生能源项目融资计划》创新性地推出软贷款机制，由巴基斯坦国家银行向商业银行提供低息再融资贷款，覆盖太阳能、风能及生物燃料项目；2018 年，《综合能源规划》明确设定 2030 年可再生能源占比 30% 的目标，系统性整合能源安全与可负担性；2019 年，《替代和可再生能源政策》打破公私界限，为所有可再生能源项目提供土地优惠和并网优先权；2020 年，巴基斯坦进一步引入电价公开竞价机制（如风电项目最低中标价 3.5 美分/千瓦时），并强制引入技术转让条款。在此框架下，中巴依托共建"一带一路"倡议深化能源合作，卡洛特水电站（1245 兆瓦）、萨察尔风电厂（50 兆瓦）及塔尔煤田配套光伏项目等标志性工程，不仅推动 2023 年巴基斯坦可再生能源发电占比突破 34%，更通过中国技术输出带动巴基斯坦本土产业

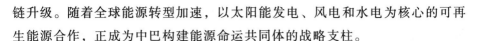

链升级。随着全球能源转型加速，以太阳能发电、风电和水电为核心的可再生能源合作，正成为中巴构建能源命运共同体的战略支柱。

2. 燃煤发电技术改良合作效果显著

中巴两国能源领域的合作历史悠久，且合作成果丰硕。为缓解巴基斯坦长期以来的能源紧缺问题，两国政府根据巴基斯坦的能源状况，共同决策在巴基斯坦建立众多燃煤电厂。这些电厂以煤炭为主要燃料，有效替代以往以重油为燃料的火电站，为巴基斯坦的电力供应注入了新的活力，极大地缓解了巴基斯坦电力紧张的局面。在此基础上，中巴双方继续深化合作。除积极利用巴基斯坦本国的煤炭资源发展煤电外，两国还在中部地区适当布局一定规模的进口燃煤火电项目，作为电网的重要支撑电源，进一步提升巴基斯坦的电力供应能力和电网稳定性。

同时，中巴两国也深刻认识到，经济发展与环境保护必须并重。因此，双方加快燃煤电厂的清洁化改造步伐，通过引进先进的环保技术和设备，降低电厂碳排放，减少环境污染，努力平衡巴基斯坦经济发展与环境可持续发展之间的关系。这一系列举措不仅彰显了中巴两国在能源合作领域的深厚友谊和坚定决心，也为巴基斯坦的能源安全和绿色发展注入新动力。

3. 电力系统建设任务艰巨

目前巴基斯坦境内的大部分输变电线路建于 20 世纪七八十年代，部分地区如吉尔吉特—巴尔蒂斯坦位于北部偏远山区，尚未接入国家主电网。巴基斯坦用电负荷和电源在地区分布上存在差异，用电负荷主要集中在中部城市，但绝大多数电站集中在北部和南部地区，送电距离较长。目前，适合远程输电的 500 千伏、220 千伏高压线路仅覆盖伊斯兰堡、拉合尔等重点城市，其他地区几乎均由 132 千伏、66 千伏的低压输电线路连接，无法承担电力远程输送任务。现有的输变电线路在建成之后，由于缺乏维护，有些地区甚至从未进行过升级改造，输电和配电系统基础设施陈旧，电网运行安全稳定性差，输配电损耗较大（史小今，2019）。因此，中巴两国在电力系统建设方面也有十分大的合作空间。

第三节　孟加拉国能源状况与中孟能源合作

孟加拉国是南亚地区最不发达的国家之一，经济发展水平较低，资源较为匮乏，能源十分短缺。近年来，孟加拉国经济保持良好的增长势头，对能源的需求也呈现增长态势，但孟加拉国能源供应不足，难以维系经济发展。为有效缓解孟加拉国的能源供应短缺危机，能源合作成为中孟两国深化双边关系的主要发力点。一方面，中国可以通过对孟加拉国能源领域投资、技术合作实现双边能源合作；另一方面，孟加拉国缺乏相应的资金和技术，与中国合作将为孟加拉国带来较大的发展空间。未来，中孟两国将深化能源战略对接，巩固和发展中孟友好合作关系，共同推动区域经济一体化发展。

一　孟加拉国能源禀赋与供需状况

孟加拉国不属于传统的能源大国，"富气、少煤、缺油"是孟加拉国的基本情况。但是，孟加拉国的可再生能源较为丰富，可以为孟加拉国缓解能源供应紧张局面提供丰富的后备资源。

（一）孟加拉国能源禀赋条件

孟加拉国煤炭储量较少，目前拥有 13 处煤田，探明及远景储量为 33 亿吨，最主要的 5 处煤田（巴拉普库利亚煤田、弗胡巴里煤田、迪帕拉煤田、卡拉什普尔煤田以及贾玛甘杰煤田）分布在孟加拉国的北部和西北部。在石油方面，孟加拉国一直以来没有发现可用于大规模商业开采的石油资源，直到 2012 年 5 月才探明 137 亿桶石油储量。在天然气方面，天然气是孟加拉国最为丰富的化石能源，2019 年和 2020 年孟加拉国的天然气探明储量均为 0.1 万亿立方米，2021 年探明储量达到 0.3 万亿立方米。在可再生能源方面，孟加拉国属于"阳光地带"，全年光照时间长，太阳辐射达 4—6.5 千瓦时/米^2，可开发利用的太阳能资源丰富；同时，孟加拉国位于季风区，每年10 月到次年 2 月风速较慢，6—7 月风速最快，季风持续时间长（3—10月），平均风速为 3—6 米/秒，风能资源丰富。

（二）孟加拉国能源供应状况

在煤炭方面，孟加拉国的煤炭供给能力总体不高。2010—2014 年孟加拉国的煤炭产量基本保持不变，2015 年孟加拉国的煤炭产量达到小高峰，该年生产煤炭 4087 千短吨，2016—2018 年孟加拉国的煤炭产量均未超过 2015年，2019 年孟加拉国的煤炭产量达到历史最高水平，为 7127 千短吨，随后两年有所下降，2022 年回升至 6020 千短吨（见图 2-20）。整体来看，孟加拉国煤炭产量呈现波动变化趋势。

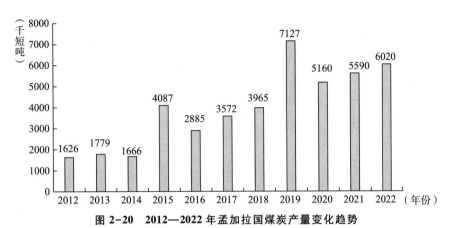

图 2-20　2012—2022 年孟加拉国煤炭产量变化趋势

资料来源：IEA，https://www.iea.org/。

在石油方面，2010—2019 年孟加拉国的石油产量总体较为稳定。2010年，孟加拉国的石油产量为 158001 太焦，2014 年石油产量达到 206917 太焦，2015 年石油产量为 210377 太焦。2017 年开始孟加拉国加快对石油的勘探和开发，2017 年孟加拉国的石油产量达到 243977 太焦，2018 年和 2019 年石油产量分别为 234733 太焦和 238913 太焦（见图 2-21）。

图 2-21　2010—2019 年孟加拉国石油产量变化趋势

资料来源：IEA，https://www.iea.org/。

在天然气方面，孟加拉国天然气产量总体呈现增长态势。2010 年，孟加拉国的天然气产量为 696221 太焦；2011 年，天然气产量为 701242 太焦；2010—2016 年，孟加拉国的天然气产量不断上升，2016 年天然气产量达到小高峰，为 967248 太焦，随后有所回落，2019 年天然气产量回升至 1068016 太焦（见图 2-22）。

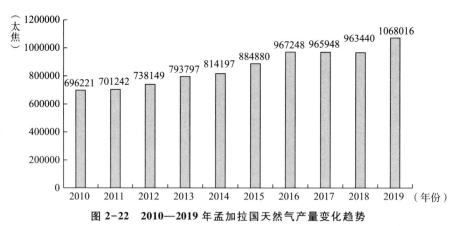

图 2-22　2010—2019 年孟加拉国天然气产量变化趋势

资料来源：IEA，https://www.iea.org/。

在可再生能源方面，相较于传统能源而言，孟加拉国的可再生能源生产能力有限。其中，水电是孟加拉国可再生能源的主要部分，但由于孟加拉国属于下游国家，河流径流量变化较大以及国内蓄水能力有限，孟加拉国的水电发电量变化幅度较大。2014 年和 2015 年，孟加拉国的水电发电量分别为623 吉瓦时和 600 吉瓦时；2018 年，水电发电量达到 1068 吉瓦时；2019 年，孟加拉国的水电发电量仅为 769 吉瓦时。孟加拉国的太阳能发电量整体较少，但发展前景较好。2017 年、2018 年、2019 年，孟加拉国的太阳能发电量分别为 268 吉瓦时、291 吉瓦时、370 吉瓦时（见图 2-23）。孟加拉国的风能发电量变化较小，2013—2014 年风能发电量均为 4 吉瓦时；2015—2019年，风能发电量均为 6 吉瓦时。

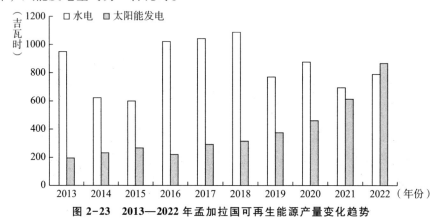

图 2-23　2013—2022 年孟加拉国可再生能源产量变化趋势

资料来源：IEA，https://www.iea.org/。

（三）孟加拉国能源消费状况

在煤炭方面，孟加拉国煤炭消费量总体较少，并且波动较大。2010—2013 年，孟加拉国煤炭消费量由 23416 太焦波动上升至 28314 太焦。2015 年，孟加拉国煤炭消费量达到一个小高峰，为 83624 太焦。2016—2018 年，孟加拉国的煤炭消费量分别为 55391 太焦、71263 太焦和 74930 太焦，2019 年孟加拉国煤炭消费量达到 2010—2019 年的最高值，为 153224 太焦（见图 2-24）。

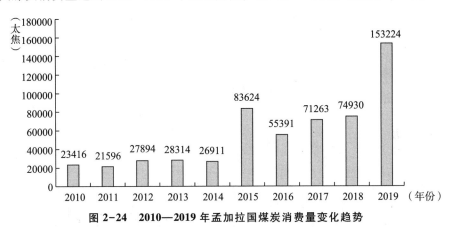

图 2-24　2010—2019 年孟加拉国煤炭消费量变化趋势

资料来源：IEA，https://www.iea.org/。

在石油方面，孟加拉国石油消费量呈逐年上升态势，且增长速度较快。2010 年，孟加拉国的石油消费量为 124276 太焦。2011—2014 年，孟加拉国的石油消费量从 133592 太焦上升到 172606 太焦。2015 年后，孟加拉国的石油消费量明显增长，到 2019 年达到 284033 太焦（见图 2-25）。

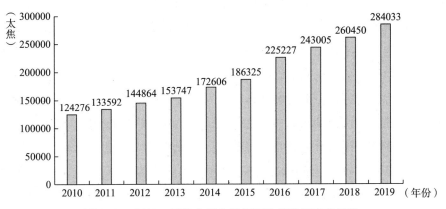

图 2-25　2010—2019 年孟加拉国石油消费量变化趋势

资料来源：IEA，https://www.iea.org/。

在天然气方面，随着经济持续向好发展，孟加拉国的天然气消费量总体处于增长态势，从 2010 年的 310488 太焦增长到 2017 年的 419868 太焦。2018 年孟加拉国天然气消费量回落至 419433 太焦，2019 年回升至 428979 太焦（见图 2-26）。

在可再生能源方面，英国石油公司的数据显示，孟加拉国可再生能源消费量长期低位徘徊，但由于能源需求量大，近年来，孟加拉国对可再生能源的消费需求也在快速增长。

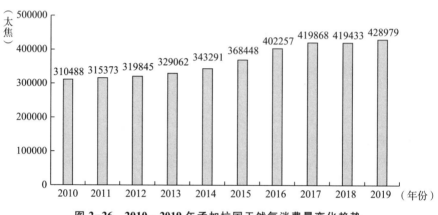

图 2-26　2010—2019 年孟加拉国天然气消费量变化趋势

资料来源：IEA，https://www.iea.org/。

（四）孟加拉国能源供需特点

在能源供给方面，由于受资源禀赋条件限制，孟加拉国煤炭和石油资源可开发量很少，供应量也十分有限。孟加拉国天然气资源较为丰富，因此，孟加拉国的能源供应以天然气为主，天然气供应量是其他能源的数倍。孟加拉国可再生能源丰富，开发潜力巨大，但是由于开发技术不成熟、资金不足，孟加拉国的可再生能源供应量较少（见图 2-27）。

在能源需求方面，由于煤炭和石油的产量有限，孟加拉国的能源消费也基本以天然气为主（见图 2-28）。但是，孟加拉国人口众多，能源需求量大，国内生产的能源无法满足市场需求，因此需要大量进口石油和天然气，能源对外依存度较高。近年来，通过与中国、印度等资金、技术条件较好的国家合作，孟加拉国也在快速推进风能、太阳能、生物质能等可再生能源的开发。

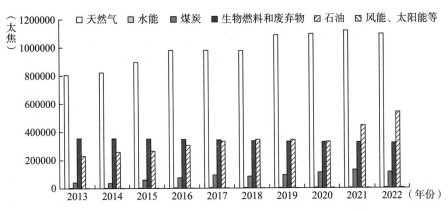

图 2-27 2013—2022 年孟加拉国主要能源供给变化趋势

资料来源：IEA，https://www.iea.org/。

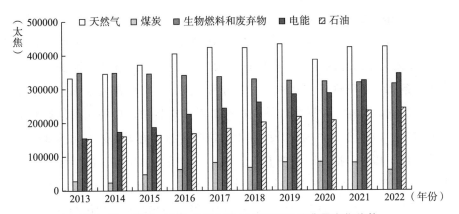

图 2-28 2013—2022 年孟加拉国主要能源消费量变化趋势

资料来源：IEA，https://www.iea.org/。

二 中国与孟加拉国能源合作的历史与现状

孟加拉国是中国在南亚地区重要的合作伙伴，长期以来，中孟两国的政治、外交关系良好，经贸发展与能源合作也在不断推进。中孟两国在能源基础设施建设、化石能源勘探开发和可再生能源开发等方面开展广泛合作，中孟能源合作加快了孟加拉国能源产业的发展，极大地改善了孟加拉国的能源消费形势，为孟加拉国经济发展提供了更多的能源和电力资源。

（一）能源基础设施建设合作

能源基础设施建设是中孟能源合作的重中之重，因为孟加拉国的能源基础设施较为薄弱，严重制约能源的开发与利用。加强能源基础设施建设是孟加拉国扩大能源开发规模、提高能源利用效率的前提。2016 年 10 月，中国国家主席习近平对孟加拉国进行为期两天的里程碑式访问，两国关系发展势头强劲，此次访问被中孟两国政府誉为"历史性的国事访问"，是中孟关系拓展"新视野"的开始。在访问期间，中孟两国同意进一步加强在陆地和海上连通性、基础设施发展、能源和电力、运输、信息和通信技术等不同领域的合作，对此中国承诺向孟加拉国提供 200 亿美元的贷款。① 至此，中孟两国的基础设施建设合作也进入新的里程。2016 年，在中国国家主席习近平和孟加拉国总理哈西娜的共同见证下，中国石油天然气集团与孟加拉国石油公司交换《孟加拉国单点系泊及双管道项目 EPC 合同》签署文本。根据合同，中国石油管道局将以 EPC 总承包模式建设孟加拉国石油公司东方炼厂单点系泊及双管道项目（国务院国资委，2016）。同年，中孟签署价值 33 亿美元的孟加拉国帕德玛大桥铁路连接线项目、价值 10 亿美元的数字连接项目、价值 13.2 亿美元的电网加固工程项目。2017 年，中国还帮助孟加拉国融资并修建一条 220 公里输油管道和一个专用系泊点，这将使吉大港炼油设施能够直接卸载进口石油，中国也计划通过这个系泊点将精炼后的成品油运回中国本土储存。2018 年，中国又开始在孟加拉国实施价值 100 亿美元的基础设施建设项目，其中包括中国经济工业区、第八中国孟加拉国友谊桥和国际展览中心。② 同年，中孟双方签署首个收费公路项目，将 48 公里长的达卡外环道路升级为双车道，该项目的目标是改善孟加拉国北部和西北部地区与吉大港之间的连接道路。2019 年，孟加拉国允许中资进入孟加拉国最大的两个海港——吉大港和蒙格拉港。同年，中国企业成功中标孟加拉国博杜阿卡利 2×660 兆瓦燃煤电站海水淡化系统项目，进一步巩固了中国在海水淡化领域的行业地位。2023 年，中国能源建设集团有限公司承建的孟加拉国首个超超临界燃煤电站项目进展顺利，该项目采用先进的超超临界技术，投产后将大幅提升孟加拉国的电力供应能力和稳定性。中孟能源基础设施建设合作项目的达成与

---

① 杨一帆：《大外交 | "一带一路"与"金色孟加拉"共助中孟关系再升级》，澎湃新闻，2016 年 10 月 15 日，https：//www.thepaper.cn/newsDetail_forward_1543980。

② "China Implements $ 10b Worth of Infrastructure Projects in Bangladesh，Says Ambassador"，*China Daily*，2018 - 03 - 22，http：//www.chinadaily.com.cn/a/201803/22/WS5ab36a0aa3105cdcf65139df.html.

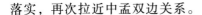

落实，再次拉近中孟双边关系。

（二）化石能源勘探开发合作

1993 年，孟加拉国与中国云南签署了帮助孟加拉国开采煤炭的协议书，逐渐开启中孟两国在化石能源领域的合作。2001 年，中国机械进出口（集团）有限公司与孟加拉国签署共建巴拉普库利亚燃煤电站协议，投资 2.2 亿元；2002 年，中国国务院总理朱镕基在孟加拉国进行友好访问时，中孟双方签署 7 份经济技术合作协定和备忘录，并且加快合作开发孟加拉国煤炭资源和天然气的步伐（中国驻孟加拉国大使馆经济商务参赞处，2004）；2006 年，孟加拉国西莱特天然气有限公司与中石化合作开发天然气和凝析项目；2012 年，孟加拉国西北发电有限公司和中国机械进出口（集团）有限公司签署合资协议，拟在孟加拉国博杜阿卡利地区建立一个以煤炭为主的装机容量为 1320 兆瓦的发电厂；2015 年，中国电建集团分公司与孟加拉国 S. ALM集团正式签订了艾萨拉姆电站 2×660 兆瓦超临界燃煤电站 EPC 合同，合同金额达 8.6 亿美元；2017 年，中资企业收购跨国石油巨头雪佛龙位于孟加拉国的三个天然气田；2019 年，中国机械进出口（集团）有限公司和孟加拉国西北发电有限公司合资企业，在孟加拉国首都达卡签订一份为期 10 年的煤炭供销协议。[①]

从化石能源领域合作情况可以看出，中孟两国较少存在海外的油气资源争夺和海外油气合资企业，这反映出两国在能源战略上的互补性和合作方向的一致性。具体而言，中孟两国的能源合作模式主要是中国向孟加拉国提供技术支持与资金援助，以助力孟加拉国在本土进行油气资源开发及相关基础设施建设，这种以国内基础设施建设为主导的合作模式，在短期内不会发生根本性变化。

（三）可再生能源开发合作

孟加拉国是世界上生态环境问题最为严重的国家之一，为了实现经济发展和环境保护的平衡，孟加拉国加强了对可再生能源的开发利用。可再生能源开发是孟加拉国能源发展的主要趋势，中孟两国在可再生能源合作方面也取得了一定的成就。2008 年，中国水利水电建设集团山东分公司参与孟加拉

---

① 《孟加拉国煤炭进口即将进入快速增长阶段》，能源界网站，2019 年 7 月 30 日，http://www. nengyuanjie. net/article/28930. html。

国吉大港地区的 15 万千瓦电站项目。2017 年，中孟在昆明举办首届产能合作研讨会，以促进中孟产能领域的优势互补，实现合作共赢。2021 年，中孟两国建成南亚规模最大的垃圾焚烧发电站，对孟加拉国的电力自给自足发挥重要作用。同年，中国通用技术集团所属的中国机械进出口（集团）有限公司与孟加拉国西北发电有限公司在孟加拉国首都达卡签署新能源电站项目谅解备忘录，双方将各出资 50%，以公私合营方式联合投资孟加拉国太阳能、风能电站等新能源项目。2023 年，由中国电建福建院承建的希拉甘杰光伏电站全容量并网发电。2024 年，中孟联合发布《中华人民共和国和孟加拉人民共和国关于建立全面战略合作伙伴关系的联合声明》。声明指出，在坚持和平共处五项原则基础上，进一步弘扬传统友谊，深化发展战略对接，推进共建"一带一路"合作，将中孟关系提升为全面战略合作伙伴关系。

自 2008 年起，中孟双方在电站建设、产能研讨、垃圾焚烧发电、新能源项目投资等方面积极协作，这一系列进展不仅助力孟加拉国实现经济发展与环境保护的平衡，推动其能源结构优化和电力自给自足，还进一步深化两国友好关系，为未来在共建"一带一路"框架下的能源合作奠定坚实基础，有望持续拓展合作领域与规模，实现互利共赢与共同发展。

三 中国与孟加拉国能源合作的前景分析

近年来，随着人口不断增加，孟加拉国经济迅速发展，能源需求量也不断增加。为了满足国内的能源需求，孟加拉国政府颁布了一系列能源政策，主要是以公私合营促进电力行业发展、加强可再生能源开发和节能降耗三大方向的发展举措。

（一）中国与孟加拉国双边关系的发展态势

长期以来，中国和孟加拉国的双边关系良好，政治互信度高，经贸往来频繁，特别是中国对孟加拉国的经济投资与能源合作项目不断增加，能源合作取得丰硕成果。

1. 中孟两国的经济关系发展趋势良好

孟加拉国作为共建"一带一路"倡议的坚实伙伴与重要合作国家，其与中国之间的友好关系与经贸往来历来备受瞩目。自 1975 年中孟正式建交以来，两国在双边合作领域持续深耕，共同书写经贸关系蓬勃发展的辉煌篇章。在双方的共同努力与不懈探索下，中孟经贸关系不仅实现量的提升，更在质的飞跃上迈出坚实步伐，两国的投资合作项目稳步增加，双边贸易额亦呈现稳步增长的态势。

特别是中国提出共建"一带一路"倡议以来，中孟两国在政策沟通、设施联通、贸易畅通、资金融通、民心相通等方面取得重大成效。即使全球形势复杂多变，中孟经济合作仍显示出强大的韧性，据中国商务部统计，2020年中国对孟加拉国直接投资流量达3.2亿美元。在基础设施建设、制造业、农业以及数字经济等领域，中孟合作项目遍地开花，成果丰硕。例如，中国企业在孟加拉国承建的多个大型桥梁、公路及港口项目相继竣工，极大地改善了当地交通条件，为孟加拉国的经济发展与民生改善提供有力支撑。同时，双方在制造业领域的合作也取得显著进展，一批由中国企业投资建设的工业园区与制造业基地相继投产运营，为孟加拉国创造了大量就业机会，并有力推动其工业化进程。中国商务部最新统计数据显示，截至2023年上半年，中国对孟加拉国的直接投资流量已远超往年同期水平，直接投资存量亦持续攀升。相信未来中孟两国将继续携手前行，在共建"一带一路"倡议的引领下，共同开创更加美好的未来。

2. 中孟两国的政治关系发展趋势良好

中孟两国的政治关系发展趋势持续稳健向好，展现出深厚的历史底蕴与广阔的合作前景。1975年10月4日，中国与孟加拉国正式确立外交关系，这一里程碑式的时刻为两国关系的长远发展奠定坚实基础。建交以来，中孟两国的友好合作关系始终保持健康、稳定的发展态势，双方在政治、经济、军事、文化等多个领域开展富有成效且深入的合作。两国在一系列重大国际和地区性问题上秉持相似的立场与观点，并在国际事务中保持紧密的协作与配合，共同为维护地区和平与稳定、促进全球发展繁荣做出积极贡献。

随着全球化进程不断推进，中孟两国的合作领域不断拓展，合作层次日益深化。两国高层领导间的互访频次显著增加，不仅增进了双方的相互了解与信任，更为两国关系的全面发展注入新的活力与动力。特别是哈西娜总理在执政期间，曾多次对中国进行国事访问，这些高层互动不仅巩固了中孟两国的传统友谊，更极大地提升了双方的政治战略互信水平。

在双方共同努力下，两国的合作领域进一步拓宽，合作形式更加多样。特别是在全球治理体系变革、气候变化、公共卫生安全等全球性挑战面前，中孟两国始终保持密切的沟通与协作，共同为推动构建人类命运共同体贡献智慧与力量。两国的合作领域不断拓展，合作层次日益深化，将为两国人民的福祉增进与地区和平稳定做出更大贡献。

3. 中孟两国能源战略对接

孟加拉国政府支持绿色发展，以减少气候变化的负面影响。孟加拉国政府于 2010 年成立了"孟加拉国气候变化抗灾力基金"和由国家预算拨款的"孟加拉国气候变化信托基金"。孟加拉国的《国家可持续发展战略》提出在人口、发展与环境之间取得平衡的长期愿景，并成立了可持续发展监督委员会，召集政府各部门和私营企业，就社会企业发展、绿色发展和可持续发展开展跨部门对话与合作。孟加拉国政府广泛致力于有利于贫困人口的环境政策议程，提交资助项目的所有部门必须证明将受益的贫困人口占比、对自然资源的影响以及新基础设施对气候变化的抵御能力。孟加拉国国家战略一直与中国的共建"一带一路"倡议保持高度的契合，中孟两国领导人也有意强化清洁能源方面的合作。由此可见，中孟两国关系在未来很长的一段时间内不会发生重大变化，并且两国在政治、经济和军事上的友好往来还会为推进中孟能源合作做出巨大的贡献。另外，中孟两国领导人有意加快两国在能源领域的战略对接。总而言之，未来中孟两国在能源合作领域的发展前景十分可观。

2023 年以来，中孟两国在能源合作方面取得显著进展。例如，双方签署多项清洁能源合作协议，涵盖太阳能、风能等可再生能源领域，旨在通过技术转移、资金支持和能力建设等手段，加速孟加拉国清洁能源产业的发展。这不仅有助于孟加拉国实现能源结构的优化升级，降低对传统化石能源的依赖，也为中国企业提供了广阔的市场机遇，促进双方经济的共同繁荣。未来，中孟两国在能源领域的合作无疑将成为两国关系的重要亮点，为两国乃至全球的绿色发展树立典范。

（二）中孟能源合作前景展望

中孟两国良好的双边关系以及能源战略的对接，为中孟两国能源合作奠定了良好的基础，中孟两国将在油气能源勘探、燃煤电站清洁化改造以及可再生能源开发等领域开拓广阔的合作空间。

1. 持续深化油气能源勘探

天然气作为孟加拉国最为丰富的自然资源之一，开发潜力巨大，然而受限于复杂的地质构造及能源技术等因素，众多天然气田尚未得到充分发掘与利用。近年来，孟加拉国政府积极实施对外开放战略，大力吸引外资，同时不断提升国内油气勘探技术能力，这一系列举措有力地推动了孟加拉国天然气田的勘探与开发进程。截至2023年底，孟加拉国已相继探明29个天然气田[①]，其中，2017年10月在西南沿海博拉地区发现的天然气田尤为引人注目，储量之丰堪称该国历史之最。这一重大发现不仅为孟加拉国的能源供应增添了新的动力源，更为其能源安全战略提供了有力支撑。

2021年，孟加拉国在油气勘探领域再次取得突破性进展。同年，孟加拉国电力、能源和矿产资源部部长 Nasrul Hamid 宣布，孟加拉国石油勘探公司BAPEX 在达卡东北约240公里的锡莱特地区成功探明一处新的天然气田，初步估算储量可能达到19亿立方米，潜在经济价值超过1.48亿美元。这一新发现进一步彰显孟加拉国在油气资源勘探方面的巨大潜力。

与此同时，孟加拉国在天然气开发方面的步伐并未停歇。为更有效地保障国家能源安全，孟加拉国政府正加速天然气田的开发进程，力求将这一宝贵资源转化为推动国家经济发展的强劲动力。在此背景下，中国与孟加拉国在能源领域的合作显得尤为关键。中国凭借先进的能源技术和丰富的开发经验，已成为孟加拉国加快天然气开发的重要合作伙伴。双方不仅在传统油气资源勘探领域深化合作，还在天然气加工、储存及运输等产业链上下游环节展开广泛探讨，力求共同打造安全、高效、可持续的能源供应体系。而且随着全球生态环境保护意识的增强，中孟两国在绿色能源转型方面也展现出高度契合性。孟加拉国正积极探索天然气等清洁能源的多元化利用途径，以期在实现能源安全的同时，为应对气候变化挑战贡献一份力量。中国作为绿色能源技术的领先者，正积极与孟加拉国分享经验，共同推动绿色能源项目的落地实施，为两国的能源合作注入新的活力。

因此，孟加拉国油气能源勘探的持续深化，不仅为其能源安全提供坚实保障，也为中孟两国在能源领域的合作开辟广阔空间。未来，随着双方合作的不断深化，中孟能源合作前景将更加光明，共同为两国乃至全球的能源安全与可持续发展做出积极贡献。

2. 加快燃煤电站清洁化改造

为更好地适应全球能源转型的大趋势，并精准对接孟加拉国内部的能源

---

① 《对外投资合作国别（地区）指南——孟加拉国》，2024，http://zt.www.jiyuan.gov.cn/zsyz/wstz_zsyz/zcfb/P020250305602625710699.pdf。

需求，中孟两国在电力行业的合作正逐步朝着更加清洁、高效的方向转型。当前，中国在孟加拉国电力行业的大型投资项目，如帕亚拉 1320 兆瓦燃煤电站、博杜阿卡利 1320 兆瓦燃煤电站以及吉大港附近的 1320 兆瓦燃煤电站等，均已成为该国能源供给体系中不可或缺的战略支柱。这些燃煤电站在缓解孟加拉国能源电力紧张状况、支撑国家经济发展方面发挥举足轻重的作用。

然而，面对全球能源转型的浪潮，特别是随着对生态环境保护和气候变化问题的日益重视，中孟两国也深刻认识到，单纯依赖传统燃煤发电已难以满足未来发展的需求。因此，加快对现有燃煤电站的清洁化改造和升级，成为两国能源合作的重要领域和共同目标。一方面，中国积极向孟加拉国提供先进的燃煤电站清洁化改造技术，包括高效脱硫、脱硝、除尘等环保设施的安装与升级，以及燃煤效率的提升技术，旨在降低燃煤发电过程中的污染物排放，提高能源利用效率。另一方面，孟加拉国政府也加大对燃煤电站清洁化改造的政策支持和资金投入力度，为项目的顺利实施提供有力保障。

此外，中孟两国在燃煤电站清洁化改造方面的合作，不只限于技术层面的交流与应用，更涵盖政策制定、标准制定、人才培养等多个方面。双方通过共同举办研讨会、培训班等活动，加强在能源转型、绿色发展等领域的交流与合作，为推动两国能源合作向更高水平发展奠定坚实基础。其间，中孟两国还在积极探索燃煤电站与可再生能源发电项目的融合发展路径，力求在实现能源清洁化的同时，保持能源供应的稳定性和可靠性。例如，双方正在研究将燃煤电站与太阳能、风能等可再生能源发电项目结合，构建多能互补的能源供应体系，以更好地适应未来能源市场的变化。

总而言之，中孟两国在加快燃煤电站清洁化改造方面的合作，不仅体现了双方对全球能源转型趋势的深刻洞察和积极应对，也彰显了双方在推动绿色发展、实现可持续发展目标方面的共同决心和行动。

3. 推广沼气与太阳能发电

作为传统农业大国和人口大国之一，孟加拉国在实现农村能源现代化方面面临诸多挑战。对于广大农村地区而言，充分利用当地丰富的生物质能和太阳能资源，是解决电力需求问题的理想途径。近年来，家庭太阳能系统在孟加拉国得到推广，并受到民众的热烈欢迎，孟加拉国成为全球家庭太阳能系统发展最为迅速的国家之一。然而，值得注意的是，尽管家庭太阳能系统具有诸多优势，但其相对较高的成本仍然让一些贫困家庭望而却步。为破解这一难题，孟加拉国政府及社会各界积极寻求替代方案，其中集中发展沼气发电和生物质能发电成为贫困地区的优选。沼气作为一种可再生能源，不仅能够有效利用农业废弃物，还能减少环境污染，实现资源的循环利用。荷兰发展组织（SNV）与孟加拉国政府于 2006 年共同发起"国家家庭沼气和粪便管理计划"（NDBMP），由孟加拉国基础设施开发公司（IDCOL）主导实施，SNV 提供技术支持和资金协调。截至 2012 年，孟加拉国建成 26000 余座家庭沼气池，到 2014 年累计建成超过 46000 座家庭沼气池。这些沼气池为农村家庭提供清洁炊事能源，减少大量二氧化碳排放，并通过沼渣肥料提升农田产量 10%—15%，同时节省家庭燃料开支并创造 1 万余个就业岗位。[①]

目前，孟加拉国在沼气发电和生物质能发电领域取得新的进展。一方面，政府加大对沼气发电项目的支持力度，通过提供财政补贴、技术培训和政策引导等措施，鼓励更多农村地区发展沼气发电。另一方面，私营企业也积极参与其中，如孟加拉国基础设施建设有限公司投资建成 3 个 100 千瓦的沼气发电站，分别位于迈门辛和加兹普尔等地（吴磊、詹红兵，2018a），这些发电站不仅为当地提供稳定的电力，还带动周边地区的经济发展。

除沼气发电外，生物质能发电也成为孟加拉国农村地区能源供应的重要组成部分。生物质能发电站能够将废弃物转化为电能，既能解决能源短缺问题，又能实现废弃物的资源化利用。因此，孟加拉国政府正在积极推广生物质能发电技术，并计划在未来几年建设更多生物质能发电站，以满足农村地区日益增长的电力需求。

此外，为降低家庭太阳能系统的成本，孟加拉国政府和社会各界也在不断探索新的解决方案。例如，通过引入市场竞争机制、提高生产效率、优化供应链管理等措施，降低太阳能系统的生产成本和销售价格等。中国企业在太阳能光伏组件制造、系统集成以及融资模式创新等方面拥有丰富经验和技术优势，这为孟加拉国提供了合作契机。中孟双方可以探讨建立合资企业，共享技术研发成果，促进太阳能产业链上下游的深度融合，从而加速孟加拉国太阳能系统的本土化进程，提高能源自给自足能力。

---

① 《联合国科学和技术促进发展委员会第二十一届会议秘书长报告》，联合国贸易和发展会议网站，2018 年 5 月，https://unctad.org/system/files/official-document/ecn162018d2_ch.pdf。

　　综上所述，孟加拉国在推广沼气与太阳能发电方面已取得显著成效，为农村地区带来清洁、可靠的能源。未来，随着中孟两国在可再生能源领域的合作不断深化，技术的持续进步与政策的坚定支持，将共同推动孟加拉国可再生能源事业的蓬勃发展。中国有望成为孟加拉国实现农村能源现代化和可持续发展目标的重要合作伙伴，中孟两国将共同书写绿色能源合作的新篇章，为全球能源转型贡献积极力量。

第三章
中国与南亚内陆国家能源
合作的现状与前景

南亚内陆国家由于独特的地理位置,自身能源禀赋不足,化石能源储量较少,新能源开发利用程度较低,国家能源消费严重依赖进口。尼泊尔与不丹化石能源匮乏,但可再生能源丰富;阿富汗虽然拥有大量潜在的石油和天然气资源,但是受限于经济水平和社会环境开发不足。在全球气候变化背景下,中国与南亚内陆国家具有广阔的能源合作前景。中国与尼泊尔、不丹和阿富汗的可再生能源合作将成为未来能源合作的核心内容。

第一节 尼泊尔能源状况与中尼能源合作

尼泊尔是喜马拉雅山南麓的一个内陆国家,位于亚洲中心部位,是中国重要的邻居。尼泊尔境内以山地地形为主,多高山。由于海拔和气候原因,全国温差较大,降水丰沛,水资源丰富。尼泊尔是全球最贫困的国家之一,属于典型的落后农业国家。尼泊尔经济对外依存度高,能源严重匮乏,长期依赖国际援助,财政预算支出的1/3来自外国捐赠和贷款。2006年,尼泊尔内战结束后,国家的主要精力转移到经济建设上来,经济增长较快。随着中国共建"一带一路"倡议的深入发展,中国与尼泊尔在经济发展、能源开发、基础设施建设等方面的合作规模逐渐扩大,项目投资逐渐多元化,已取得一定成效,形成良好的示范效应。

一 尼泊尔能源禀赋与供需状况

尼泊尔地处内陆,自身能源禀赋不足,煤炭、石油、天然气储量都较少，而且由于尼泊尔经济发展缓慢，资金与技术不足，能源开发利用程度较低，国家能源消费严重依赖进口。

（一）尼泊尔能源禀赋条件

总体上看，尼泊尔是一个化石能源匮乏、可再生能源丰富的国家。尼泊尔几乎没有石油、天然气资源；煤炭资源方面，只有少量的泥炭、褐煤和煤炭矿床，煤炭产量较少，每年大约只有 1 万吨，仅占能源消费总量的 4.4%。

尼泊尔是世界上水资源第二丰富的国家，水力发电是其主要能源来源。尼泊尔地势北高南低，相对高度差之大世所罕见；境内水系发达，河流众多，由于落差大，大部分水流湍急，有利的地形条件和丰富的水域资源为尼泊尔水电开发提供先天优势。尼泊尔陆地面积虽小，但其境内理论水电蕴藏量占全球的 2.27%。据世界银行的研究报告估计，尼泊尔水电蕴藏量约为83000 兆瓦。其中，经济可行、可供开发的约为 43000 兆瓦，但是目前仅开发了其中的约 1000 兆瓦。尼泊尔第一座水电站建于 1911 年，当前水电总发电量约 1300 兆瓦时。截至 2022 年，尼泊尔总发电量为 10691 吉瓦时，人均用电量 0.312 兆瓦时。[①] 2018 年开始，尼泊尔花费近 200 亿卢比从印度进口电力，但尼泊尔的经济和社会发展仍然受到能源供应不足的阻碍，当前尼泊尔仍然有 6% 的人口无法用电。[②]

太阳能方面，尼泊尔全年平均最佳日照时间约为 300 天，平均太阳辐射量为 3.6—6.2 千瓦时/（米^2·天）。据尼泊尔国家能源局估计，尼泊尔的太阳能发电经济潜力为 1829 兆瓦，考虑到每平方千米土地发电潜力 33.5 兆瓦——利用最佳太阳辐照度面积为 2%（2729 平方千米的总可用面积），尼泊尔的太阳能并网发电潜力为 2100 兆瓦。目前，大约 8278.8 千瓦的太阳能电力正在该国的各个公共和私营部门中使用。[③] 太阳能成为尼泊尔重要的能源来源，尼泊尔太阳能技术成本的大幅下降（比 2008 年降低约 80%）也有利于太阳能发电项目的开发。此外，通信领域大约还有 943 个中型太阳能发电单元，贡献了 1.5 兆瓦的发电能力。

风能方面，尼泊尔的极端风速高达 46.76 米/秒，功率密度达 238 千瓦/

---

① "Nepal-Countries & Regions", IEA, 2022, https://www.iea.org/countries/nepal/electricity.

② "Energy System of Nepal", IEA, https://www.iea.org/countries/nepal.

③ See Government of Nepal Investrnent Board Nepal, https://ibn.gov.np/.

米², 年均发电潜力为 3.387 兆瓦时/米²。尼泊尔风力发电的潜在面积约为 6074 平方千米, 风力密度大于 300 瓦/米²。据估计, 尼泊尔商业可行的风力发电装机潜力仅为 448 兆瓦左右。[1]

（二）尼泊尔能源供应状况

尼泊尔油气资源匮乏, 除一些褐煤矿床, 尼泊尔目前并未探明石油、天然气或煤炭资源, 所有的商业化石能源（主要是石油、液化天然气和煤炭）完全依赖进口。尼泊尔是山地国家, 地势落差大, 水能资源丰富, 水电是主要的能源。以水能为动力, 在尼泊尔已有上百年的历史。1965 年, 尼泊尔开始着力开发水电, 尼泊尔通过增加产能, 在水力发电方面取得巨大飞跃。截至 2023 年, 尼泊尔总发电能力达 2150 兆瓦（含私人电站及进口）。但由于用电高峰负荷达 1600 兆瓦且年均增长 7%—9%, 冬季干旱期水电站发电量减半, 全国仍面临严重电力短缺, 约 76% 的人口可接入电网但供电稳定性不足, 农村地区情况更为严重。[2] 其他能源方面, 生物质燃料和废弃物发电在尼泊尔的能源生产中占主导地位。其中, 生物质燃料包括木柴、农业残留物以及粪便; 而太阳能、风能、地热能等可再生能源占比不到 1%（Asian Development Bank, 2017）。

（三）尼泊尔能源消费状况

尼泊尔的能源消费以木柴等生物质燃料为主（占 68%—86%）, 石油等化石能源次之（7.5%—29%）[3]。多山地形导致农村地区电网建设成本高、覆盖率低, 人均能源消费量仅为亚洲平均水平的 1/3、世界平均水平的 1/5, 人均用电量（177—301 千瓦时）远低于全球平均水平[4]。尼泊尔一次能源消费量从 2009 年的约 111 太瓦时增长至 2019 年的 163 太瓦时, 年均增

①　"Wind Energy Potential Assessment in Nepal", CTCN, 2016, https://www.ctc-n.org/resources/wind-energy-potential-assessment-nepal.

②　《对外投资合作国别（地区）指南——尼泊尔》, 中国商务部网站, 2024, http://www.mofcom.gov.cn/dl/gbdqzn/upload/niboer.pdf。

③　"Energy Consumption and Supply Situation in Federal System of Nepal", Government of Nepal, 2021, http://wecs.gov.np/source/Final%20Report_Province%201.pdf.

④　Dilli Ram Adhikari, Kuaanan Techato, Rattana Jariyaboon, "A Systematic Literature Review on Renewable Energy Technologies for Energy Sustainability in Nepal: Key Challenges and Opportunities", International Journal of Renewable Energy Development, 2024, https://ijred.cbiore.id/index.php/ijred/article/download/60032/pdf.

长 4%。① 此外，尼泊尔水电开发潜力巨大，但当前开发率不足 3%，② 供应可靠性仍需提升。

尼泊尔电力和油气资源不足以及电网建设滞后，导致仅有 72% 的农村地区接通电力，人们被迫依靠传统的生物质燃料，如木柴、木炭、农业废料和动物废料进行照明和取暖等。尼泊尔约 77% 的能源消耗来自传统的生物质燃料，包括木柴、牛粪等的燃烧。根据 2011 年全国人口普查数据，尼泊尔有近 400 万户家庭仍在使用包括木柴在内的传统生物质燃料做饭。③

目前，石油是尼泊尔仅次于木柴等生物质燃料的能源，占尼泊尔一次能源消费的 11%。尼泊尔既没有石油资源，也没有炼油厂，石油产品的进口交易也仅在尼泊尔石油公司和印度石油公司之间进行，进口的石油产品中约 75% 为柴油、煤油和汽油。尼泊尔超过 62% 的石油产品用于运输部门，汽车用油、柴油、优质煤油、航空涡轮发动机燃料、液化石油气等石油产品的年需求量约为 100 万吨石油当量。

由于对能源的高需求，尼泊尔的石油对外依存度日益提高，预计到 2035 年将提高到 12% 以上。根据尼泊尔的统计，1998—2018 年尼泊尔 GDP 年均增长率约为 4.5%④，能源消费需求每 8 年翻一番。但政府的目标是 2018—2040 年 GDP 年均增速达到 7.2%，在这种情况下，政府预计能源消费需求将每 6 年翻一番。根据亚洲开发银行的预测，到 2035 年，尼泊尔石油和煤炭的消费量预计将增长 2 倍，而煤炭和石油的净进口比例将分别保持在 95% 和 100%。

（四）尼泊尔能源供需特点

一方面，生物质燃料是能源消费主体。尼泊尔的资源禀赋决定生物质燃料占绝对主导地位，石油、煤炭等化石能源高度依赖进口，水电等可再生能源初步发展、潜力巨大。目前，生物质燃料是尼泊尔最为重要的一次能源来源，在能源消费结构中占比最大。尼泊尔约 80% 的人口居住在农村地区，缺

---

① "Energy Consumption and Supply Situation in Federal System of Nepal", Government of Nepal, 2021, http://wecs. gov. np/source/Final%20Report_ Province%201. pdf.

② "Nepal Infrastructure Summit 2019", 2019, https://nepalinfrastructuresummit. com. np/storage/ pdf/resources/66b34cf9d2c49. pdf.

③ "Biomass Energy Strategy (2017)", UNEP, https://leap. unep. org/en/countries/np/national-legislation/biomass-energy-strategy-2017.

④ 《尼泊尔原油消费》，博宏咨询，2024 年 6 月，https://www.ysbhjx. com/131837. html.

乏有效获取能源的途径。因此，在使用传统烹饪系统的人群中，62.44%的人使用木柴，3.08%的人使用农业残留物，3.33%的人使用动物粪便（Rajani et al.，2016）。

另一方面，水电开发进展较快。在尼泊尔的能源结构中，除生物质能外，水电也是主要的能源形式之一，不过利用水平较低，仍有较大的开发空间。虽然尼泊尔有大量的水电资源，但是由于受基建落后与管理和投资不足等因素影响，开发程度和使用程度都还不足以完全满足尼泊尔的需求。近年来，尼泊尔通过加大对水电能源开发的投入，电力供应不足的状况有所缓解，2018—2019 财年开展的电力网络扩建和升级项目，将 42 万个新家庭接入电网。2022 年 4 月，印度已批准尼泊尔的加里甘达基 A（144 兆瓦）、中马相迪（68 兆瓦）、马相迪（67 兆瓦）和利库（51 兆瓦）水电站向印度出口多余电力（中国商务部，2022）。尼泊尔在水电开发上的进展将在一定程度上满足尼泊尔快速增长的能源需求。2021 年尼泊尔建成的塔马克西水电项目更标志着尼泊尔由"贫电国家"变为"富电国家"。

二 中国与尼泊尔能源合作历史与现状

中国与尼泊尔自 1955 年 8 月 1 日建交以来，传统友谊和友好合作不断发展，两国已签署多项经贸合作协议，能源合作将在今后成为巩固两国关系的重要领域，尤其是可再生能源领域的合作。

尼泊尔水电资源丰富，水电开发是重点发展的领域之一，但由于水电站建设不足，电力供应仍十分紧张，无法满足国民经济发展和人民生活所需。近年来，随着尼泊尔经济发展和政治环境的逐渐稳定，水电行业的供需矛盾日益突出，尼泊尔一直积极寻求水电投资与合作。与此同时，中国积极实施优先发展水电项目的"走出去"战略，这为两国提供了"战略对接"的契机，未来中尼之间的水电合作空间较大。

当前，中尼两国水电合作不断深化，取得较好的合作成果。尼泊尔已于 2018 年重新将布达甘达基水电站项目交予中国能建葛洲坝集团建设。2019 年，由中国能建葛洲坝集团承建的上崔舒里 3A 水电站也已开始并网发电，该水电站安装了两台立轴式水轮发电机组，每台机组装机容量 30 兆瓦，总装机容量为 60 兆瓦。另外，还有数个中资企业承建的水电项目以及输变电项目正在建设中。截至 2019 年 8 月，中国对尼泊尔援助项目 40 余个，为尼泊尔经济社会发展做出重要贡献。

2019 年 10 月《中华人民共和国和尼泊尔联合声明》提出，双方将充分利用中尼能源联合工作组的平台，开展水电、风电、光伏、生物质等新能源以及电网等领域的交流与合作。双方同意联合开展中尼电力合作规划，力争在一年内完成规划编制工作，还将中尼电力合作规划作为下一步两国电力合作的重要参考，以此加快推动中尼电力合作落地。根据中国国家能源局和尼泊尔能源、水资源和灌溉部签署的能源合作谅解备忘录，中尼电力合作规划把保障电力安全稳定供应作为出发点，以水电、新能源等电源项目开发，输配电网络建设以及跨境电网互联为重点，提出优先实施的重点项目及开发时序。2023 年 9 月《中华人民共和国和尼泊尔联合声明》强调，双方将进一步开展能源领域合作，特别是水电开发和跨境电网项目及配套变电站建设。双方将尽快举行中国—尼泊尔能源联合工作组第二次会议并定稿完成《中尼电力合作规划》。双方将早日启动建设吉隆—热索瓦跨境输变电项目。

三　中国与尼泊尔能源合作的前景分析

中尼双方自建交以来，在政治上相互尊重、平等相待，在经济上合作共赢、共同发展，在文化上和而不同、互学互鉴。中尼双方具有共同的利益追求，尼泊尔拥有丰富的可再生能源，但由于缺乏资金与技术无法充分利用，回顾往昔中国与尼泊尔在水电及可再生能源领域的开发已有较多合作成果，中尼双方在清洁能源合作方面具有可预见的前景。

（一）中国与尼泊尔的双边关系发展态势

尼泊尔是中国在南亚地区的好朋友、好伙伴、好邻居。中尼是友好邻邦，两国关系源远流长、根深蒂固。2019 年，中国国家主席习近平对尼泊尔进行国事访问，成功将两国关系推向新高度。中尼两国跨越喜马拉雅山的天然阻隔，实现和平相处、平等合作、互利共赢的有力实践，充分彰显新时代中国为构建人类命运共同体不断做出的努力。

1. 政治上相互尊重、平等相待

在政治领域，中国与尼泊尔之间的深厚友谊与紧密合作始终是两国关系的基石。自 1955 年建交以来，双方在政治上始终相互尊重、平等相待，这一原则贯穿中尼关系的各个发展阶段。1961 年，两国政府签订的关于边界问题的协定，不仅为后来的划界谈判奠定坚实基础，也彰显双方通过友好协商

解决分歧的诚意与决心。多年来，中尼双方不仅相互尊重自主选择的社会制度和发展道路，还坚定维护对方的主权和领土完整，以及彼此的核心利益和重大关切。尼泊尔在一个中国原则上的坚定立场，为两国关系的健康发展提供有力保障。中国始终支持尼泊尔维护国家独立、主权和领土完整，尊重尼泊尔自主选择的社会制度和发展道路。

2019 年，中国国家主席习近平对尼泊尔进行国事访问期间，将两国关系提升到新的高度。双方决定在和平共处五项原则、《联合国宪章》以及睦邻友好原则的基础上，将"中尼世代友好的全面合作伙伴关系"提升为"中尼面向发展与繁荣的世代友好的战略合作伙伴关系"。这一决策不仅体现双方对彼此关系的重视，也为未来的合作指明方向。中尼两国在政治上相互尊重、平等相待的原则不仅得到长期坚持和不断发展，而且在新时代背景下焕发更加蓬勃的生机与活力。未来，中尼两国必将继续携手前行，共同书写更加辉煌的篇章。

2. 经济上合作共赢、共同发展

自中国与尼泊尔建交以来，中国始终秉持合作共赢、共同发展的理念，为尼泊尔的国家发展提供长期且无私的支持与援助。中尼公路这一标志性工程，便是中国在 1963 年援建尼泊尔的典范之作，不仅极大地改善了尼泊尔的交通条件，更为两国的经贸往来打下了坚实的基础。

随着全球化的深入发展，中尼两国的经贸联系日益紧密。众多尼泊尔人在中国经商务工，他们不仅为中国市场带来尼泊尔的特色产品，也促进尼泊尔与中国之间的商品流通和文化交流。这种双向互动不仅丰富两国人民的生活，更为两国的经济发展注入新的活力。

共建"一带一路"倡议的提出为中尼两国的经济合作开辟更为广阔的空间。尼泊尔积极响应这一倡议，与中国在多个领域展开深入合作。2017 年 5月，中尼双方签署关于建设中尼跨境经济合作区的谅解备忘录，为两国在经贸领域的合作提供更为具体的路径。同月，两国政府还签署关于在共建"一带一路"倡议下开展合作的谅解备忘录，进一步明确双方的合作方向和重点。此后，中尼两国在基础设施建设领域的合作取得显著进展。2018 年 6月，双方签署关于开展铁路项目合作的谅解备忘录，以及关于尼泊尔借道中国西藏自治区公路进行货物运输的议定书。这些协议的签署，不仅标志着中尼两国在交通基础设施建设上的合作迈出实质性步伐，更为尼泊尔实现与周边国家的互联互通提供有力支持。

在共建"一带一路"倡议下，两国加快推进跨境铁路等重点项目的建设，继续深化经济合作。同时，双方还在口岸、公路、航空、通信等领域加强联系与合作，共同致力于构建跨喜马拉雅立体互联互通网络。此外，中尼两国还在贸易、旅游、投资、产能、民生等经济领域展开广泛而深入的合作。这些合作举措不仅有助于推动两国经济的共同发展，更为两国人民带来实实在在的利益。

未来，中尼两国将继续秉持合作共赢、共同发展的理念，深化各领域合作，推动两国关系不断向前发展。相信在双方的共同努力下，中尼两国的经济合作将取得更加丰硕的成果，为两国人民带来更多福祉。

3. 文化上和而不同、互学互鉴

中尼都是有着悠久历史的文明古国。历史上，中尼人文交流不断，特别是在共建"一带一路"背景下，两国人民的文化交流更加便利频繁。2014年，西藏航空与尼泊尔企业签约携手成立喜马拉雅航空公司，现已成功开通加德满都至拉萨、成都、昆明、上海、北京等城市的航线，并计划开通加德满都至重庆、长沙、深圳的航线。尼泊尔是南亚首个中国公民出境旅游目的地国，目前，每周有约60个航班往来两国之间，每年人员互访达30多万人次。当前，有6400余名尼泊尔学生在华留学。

频繁的人员交往交流大大增进了两国人民的相互了解，促进了民心相通。中国国家主席习近平访尼期间，中尼双方发表的联合声明明确，今后要加强教育、文化、旅游、传统医药、媒体、智库等领域不同层级的交流与合作。在文化交流方面，中国于2020年在尼泊尔举办第九届"中国节"和第四届加德满都文化论坛，中方将向尼方提供100个孔子学院奖学金名额，继续发挥尼泊尔中国文化中心、孔子学院、孔子课堂对中尼文化交流与合作的促进作用；在旅游方面，中方支持尼方举行2020年尼泊尔旅游年活动，欢迎尼方参加在华举行的旅游交易会，愿为尼方扩大在华旅游宣介提供便利。无论是历史交往还是现实实践，中尼两国都在人文交流上真正体现和而不同、互学互鉴。

（二）中国与尼泊尔能源合作前景展望

长期以来，水电及相关设施建设与投资是尼泊尔对外能源合作的主要形式。中国与尼泊尔在水电及可再生能源领域已有较多合作成果，并还有较大的可合作空间。2016 年，尼泊尔和中国已同意建立能源合作对话机制，以促进能源部门的长期合作。2018 年 6 月 21 日，尼泊尔总理奥利访华，进一步重申"双方同意建立能合作对话机制"。根据双方签署的《关于能源合作的谅解备忘录》，双方将充分发挥尼泊尔—中国能源领域合作联合执行机制的作用，在水电、风力发电、太阳能发电、生物质能发电等新型能源以及电网系统等领域开展交流合作。2019 年 10 月 12—13 日，中国国家主席习近平对尼泊尔进行国事访问期间，将两国水电领域的合作事项置于重要位置。双方同意共同实施中尼电力合作计划，并在一年内完成，该规划将作为下一步双边电力合作的重要参考。2023 年，在尼泊尔总理访华期间，双方表示将尽快举行中国—尼泊尔能源联合工作组第二次会议并定稿完成《中尼电力合作规划》，用好中尼能源联合工作组平台，积极开展新能源领域交流合作。

综合来看，中国将继续与尼泊尔重点加强在可再生能源领域的合作，尤其是水电、风能、太阳能等领域。中国的能源转型经验与相关技术的优势将与尼泊尔的能源市场需求形成强势互补，这将是今后中尼能源合作的核心内容。同时，中国与尼泊尔将加强共建"一带一路"倡议与尼泊尔本国经济发展战略的有效对接，使加强可再生能源基础设施建设合作成为中尼在能源领域的另一合作焦点。

第二节　不丹能源状况与中不能源合作

不丹地处喜马拉雅山脉南麓，东、北、西三面与中国接壤，南部与印度交界。中国与不丹是传统的友好国家，虽然不丹外交上受制于印度，中不两国一直没有建立正式的外交关系，但长期保持交流。目前中不两国在文化旅游、宗教等方面保持良好的沟通，但是在经济领域合作较少。

一　不丹能源禀赋与供需状况

不丹的矿产资源较少、储量较低，主要是非金属矿，几乎没有石油、天然气等化石能源。而且由于开发矿产资源可能会在不同程度上对社会和生态环境的可持续发展产生不利影响，不丹政府实行土地所有权与矿产资源所有权分离的政策，制定了严格的《矿产与矿业管理法》，法律规定不丹全境土地均属国有，如无特别许可证个人不得进行资源勘探、开采等活动。不丹位于喜马拉雅山脉南向迎风坡，降水丰沛，森林覆盖率高。不丹地势落差较大，水能资源丰富，非常适合进行水电开发。不丹国内能源消费主要为薪柴和水电，水电贸易成为不丹的经济支柱，大量水电在满足国内需求的同时，还进行出口。

（一）不丹能源禀赋条件

不丹多为山地地形，植被茂密。据估计，不丹72%以上的国土有植被覆盖，海拔情况是：南方亚热带地区海拔为100米以上，而北方高山区海拔达到7550米。不丹每年降雨量适中，其中北方年降雨量为500毫米，南方年降雨量为5000毫米。因此，不丹具有较大的水电开发潜能。据估算，不丹的水电开发潜能为30000兆瓦，年均发电量约为120太瓦时。直到20世纪90年代，不丹才开始对国内水电资源进行评估，制定电力系统发展总规划。1993年，不丹预测水电开发潜能为20000兆瓦。1995年再次评估期间，一系列针对水电工程的预可行性研究、可行性研究和详细的工程报告对水电开发潜能的评估大大超过最初的预测。[1] 2000年以来，不丹水力发电量迅速提升，从2000年的20亿千瓦时提升至2022年的107.7亿千瓦时，当前不丹拥有1.67吉瓦的水力发电能力，可以基本满足国内用电需求，而这仅占不丹水电开发潜力的5%。早在2008年，水电在不丹国内市场销售额及盈余部分向印度出口额已占不丹税收总额的45%，目前电力出口收入约占国家总收入的25%，人均能耗达到2000千瓦时/年，居南亚地区首位。

不丹拥有较为丰富的太阳能资源。根据国际可再生能源署的统计，不丹太阳能理论装机容量可达12吉瓦。但是由于地形限制，太阳能电池板的朝向和角度是发展太阳能发电的两个主要技术限制因素。北方地区具有较好的太阳能开发潜力，但由于人口密度较低以及地形限制，太阳能资源不能很好地得到利用。根据估计，仅有5%的不丹国土可用于太阳能发电，而其中30%的生产性土地可用于布局太阳能装置，且这些土地大多集中在北部海拔较高地区。因此，总体而言，不丹只有1.5%的土地适合用于太阳能发电，呈现太阳能资源"北富南贫"的格局。

（二）不丹能源供给状况

不丹没有化石能源储备，不丹的煤炭、柴油和其他石油产品依靠进口。

---

[1] 《不丹水电工业资源及开发现状》，丝路印象网站，2024年7月19日，https://www.zcqtz.com/news/259469.html。

不丹尚未探明石油储量，也没有炼油厂开展原油加工。2014 年，不丹包括煤炭、柴油、煤油、汽油和液化天然气在内的化石能源进口总量为 205784 吨，其中柴油占一半以上。2019 年，不丹进口 10341 吨液化天然气，较上一年增加 339 吨。2017 年，不丹所有石油产品的进口总额为 1.44 亿美元，相当于水电出口收入的 84%。2019 年，不丹汽油供应量从 2018 年的 46932000 升增加到 50882000 升。由于清洁能源的使用，不丹煤油进口量从 2018 年的 3597000 升下降到 2019 年的 2886000 升，降幅接近 20%。

水电产业是不丹的经济支柱产业，水电是不丹最主要的电力来源。但不丹缺乏技术和足够的资金，因此不丹的水电站基本由外国援助建设和投资。2008—2018 年，不丹加快水电项目建设步伐，其间至少有 6 个大中型水电项目在建。2019 年，不丹水电营收占国内生产总值的 12.69%。为了进一步开发水电，多个项目正在建设中。例如，PunatsangchuI 和 II、Nikachu 和 Khonlongchu 四个项目，项目完成后尼泊尔水电装机容量将达到 2000 兆瓦，这将使不丹水电产能增长 1 倍。据不丹《2040 年电力系统总体规划》估计，不丹水电总体开发潜力为 36900 兆瓦，年发电量可达 154000 吉瓦时。截至 2019 年，尼泊尔水电装机容量达到 2326 兆瓦，预计到 2030 年不丹水电装机容量将达 5000 兆瓦。

不丹的沼气工程是从 20 世纪 80 年代末开始建设的。虽然相对集中的沼气生产方法在当时并不成功，但不丹仍然对沼气发电技术很感兴趣。2011 年，不丹政府承诺以新的形式重新引入沼气发电项目。当时，不丹沼气发电项目的目标是为有牲畜的家庭提供可持续的能源，并帮助他们降低对木柴和化石能源的依赖。不丹政府没有建造大规模的沼气装置，而是选择家庭规模的设备。该方案旨在为能源和农业生产、家庭健康和卫生、创造就业和环境保护等领域带来较好效果。不丹推广的家庭沼气装置，预计每台可以满足 4 人的能源需求，因此如果全面启动该项目，将直接惠及 1.5 万余人。已经安装的装置每天可以生产约 5000 立方米沼气。按此计算，每年可节省约 50 万美元燃料费用。此外，该系统每年还可减少约 1 万吨木柴的使用。

（三）不丹能源消费状况

不丹大量使用木柴，木柴在农村家庭生活中发挥至关重要的作用。木柴消费占不丹全国家庭能源消费总量的 21%，占农村家庭能源消费总量的 94%。不丹的人均木柴消耗量约为 1.7 吨，在南亚地区属第一梯队。不丹的人均电力消耗量增长也较为迅速，从 2000 年初的不足 10 千瓦时升至 2020 年的 40 千瓦时。当前不丹的能源结构中，电力大约占 28%，仅次于生物质能。不丹政府通过离网和联网解决方案积极推进电气化，目前总体电气化率为99%，农村地区的电气化率为 98.4%。

目前，不丹的电力系统仍以水电为核心，截至 2024 年，全国 98% 的电力来自水电站①，但这一格局正面临气候变化与电力季节性短缺的双重挑战。为弥补旱季电力缺口，不丹加速能源多元化，2023 年启动的 Sephu 太阳能项目②和小型电网储能项目将优先满足冬季供电需求，政府更计划未来三年新增 300—400 兆瓦太阳能发电装机容量，目标是覆盖国内旱季电力需求的20%。③ 与此同时，不丹正以 "净碳负排放" 为目标推进《可再生能源政策》，预计实现 2025 年非水电装机容量达 20 兆瓦的目标。④

（四）不丹的能源供需特征

不丹水能资源丰富，水电产业是不丹主要的能源产业，大量的水电在满足国内需求的同时，还进行出口，不丹电力出口收入成为经济社会发展（包括卫生、教育和农业）支出的主要来源。水电站建设还使不丹成为亚洲唯一电力过剩和负碳排放的国家。

不丹水电产业发展主要依靠与印度的能源合作实现，不丹生产的水电在满足自身需求的同时大量出口印度。20 世纪 60 年代，不丹与印度开始水电开发合作，1961 年 9 月 13 日，不印双方签署合作协议，决定在不丹贾尔达修建水电站。1966 年该电站投入运营，97% 的电力以 8 卢比的单价出口印度。1987 年，随着 336 兆瓦楚卡水电项目的投产，印度与不丹的水关系发生重大变化。不丹的第一个大型电力项目楚卡水电项目由印度政府全额出资建设，包括 60% 的赠款和 40% 的贷款。楚卡水电站在不丹水电发展史上具有里程碑式的意义，在解决了不丹西部地区供电问题的同时，不丹可将剩余电力

① 《不丹能源部 2023 年度报告》，不丹能源部，2024，https://www.moe.gov.bt/publications/annual-reports/。

② "Renewable Energy for Climate Resilience Project"，Asian Development Bank，2023，https://www.adb.org/sites/default/files/linked-documents/54142-001-ld-02.pdf.

③ 《不丹将增加更多太阳能产能以减少对进口的依赖》，凤凰网，2023 年 2 月 6 日，https://finance.ifeng.com/c/8NBnC8b9gv2。

④ 《IRENA：不丹王国光伏装机潜力达 12GW》，国际能源网，2019 年 12 月 17 日，https://www.escn.com.cn/news/show-908913.html。

出售给印度，为不丹增加财政收入。

经过多年的建设，不丹用电人口比例已接近 100%，电力完全由水电项目提供，所有水电设施的年产量达 80 亿千瓦时，占国家自身电力消费量的 361%，完全可以满足自身电力需求。根据 2019 年的数据，不丹所有水电设施的年产量为 88.57 亿千瓦时，其中约 70% 用于出口。[①] 然而，由于水电产量易受径流量影响，旱季（12 月至次年 3 月）发电量会大幅下降，不丹需从印度进口电力。[②] 因此，尽管不丹雨季发电量远超国内需求，但旱季电力产量无法完全满足自身需求，仍需依赖进口。

与尼泊尔相似，不丹的主要能源是生物质能，最主要为木柴。根据统计，不丹的能源需求主要是热能（72%），生物质能是热能的最大来源，可满足能源总需求的 36%。据统计，2018 年，不丹消耗生物质能源 47430 太焦，其中住宅用能占比为 79%，工业用能占比为 20%。不丹丰富的森林资源使木柴在生物质能中所占比例最大。一个家庭平均每天消耗约 25 公斤木柴，这使不丹成为世界上木柴消耗量最多的国家之一。由于木柴的年人均消耗量很高，因此不丹开始寻找替代方法，使用沼气成为较为经济且实用的办法。截至 2019 年 12 月，不丹成功在全国安装 6087 座沼气设施，减少农村地区居民日常木柴消耗。沼气的使用大大节省传统烹饪燃料，如每年可以节约木柴 1.5—2 吨或煤油 300—350 升。由于大量能源依赖进口，以及采用大量生物质能作为主要能源，不丹能源供需较为平衡。但近年来，不丹经济发展迅速，能源供需缺口有扩大的迹象。

二 中国与不丹的能源合作现状

由于不丹特殊的历史渊源和地缘政治因素影响，不丹未与中国建立外交关系。中不两国能源合作面临许多阻碍，但是两国关系相对稳固，双边交往交流日益紧密，在经贸、文化、教育和宗教等方面的交流合作较多，未来的合作前景广阔。在经济方面，两国贸易以边贸为主，不丹主要向中国输出虫

① Jamba Tobden, "Political Economy of Resource Economics: Unlocking the Policy Debate on Accelerated Hydropower Future in Bhutan", Bhutan Journal of Natural Resources & Development, 2022, https://www.bjnrd.org/index.php/bjnrd/article/download/76/73.

② "Renewable Energy for Climate Resilience Project", Asian Development Bank, 2023, https://www.adb.org/sites/default/files/linked-documents/54142-001-ld-02.pdf.

草、红景天等高原药材，中国则向不丹输出毛毯等日用品。中不双方一直坚持尊重主权、互不干涉内政原则，中国还积极支持不丹提升国际地位的需求。

根据中国海关数据，2022年中国与不丹的双边货物进出口额为16869.66万美元，同比增长55.4%。其中，中国对不丹出口商品总值为16584.22万美元，同比增长52.8%；中国自不丹进口商品总值为285.44万美元，同比增长25953.7%。①

中不两国在文化、宗教、教育等领域的交往也取得较大发展。2001年和2002年，两国审计部门实现互访。2005年4月，中国艺术团首次赴不丹演出获得成功。2006年6月，不丹反腐败委员会主席藏莫访问中国香港特别行政区。2009年8月，不丹内政与文化大臣明朱尔·多尔吉来华出席在内蒙古鄂尔多斯举行的"亚洲文化部长圆桌会议"。2010年9月，不丹松珠活佛赴西藏自治区朝圣；11月，不丹亲王、不丹奥委会主席吉格耶尔·乌金·旺楚克赴广州出席第16届亚洲运动会开幕式。2011—2012年，不丹公主德禅·旺姆·旺楚克先后赴西藏自治区和五台山朝佛。2014年2月，中国艺术团赴不丹首都廷布举行访演。2015年11月，不丹政府官员来华观摩中不足球赛并赴北京、拉萨参观访问。2016年10月，不丹农业大臣益西·多吉率跨部门代表团来华访问。2016年12月，中国佛教协会会长学诚法师率首个中国宗教友好代表团访问不丹。2019年5月，中国农业农村部总畜牧师马有祥率团访问不丹；10月，不丹国际边界事务秘书长雷多·唐比访华，受邀出席首届国际边界合作研讨会。2023年11月，由中国商务部主办的中国—不丹传统医学研修班顺利结业并开展学习交流。未来，中不两国的关系将会更加紧密，还将拓展能源领域合作。

三　中国与不丹能源合作前景展望

中国与不丹进行能源合作的最大阻碍是两国并没有建立正式的外交关系，但是两国有着长期稳定且友好的交流，尤其是在文化、旅游等方面都有长期交流，这为两国进一步进行能源合作营造良好环境。两国可能进行能源

---

① 《中国居民赴不丹投资税收指南》，https://liaoning.chinatax.gov.cn/module/download/downfile. jsp？classid=0&showname=%E4%B8%8D%E4%B8%B9.pdf&filename=4a3cb100b63243abb8e0 50b28de35cbf.pdf。

合作的最大契机在于不丹的可再生能源规划与中国的"双碳"目标相契合。

（一）中国与不丹双边关系的发展态势

中不两国山水相连、地缘相近、文化相亲，长久以来保持着友好关系。新中国成立后，中国与不丹在双边关系传统友好的基础上，保持缓慢发展，虽然仍未建交，但存在众多亮点。1971 年，不丹投票赞成恢复中国在联合国的合法席位。1974 年，不丹邀请中国驻印度使馆临时代办马牧鸣出席第四世国王吉格梅·辛格·旺楚克的加冕典礼。1979 年起，两国领导人每年均互致国庆贺电。1994 年至今，中国历任驻印度大使均对不丹进行工作访问，同不丹国王、外交大臣等就两国关系交换意见。1998 年，中不签订关于在边境地区保持和平与安宁的协定，该协定增进两国的相互了解、增强两国的政治互信，为维护边境安全与稳定发挥积极作用。

进入 21 世纪以来，两国在政治、经济、文化以及国际问题等方面进行了一系列接触和诸多合作，两国关系逐渐进入非建交但相对热络的层次。在政治上，虽然两国未建交，但是双方一直保持官方接触与高层互访。2001 年 6 月，不丹驻印度大使达戈·则林应邀访华，开辟两国除边界会谈以外新的接触渠道。2007 年 4 月，中国外交部部长李肇星在印度出席第 14 届南盟峰会期间会见不丹首相兼外交大臣坎杜·旺楚克。2009 年 10 月，不丹第五世国王分别给中国国家主席胡锦涛、国务院总理温家宝、全国人大常委会委员长吴邦国发来亲笔贺信，对新中国成立六十周年表示祝贺。2012 年 6 月，国务院总理温家宝在联合国可持续发展大会期间与不丹首相廷里会晤，这是中不两国政府首脑首次会面。2023 年，中不两国在第二十五轮边界会谈期间签署《关于中不划界勘界联合技术小组职能的合作协议》。截至 2024 年 8 月，双方共举行了二十五轮边界会谈以及十四次边界问题专家组会议，共同致力于边界问题的早日解决。①

2021 年 10 月 14 日，中国政府代表、外交部部长助理吴江浩同不丹政府代表、外交大臣丹迪·多吉通过视频方式签署《关于加快中不边界谈判"三步走"路线图的谅解备忘录》。2023 年 10 月、2024 年 7 月，不丹能源和自然资源部秘书（副部长）卡玛·策林两次来华出席中国西藏"环喜马拉雅"

① 《中国同不丹的关系》，中国外交部网站，2024 年 11 月，https://www.fmprc.gov.cn/web/gjhdq_676201/gj_676203/yz_676205/1206_676380/sbgx_676384/。

国际合作论坛。2024 年 7 月，不丹外秘白玛·曲登来华出席第 5 届中国—南亚合作论坛。①

（二）中不能源合作前景展望

2013 年，不丹制定可替代能源政策，并开始推动可再生能源替代一家独大的水力发电。这项政策规定，到 2025 年通过混合可再生能源技术达到发电装机容量 20 兆瓦的最低目标。该政策还涉及在运输部门替代相当于 111000 兆瓦的 100 万吨化石燃料。到 2025 年，不丹将鼓励 20% 的国有车辆和 10% 的私人车辆使用清洁燃料，促进可再生能源的使用。当前，中国与不丹都已顺应世界潮流提出各自的能源发展计划，不丹提出将对水电、沼气、太阳能等新能源领域加强开发利用，中国的"双碳"目标也在稳步推进。未来，中国在可再生能源开发方面的技术和经验优势将成为中不能源合作的有力支撑。

随着全球化合作进程不断加速，不丹在可再生能源领域的努力取得显著进展。例如，不丹与多家国际机构合作，成功实施多个太阳能项目，不仅提升当地电力自给率，还有效减少温室气体排放。特别是在偏远地区，小型太阳能发电站的建设极大地改善了当地居民的生活条件，降低居民对传统薪柴的依赖。同时，不丹政府还加大对风能资源的勘探与开发力度，一系列风电项目的启动标志着该国在能源多元化道路上迈出坚实步伐。

与此同时，中国与不丹在能源领域的合作也展现出广阔前景。鉴于中国在可再生能源开发方面的先进技术与丰富经验，两国间的能源合作项目正如火如荼地开展。2022 年以来，中国企业参与的不丹太阳能电站扩建项目顺利竣工，大幅提升了不丹的清洁能源产能。此外，双方还在生物质能转化、智能电网建设等方面展开深入探讨，旨在通过技术转移与能力建设，助力不丹实现能源结构的进一步优化。中国的"双碳"目标作为全球气候治理的重要一环，与不丹的可持续发展目标高度契合，为两国在可再生能源领域的深化合作提供坚实的政策基础。

中不两国在可再生能源领域的合作不仅将促进不丹能源结构的绿色转型，也将为中国企业"走出去"提供更多机遇，共同为全球能源转型和应对气候变化挑战贡献力量。随着技术的不断进步与国际合作的深化，不丹有望

---

① 《中国同不丹的关系》，中国外交部网站，2024 年 11 月，https://www.fmprc.gov.cn/web/gjhdq_676201/gj_676203/yz_676205/1206_676380/sbgx_676384/。

成为南亚乃至全球可再生能源利用的典范，而中国将继续以技术和经验优势，成为推动全球能源革命的重要力量。

第三节　阿富汗能源状况与中阿能源合作

阿富汗是亚洲中西部的内陆国家，北邻土库曼斯坦、乌兹别克斯坦、塔吉克斯坦，西接伊朗南部，东部与巴基斯坦接壤，东北部突出的狭长地带与中国接壤。阿富汗也属于能源资源匮乏的国家，再加上频繁战乱导致的局势不稳，严重影响该国经济发展和能源开发。中国与阿富汗是友好邻国，无论是中国构建人类命运共同体、维护能源安全还是阿富汗推进国家重建，中阿的能源合作对双方均具有重大意义。

一　阿富汗能源禀赋与供需状况

阿富汗虽然拥有大量的石油和天然气资源，但是受限于经济水平和社会环境的不稳定，基本不再生产石油和天然气，能源消费依赖进口。目前阿富汗国内的能源消费主要依靠煤炭、水电和传统生物质能。

（一）阿富汗能源禀赋条件

阿富汗自然资源丰富、类型多样，蕴藏量可观。20世纪中后期，阿富汗逐步开始勘探开发，并建立了一部分石油和天然气工业，但近几十年来，由于战火和局势动荡，大部分能源产业减产或停产，生产设施遭到破坏，社会形势不稳定，能源资源的开发进程较为缓慢。

20世纪七八十年代，在苏联的协助下，阿富汗开始对全国煤炭资源进行有计划的勘查工作。勘查结果表明，全国煤炭资源主要分布在萨曼甘省、巴格兰省和赫拉特省，并且集中在赫拉特省东部和萨曼甘省南部及巴格兰省西部。据苏联地质学家估算，这些地区约有1.1亿吨推断煤炭储量和4亿吨远景煤炭储量，其中81%在达尔拉希苏夫地区。[①] 除此之外，其他地区还有1400万吨煤炭储量，但多属于劣质煤，或因地形构造太复杂而难以利用。

阿富汗的石油、天然气资源集中分布在法里亚布省北部、朱兹詹省中部

---

① 《阿富汗有哪些矿产资源呢？》，全球矿产资源网，2021年8月23日，https://www.world-mr.net/Industry/IndustryList/Info/2021-08-23/270446.shtml。

和巴尔赫省南部等地区。目前阿富汗共探明 6 个油田、7 个气田。初步估算阿富汗天然气资源储量达 2 万亿立方米，石油资源储量约 1600 万吨。虽然阿富汗具有石油、天然气的开发潜力，但目前尚未实现开采的突破。当前，阿富汗的石油严重依赖从乌兹别克斯坦、塔吉克斯坦以及伊朗等国进口。

同时，阿富汗地形多山，河流广布，估计可利用水电开发潜力超过23000 兆瓦。[①] 在阿富汗，生物质能已经广泛用于家庭取暖和烹饪。现有的主要生物质资源是作物残留物、动物粪便、木柴和城市固体废物等。90%的农村家庭将生物质能作为烹饪的主要燃料，90%的农村家庭使用生物质能形成热源。[②] 通常，生物质会在露天炉灶中燃烧，这会造成颗粒物污染和潜在的健康问题。据估计，阿富汗生物质能发电装机潜力超过 4000 兆瓦，其中3090 兆瓦来自作物残留物，840 兆瓦来自动物粪便，94 兆瓦来自城市固体废物。[③]

太阳能与风能方面，据估计，阿富汗每年有 300 天的日照时长，太阳能发电潜力估计为每天每平方米 6.5 千瓦时。坎大哈省、赫尔曼德省、法拉省和赫拉特省的南部地区普遍存在较多的日照。阿富汗的风能资源也很丰富，最大潜力开发地区位于与伊朗边界附近。阿富汗的风能总容量估计为 15 万兆瓦，同时可开发潜力估计为 66700 兆瓦。

（二）阿富汗能源供给状况

水电供给方面，由于自身财政状况恶化和技术有限，阿富汗无法支持大型水电设施的开发，因此阿富汗建有许多小型水电系统，大量的水电潜力未得到充分发掘。2016 年，阿富汗完成了赫拉特省 Salma 水坝的修复工程，水

① Shambalid Ahady, Nirendra Dev, Anubha Mandal, "An Overview of the Opportunities and Challenges in Sustaining the Energy Industry in Afghanistan", E3S Web of Conferences, 2020, https://pdfs. semanticscholar. org/ebb0/f61b2be4f90a543da39a3baa565e76c25d97. pdf? skipShowableCheck = true/.

② Mohebullah Wali, Himayatullah Majidi, Milad Ahmad Abdullah, Mohammad Homayoun Yaqobi, "A Study on Sustainability of Internal Power Generation Compared with Imported Power in Afghanistan," Journal of Sustainability Outreach, 2020, https://pdfs. semanticscholar. org/3f63/1b3946 015a14ff60e892104a7ba59853f79d. pdf? skipShowableCheck = true.

③ Mohebullah Wali, Himayatullah Majidi, Milad Ahmad Abdullah, Mohammad Homayoun Yaqobi, "A Study on Sustainability of Internal Power Generation Compared with Imported Power in Afghanistan," Journal of Sustainability Outreach, 2020, https://pdfs. semanticscholar. org/3f63/1b3946 015a14ff60e892104a7ba59853f79d. pdf? skipShowableCheck = true.

电装机容量增加 42 兆瓦。2019 年,阿富汗发电总装机容量为 461 兆瓦,其中大部分位于喀布尔区域。值得注意的是,阿富汗几乎所有河流都与邻国共享,除伊朗外,阿富汗没有与其他国家签订跨界水资源共享协定,这也阻碍了阿富汗对水电的开发。2020 年,阿富汗发电总装机容量为 655 兆瓦,其中包括 333 兆瓦的水电 (包括大型水电)。截至 2022 年,阿富汗的发电总装机容量为 662 兆瓦,有一定增长。

在石油、天然气能源方面,阿富汗的柴油、汽油等石油产品主要来自巴基斯坦、伊朗和中亚国家。据估计,阿富汗国内的石油储量总计约 29 亿桶。阿富汗的石油、天然气设施由于战乱遭到大面积破坏,近年来,除少量能源供应给一些工厂用于生产外,阿富汗基本不再生产石油和天然气,绝大多数石油与天然气能源依赖进口。2012 年,阿富汗签署了建立土库曼斯坦—阿富汗—巴基斯坦—印度 (TAPI) 管道项目协议,该项目预计能大大改善阿富汗的能源供给状况。项目的土库曼斯坦部分工程于 2015 年 12 月 13 日开始,并在 2019 年中期完成;阿富汗方面的工程于 2018 年 2 月 24 日开始,但由于战乱而无限期推迟;巴基斯坦方面的工程计划于 2019 年 10 月开始,并于 2020 年完成,但目前该项目还在建设中。

(三) 阿富汗能源消费状况

2014—2023 年,阿富汗煤炭消费量存在波动,2014—2019 年阿富汗的煤炭消费量从 755 百万短吨升至 1331 百万短吨,2020 年回落至 1098 百万短吨,2021 年升至峰值 1845 百万短吨,随后 2022 年降至 1701 百万短吨,2023 年骤降至 554 百万短吨 (见图 3-1)。

阿富汗虽然有大量潜在石油资源,但是受限于经济发展水平和社会环境的不稳定,未能实现充分发掘,石油及相关制品严重依赖进口。2014—2020 年,阿富汗的石油消费量从 280 万桶/天上升至 630 万桶/天。2014—2023 年,受国际石油市场油价变化的影响,阿富汗石油消费量存在波动,近年来才趋于平稳 (见图 3-2)。

目前阿富汗的可再生能源主要为水电和生物质能。2014—2023 年,阿富汗的电力进口量总体呈上升趋势,到 2019 年已接近 50 亿千瓦时。但是阿富汗电力需求仍然得不到满足,阿富汗的电力消费量从 2010 年的 25 亿千瓦时一路升至 2019 年的接近 60 亿千瓦时 (见图 3-3),而阿富汗的国内发电量完全无法满足不断上涨的电力消费需求。

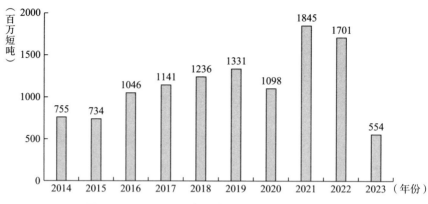

图 3-1　2014—2023 年阿富汗煤炭消费量变化趋势

资料来源：https：//www.eia.gov/international/data/world/coal-and-coke/coal-and-coke-consumption？pd＝1&p＝00000000000000000000000000000000000000jg0880000000008&u＝0&f＝A&v＝mapbubble&a＝－&i＝none&vo＝value&vb＝193&t＝C&g＝0000000000000000000000000000000000000000000000001&l＝249－ruvvvvvfvtvnvv1vrvvvvfvvvvvvfvvvou20evvvvvvvvvvvnvvvs0008&s＝315532800000&e＝1672531200000&ev＝false。

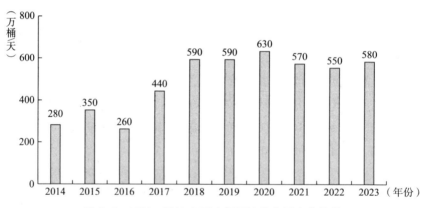

图 3-2　2014—2023 年阿富汗石油消费量变化趋势

资料来源：https：//www.eia.gov/international/data/world/petroleum-and-other-liquids/annual-refined-petroleum-products-consumption？pd＝5&p＝0000001001vg0000000000000000000000000000000000g&u＝0&f＝A&v＝mapbubble&a＝－&i＝none&vo＝value&t＝C&g＝000000000000000000000000000000000000000000000001&l＝249－ruvvvvvfvtvnvv1vrvvvvfvvvvvvfvvvou20evvvvvvvvvvvnvvvs0008&s＝94694400000&e＝1704067200000。

（四）阿富汗的能源供需特征

阿富汗的能源供需呈现供给侧严重依赖进口、需求侧能源消费快速增长，整体供不应求的特点。

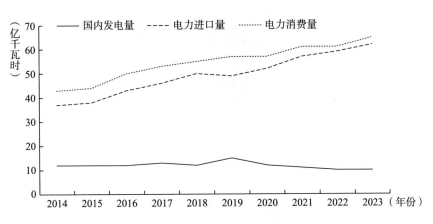

图 3-3　2014—2023 年阿富汗的电力消费与供给情况

资料来源：https://www.eia.gov/international/data/world/electricity/electricity-consumption?
pd = 2&p = 0000002&u = 0&f = A&v = mapbubble&a = − &i = none&vo = value&t = C&g =
000000000000000000000000000000000000000000000001&l = 249-ruvvvvvfvtvnvvlvrvvvvfvvvvv
vfvvvou20evvvvvvvvvvnvvvs0008&s = 315532800000&e = 1672531200000。

阿富汗的能源开发潜力十分可观，除大量矿产，还有相当数量的石油、天然气储备，但是这些资源由于长年战乱和政府的财政与管理问题，未能得到充分开发，已有的能源基础设施也在战争中遭到破坏。2019 年，阿富汗的一次能源消费中化石能源占比 80%，其中消费量最大的石油完全依赖进口（见图 3-4）。在电力供应上，阿富汗每年需要大量电力，但国内生产的电力只能满足 22% 的需求。另外 78% 由进口电力填补，这些电力主要来自乌兹别克斯坦和塔吉克斯坦。然而，由于阿富汗国内局势混乱以及财政无法持续支付电费，因此电力缺口迟迟无法得到有效弥补，实际上只有 34% 的阿富汗人有电可用。

二　中国与阿富汗能源合作的历史与现状

中阿两国有 2000 多年的友好交往历史。1955 年后，两国关系正常化，贸易、投资、金融、技术等领域合作迅速发展，但是受阿富汗战乱影响，两国交流与合作出现中断。2001 年以来，中阿两国关系得到进一步发展，两国进行了有限的能源合作。

（一）传统能源与基建合作

由于阿富汗长期战乱，中国很难参与阿富汗的能源开发，两国能源合作

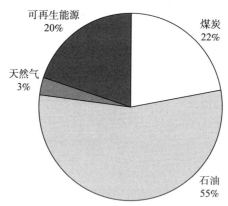

图 3-4　2019 年阿富汗一次能源消费结构

资料来源: https://www.greenpolicyplatform.org/sites/default/files/downloads/resource/ES-CAP－2023－RP-Implications-Energy-Transition-Sustainable-Critical-Minerals-Development%20%282%29.pdf。

也极其有限,但是中阿两国尽力推动能源合作,已有的合作项目主要集中于矿产开发、有限的油田开采以及一些能源基础设施建设。2008 年,中国冶金科工集团公司和江西铜业公司组成的投资联合体与阿富汗政府签署了艾娜克铜矿开发项目协议。该协议价值 44 亿美元,开采期限 30 年。该矿拥有世界第二大铜矿床,价值 500 亿美元。然而,该项目的开发进展一直非常缓慢。

2011 年,中石油以 4 亿美元的价格中标阿富汗一处油田 25 年钻探权,但随后的开发进展迟缓,最终于 2013 年陷入停滞。2019 年,中国企业在阿富汗新签承包工程合同 3 份,包括新疆正通石油天然气股份有限公司承建阿富汗西比尔干气田修复工程项目第二标段等。2021 年,中国计划投资 4 亿美元在阿富汗建立火电厂,该火电厂装机容量为 300 兆瓦,将使阿富汗全国的发电能力提高近 50%。

(二) 可再生能源与电力合作

中阿两国在可再生能源领域的合作极为有限,这也意味着今后两国能源合作具有广阔的空间。2015 年,中国江苏电力设计院有限公司与阿富汗水利部签订阿富汗马扎里沙里夫中低压配网项目承包合同。此外,中国政府还通过开办研修班的形式为阿富汗提供新能源相关技术培训,以帮助阿富汗发展新能源相关产业。2018 年,中国双登集团与阿富汗能源和水务部签署了一份合同,计划在阿富汗中部地区建立一个 5 兆瓦的太阳能发电项目。该项目耗资 1080 万美元,建成后将为 2 万户家庭提供电力。2024 年,阿富汗与中国中冶公司签署了巴格德拉大坝的可行性研究、地球物理和岩土工程研究协议。该水坝计划建于潘杰希尔河和戈尔班德河交汇处，设计发电能力为 250—300 兆瓦，旨在为洛加尔省的梅斯艾纳克项目提供稳定的电力支持，还将大幅改善当地的电力供应情况，为关键工业项目的运营提供基础设施支持。

三　中国与阿富汗能源合作的前景分析

阿富汗是最早与中国建立外交关系的国家之一，中阿两国有着长期的友谊。近年来，随着美军撤离阿富汗以及阿富汗新政府上台，阿富汗的局势逐渐走向稳定。阿富汗也将更多精力转移到国家建设上，两国能源合作前景广阔。

（一）中国与阿富汗双边关系发展态势

由于阿富汗久经战乱，中阿关系一直在曲折中前行，但两国始终秉持互利友好的外交理念。中阿两国自建交起，尽管存在障碍，但是一直在既有基础上深化双边关系，中阿能源合作前景仍是可观的。

1. 中阿经贸关系释放潜力

自 20 世纪 50 年代开始，中阿一直保持良好的贸易关系。1975—1978年，中阿双方每年都签署一份贸易协定。受阿富汗战争影响，两国经贸关系陷入停滞和倒退。阿富汗成立新政府后，中阿双边贸易额总体呈现持续增长态势。2014—2015 年，中阿贸易额突破 10 亿美元；2015—2016 年，双边贸易额增至 10.5 亿美元，中国成为阿富汗第三大贸易伙伴国，也是第三大进口伙伴国和第九大出口伙伴国；2018 年，中国开设的从阿富汗直飞进口的"松子航线"，在短短 4 个月内就给当地创造了 1500 万美元的收入；① 2020年，中国和阿富汗双边贸易额为 5.5 亿美元；② 2022 年，中国企业对阿富汗直接投资流量为 894 万美元，中阿贸易额为 5.95 亿美元，同比增长 13.6%。③

随着全球经济的逐步复苏和区域合作的不断深化，中阿两国在经贸领域

---

① 《阿富汗松子冲上热搜榜 中方："松子空中走廊"成为中阿友好合作重要纽带》，中国新闻网，2021 年 12 月 20 日，https://www.chinanews.com.cn/gn/2021/12-20/9634089.shtml。

② 《2020 年 1—12 月中国—阿富汗经贸合作简况》，中国商务部网站，2021 年 10 月 15 日，https://m.mofcom.gov.cn/article/tongjiziliao/sjtj/yzzggb/202103/20210303042321.shtml。

③ 《2020 年 1—12 月中国—阿富汗经贸合作简况》，中国商务部网站，2021 年 10 月 15 日，https://m.mofcom.gov.cn/article/tongjiziliao/sjtj/yzzggb/202103/20210303042321.shtml；《2022年中国—阿富汗经贸合作简况》，中国商务部网站，2023 年 12 月 28 日，https://www.mofcom.gov.cn/tjsj/ywtjxxhz/yzszggbmytjsj/art/2023/art_17bbaec2312b42f5aeae21d4e7f1aeec.html。

的合作潜力进一步释放。例如，在共建"一带一路"倡议的推动下，中阿双方在基础设施建设、能源开发、农业等领域的合作项目不断增多，为两国经贸关系的持续发展注入新活力。同时，中国也积极支持阿富汗的经济发展和社会重建，通过提供援助、投资和技术转让等方式，帮助阿富汗提升自主发展能力，逐步改善贸易失衡问题。双方应充分利用现有合作机制，加强政策沟通、设施联通、贸易畅通、资金融通和民心相通，共同推动中阿经贸合作向更高水平、更宽领域、更深层次发展。

2. 中国对阿援助持续深化

中国对阿富汗的援助由来已久。1963 年，中国便开始对阿富汗的援助之旅，帮助阿富汗建设一系列具有里程碑意义的项目，如帕尔旺水利工程、巴格拉米纺织厂、坎大哈医院等。1974 年，中国向阿富汗提供 1 亿元人民币的贷款，用于支持阿富汗的发展项目，进一步加深两国之间的友好合作关系。随着阿富汗局势的逐步稳定，中国对阿富汗的援助也重新步入正轨。2001 年阿富汗成立临时政府后，中国迅速响应，向阿富汗提供 3000 万元人民币的紧急人道主义援助物资，帮助阿富汗人民渡过难关。2002—2009 年，中国持续向阿富汗提供资金援助，并积极参与修复受损的帕尔旺水利工程、喀布尔医院等关键项目，同时提供大量的物资援助和人员培训，为阿富汗的重建和发展注入强劲动力。

2010 年，卡尔扎伊总统访华期间，中阿双方继续深化合作，签署多项协议。其中，中方承诺对阿富汗 60% 的输华产品给予零关税待遇。这一举措不仅有助于阿富汗的出口贸易，也体现中国对阿富汗经济发展的坚定支持。此外，中方还对阿富汗农业、教育、经贸、通信、禁毒等领域的人员提供培训，为阿富汗培养大量专业人才。2022 年以来，中国对阿富汗的援助持续深化，双方的合作领域不断拓展。在共建"一带一路"倡议框架下，中国积极参与阿富汗的基础设施建设、能源开发、农业合作等领域，为阿富汗的经济发展和社会进步注入新的动力。同时，中国还通过提供人道主义援助、医疗援助等方式，帮助阿富汗应对自然灾害和公共卫生危机等挑战，展现中国的国际责任与担当。

未来，中国将继续秉持"亲诚惠容"的周边外交理念，深化与阿富汗的友好合作关系，为阿富汗的和平重建和可持续发展提供有力支持。中阿两国将携手共筑发展未来，共同书写中阿友谊的新篇章。

3. 中阿技术合作领域拓宽

20 世纪 60 年代，中阿两国的技术交流拉开序幕，彼时的技术合作主要采取中国援建的形式，奠定两国技术合作的基础。1965 年，中阿双方正式签署经济技术合作协议，标志着两国在农业、水利等领域的合作步入实质性阶段。中国的农业和水利专家与阿富汗同行就一系列农业开发、水利设施建设等项目展开深入会谈，共同探讨技术引进与合作的具体路径。次年，阿富汗与中国再次签署经济技术合作协议，进一步明确双方在多个领域的合作意向。中国全力协助阿富汗修建纺织厂、帕尔旺水利工程等一系列关键项目，这些项目的成功实施不仅提升了阿富汗的工业生产能力和水利设施水平，更为两国的长期合作奠定了坚实基础。

目前，中阿技术合作的领域不断拓宽，内涵也日益丰富。中国不仅继续积极参与阿富汗的和平重建进程，还通过一系列民生工程的援建，为阿富汗人民带来福祉。水利设施、医院等基础设施的完善，不仅改善了阿富汗人民的生活条件，更为阿富汗经济社会发展提供有力支撑。同时，中国还通过双边、多边途径，为阿富汗培训了农业、水利、医疗、教育等多个领域的专业技术人员，有效提升了阿富汗的人力资源水平。随着共建"一带一路"倡议的深入推进，两国在能源、交通、通信等基础设施领域的合作不断加深。中国企业在阿富汗承建多个大型项目，如能源电站、公路网等，这些项目的成功实施不仅促进阿富汗经济发展，更为两国人民带来更加便捷的生活条件。中阿两国将继续在平等互利、共同发展原则的指导下，不断拓宽合作领域、深化合作内涵，为两国的经济社会发展注入更加强劲的动力。

4. 中阿金融合作不断深化

共建"一带一路"倡议提出以来，中阿两国金融领域积极响应，开展广泛合作，呈现蓬勃发展的态势。2017 年，阿富汗成功加入亚洲基础设施投资银行，这一里程碑事件不仅为中阿金融合作开辟更为广阔的空间，也为阿富汗的基础设施建设和经济发展提供强有力的资金支持。同年 2 月，阿富汗金融交易报告分析中心与中国反洗钱监测分析中心签署关于共享洗钱和恐怖主义融资以及其他犯罪信息的谅解备忘录，这一协议的签署标志着双方在金融情报共享和反恐融资合作方面迈出坚实的一步，有效增强双方金融机构的风险防控能力。2024 年，联合国安理会审议阿富汗局势，关注该国人道主义资金依然不足、重建金融体系等问题。中方代表指出，当前阿富汗正处于和平重建的关键阶段，国际社会要为解决阿富汗面临的突出问题更好地发挥作用。[①]

随着共建"一带一路"倡议的深入推进，双方在金融领域的合作不断深化，合作形式更加多样，内容更加丰富，中阿继续保持强劲的合作发展势头。一方面，中国金融机构在阿富汗的布局进一步加快，通过设立分支机构、开展跨境金融服务等方式，为阿富汗企业和个人提供更加便捷、全面的金融服务。另一方面，阿富汗也积极寻求与中国在金融领域的深度合作，希望通过引入中国的先进金融理念和技术，提升本国金融体系的稳定性和效率。

此外，中阿两国在金融监管领域的合作不断加强。双方金融监管机构定期举行会谈，就金融市场的稳定、金融机构的监管等问题进行深入交流，共同推动两国金融监管体系的完善和发展。双方将进一步加强在金融政策沟通、金融市场开放、金融机构互设、金融监管合作等方面的务实合作，共同推动两国金融市场的繁荣和发展，为两国的经济社会发展提供更加坚实的金融支持。

（二）中阿能源合作前景展望

阿富汗拥有较丰富的能源，但最大的障碍是国内局势尚不稳定，经济发展严重滞后，大量的能源无法得到有效开发。当前中阿能源合作将以两国既有良好基础为根基，中国将以共建"一带一路"倡议为纽带继续援助阿富汗进行能源开发，尤其是在新能源领域。

1. 可再生能源开发合作潜力巨大

阿富汗拥有丰富的可再生能源，但尚未得到有效开发。美军撤离阿富汗后，虽然阿富汗局势还未完全稳定，但全国范围内的战争已基本结束，阿富汗将有更多精力投入建设，尤其是阿富汗新政府多次表示希望中国投资阿富汗基建。而中国也已确定自身的碳中和目标，未来，中阿能源合作将更多聚焦新能源及相关产业。阿富汗拥有较多的锂矿资源，在当今新能源市场上占有重要地位。2010 年 6 月，美国《纽约时报》报道称，美国地质调查局在阿富汗西部的加兹尼省发现大量的锂沉积矿物，开采潜力超过玻利维亚拥有的全球最大单一锂矿——乌尤尼盐沼。据估计，阿富汗的矿产资源价值可能达到 1 万亿美元。阿富汗还有大量的水电资源和可再生能源未得到开发，阿

---

① 《中方呼吁支持阿富汗重建金融体系 铲除恐怖主义滋生土壤》，环球网，2024 年 12 月 13 日，https://world.huanqiu.com/article/4KdQrGABUft。

富汗拟在国内开发 20 个可再生能源项目，发展太阳能、风能、生物质能等，预计 100 万阿富汗人将受益。阿富汗鼓励外资参与阿富汗可再生能源的开发利用，包括鼓励邻国参与水坝建设投资，以弥补阿富汗政府资金的不足。中国一直与阿富汗保持水利援助和合作关系，今后，中国将进一步提高对阿富汗水电建设的参与度，将该领域打造成为中阿能源合作的核心支柱，不仅能够有效缓解阿富汗的能源短缺问题，还能促进该国经济的绿色、可持续发展，推动中阿双方能源合作多元化、全方位发展。

2. 能源合作风险与机遇并存

阿富汗塔利班上台后，美国等西方国家冻结阿富汗前政府的资产，使阿富汗本就捉襟见肘的财政雪上加霜，这增加了中国与阿富汗进行能源合作的融资风险。此外，尽管目前阿富汗的恐怖活动没有大规模爆发，但阿富汗国内遭受恐怖主义威胁的程度有增无减，阿富汗新政府尚未充分发挥治理能力，依旧不稳定的国家社会环境仍将成为中阿能源合作的阻碍。

从地缘政治上看，美国等西方势力离开阿富汗，将使中国与阿富汗建立更加务实和紧密的合作关系，中国强大的基建能力将为阿富汗的国家建设提供更多便利。2021 年，中国外长王毅会见阿富汗塔利班代表巴拉达尔时表示，中方始终尊重阿富汗主权和领土完整，支持阿富汗人民自主决定国家命运和进行重建的努力，巴拉达尔表示阿塔将坚定奉行对华友好政策，希望加强对华合作并得到中方支持与帮助。2023 年，中国外交部发布《关于阿富汗问题的中国立场》文件，明确"三个尊重"和"三个从不"，并提出稳定局势、反恐禁毒、国际协调等具体措施。[①] 此外，根据《全球安全倡议落实进展报告（2024）》，中国持续向阿富汗提供人道主义援助，支持基础设施、医疗、教育等领域重建，并参与国际协调，推动阿富汗经济自主发展。[②] 未来，中阿双方将秉持相互尊重、互利共赢的原则，携手推进基础设施建设、经贸、人文交流等各个领域的务实合作，共同书写中阿关系新篇章，为地区乃至世界的和平与发展做出新的更大贡献。

---

① 《关于阿富汗问题的中国立场》，中国外交部网站，2023 年 4 月 12 日，https://www.mfa.gov.cn/wjb_673085/zzjg_673183/yzs_673193/xwlb_673195/202304/t20230412_11057782.shtml。

② 《全球安全倡议落实进展报告（2024）》，中国国际问题研究院网站，2024 年 7 月 18 日，https://www.ciis.org.cn/xwdt/202407/t20240718_9312.html。

第四章
中国与南亚海洋国家能源
合作的现状与前景

斯里兰卡和马尔代夫是南亚的两个海岛国家，经济结构单一，主要依靠旅游业拉动经济发展。斯里兰卡是"21世纪海上丝绸之路"的重要节点，马尔代夫地处印度洋要道，自古便是连接世界的海上要地，战略位置十分重要。斯里兰卡和马尔代夫化石能源匮乏，但可再生能源丰富。2022年初以来，斯里兰卡国内局势动荡，给中斯两国能源合作增加不稳定性和不确定性。2022年是中马建交50周年，两国不断深化在经贸等各领域的全方位合作，两国关系进入新的发展时期。斯里兰卡和马尔代夫水能、风能和太阳能等可再生能源丰富，中国和斯里兰卡、马尔代夫两国已有能源合作基础，在碳达峰、碳中和背景下，中国与两国的能源合作特别是可再生能源合作必将迈向新的发展阶段。

第一节　斯里兰卡能源状况与中斯能源合作

斯里兰卡是亚洲东南部的一个海岛国家，是近年来南亚地区经济增长较快的国家之一。斯里兰卡的能源供应有三个来源，分别是石油、水电和生物质能。根据国际可再生能源署数据，2018年，斯里兰卡可再生能源供应量为171526万亿焦耳，占一次能源供应总量的39%，可再生能源消费量为166133万亿焦耳。在斯里兰卡可再生能源供应中，地热能占88%，水能和海洋风能占10%，太阳能和生物质能各占1%。随着国内对石油产品和电力资源需求的增加，斯里兰卡能源部门面临较大挑战。为保证能源供应和未来发展规划相匹配，斯里兰卡政府制定了能源长期发展战略和目标，致力于发展可再生能源。斯里兰卡也将推进技术创新，形成可持续发展的可再生能源生产体系。

中斯两国交往历史悠久。建交以来，中斯两国关系日益紧密，形成良好的战略伙伴关系。两国始终在涉及双方核心利益和重大问题上彼此关切、相互支持。近年来，中斯关系全面发展，务实合作日益深入，重大项目合作取得积极进展。双方发挥各自优势，挖掘合作潜力，共建"21世纪海上丝绸之路"，稳步推进科伦坡港口城、汉班托塔港等重大项目合作，加快双边自贸谈判，不断拓展海洋、旅游、产能等合作新领域。

一　斯里兰卡能源禀赋与供需状况

斯里兰卡是一个被印度洋包围的海岛国家，面积狭小，化石能源储量极少；但得益于岛上独特的地形结构和气候条件，斯里兰卡拥有多种形式的可再生能源，而且储量较为丰富。目前，斯里兰卡的能源需求主要由进口的化石能源和本国生产的非化石能源来满足。斯里兰卡是一个严重依赖进口能源的国家，国内几乎没有化石能源储备，能源净进口量占能源消费量的50.27%。[1] 另外斯里兰卡大力发展可再生能源，特别是水能和太阳能。随着能源危机的爆发与国家政策的转变，斯里兰卡的可再生能源发电量占比逐渐提高。

（一）斯里兰卡能源禀赋条件

日本能源经济研究所（IEEJ）发布的《2017年能源国别报告》称，斯里兰卡没有煤炭和石油，斯里兰卡境内的化石能源矿床可用性正在调查中，并在斯里兰卡西北近海地区发现三个深水天然气田[2]，但尚未投入商业生产。目前，斯里兰卡的可再生能源主要包括水能、风能、太阳能和生物质能等。国际可再生能源署关于斯里兰卡能源的报告显示，2020年，斯里兰卡可再生能源产能为2351兆瓦，其中水电产能1815兆瓦、太阳能发电产能230兆瓦、风电产能252兆瓦、生物质能发电产能54兆瓦。[3] 国际可再生能源署的报告

---

[1]　"Energy Imports, Net（% of Energy Use）—Sri Lanka"，世界银行，https://data.worldbank.org/indicator/EG. IMP. CONS. ZS？locations＝LK。

[2]　参见斯里兰卡政府官网，http://www.energy.gov.lk/index.php/en/renewable-energy/what-we-do。

[3]　"World Small Hydropower Development Report 2022"，UNIDO，2022，https://www.unido.org/sites/default/files/files/2023-08/SOUTHERN_ASIA_2022.pdf。

显示，2021年斯里兰卡可再生能源总装机容量已超过2500兆瓦。

斯里兰卡是一个地势中部高、四周低的岛国，这种地理形态为斯里兰卡带来丰富的水力资源。斯里兰卡有着一定的水电发展历史。自从斯里兰卡茶园工厂开始利用微水电设施发电以来，水电便成为该国最主要的能源，也是斯里兰卡最重要的可再生能源，在满足斯里兰卡日益增长的电力需求中发挥重要作用。斯里兰卡的马哈威利、凯利尼、瓦勒韦及卡鲁四大河流水电装机容量达1208兆瓦。斯里兰卡已形成三大水利枢纽，包括马哈威利水电站、凯利尼水电站和萨马纳拉水电站，全部隶属于锡兰电力局（CEB），目前还有莫拉格纳等10余个水力发电项目正在建设中。水电虽然是斯里兰卡最重要的能源形式，但水力发电对降水依赖较大。一些年份气候异常、降水减少导致斯里兰卡境内河流水量不足甚至断流，因此发电量锐减，引发电力危机。由于斯里兰卡降水量和河流水位受季风影响显著，水电站年发电量波动相对较大。按目前总装机容量估算，旱年发电量可能低至2989吉瓦时，而涝年发电量可达5072吉瓦时。

斯里兰卡属于热带季风气候区，沿海地区风能条件较好，拥有良好的风能资源。斯里兰卡风电开发潜能理论上达到35吉瓦，但目前实际开发程度较低。汉班托塔风农场是斯里兰卡第一家风力发电厂，位于汉班托塔的东南海岸，有5台麦康公司M1500—600风力发电涡轮机，年输出电量将近4500兆瓦时。2003年，美国国家可再生能源实验室协助斯里兰卡绘制风能资源地图。近年来，斯里兰卡风电的重要性不断提高，2015年下半年，亚洲开发银行提供了2亿美元融资贷款，支持斯里兰卡开发风电项目，计划到2037年斯里兰卡风电装机容量达1205兆瓦。

生物质能有不同的形式，斯里兰卡最常见的生物质能形式，包括燃料木材（未加工的原木或加工剩下的木屑）、城市垃圾、工业废料和农业废弃物。根据估计，斯里兰卡拥有2400兆瓦的生物质能发电潜能。截至2017年底，共有10家基于生物质能的小型发电企业，总装机容量为26.1兆瓦。生物质能在斯里兰卡主要用于烹饪，也用于满足工业部门的热能需求。虽然生物质能在斯里兰卡一次能源供应方面占有最大的份额，但它的发电用途非常有限。

（二）能源供应状况

斯里兰卡的能源需求通常由生物质能、煤炭等初级能源和石油、水电等二级能源满足。20 世纪 70 年代，斯里兰卡一次能源供应以石油和生物质能为主。随着能源危机的爆发与国家政策的转变，斯里兰卡的可再生能源发电占比逐渐提高。斯里兰卡本土缺乏化石能源，煤炭、石油和天然气能源严重依赖进口。2022 年，斯里兰卡煤炭供应量为 64977 太焦，占比 14.76%；水电供应量为 24334 太焦，占 5.53%；风能、太阳能等供应量为 5247 太焦，仅占 1.19%；生物燃料和废弃物供应量为 173158 太焦，占比 39.34%；石油供应量 172400 太焦，占比 39.17%（见图 4-1）。从总体来看，斯里兰卡能源供应主要依赖生物燃料和废弃物及石油，风能、太阳能等可再生能源占比低，有较大发展空间。

斯里兰卡的石油完全依赖进口，在过去的几年里，斯里兰卡的石油进口量稳步增长，大约 30% 的石油以原油的形式进口，并在该国的单一炼油厂进行加工，其余以成品油的形式进口。数据显示，2019 年，斯里兰卡原油进口量和成品油进口量均较上年有所增加。2019 年，原油进口量增长 4.3%，成品油进口量增长 0.3%。

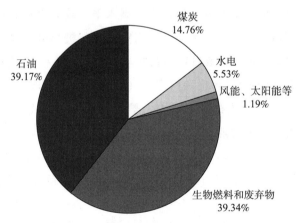

图 4-1　2022 年斯里兰卡能源供应结构

资料来源：https://www.iea.org/countries/sri-lanka/energy-mix。

近年来，由于国际形势动荡，国际能源市场价格变动，斯里兰卡的能源供应紧张，因此斯里兰卡政府出台新政策，提出确保国家能源安全的重点是发展和使用本土的可再生能源。2014 年，斯里兰卡实现国家能源政策和战略设定的目标，即可再生能源发电量至少占总发电量的 10%。2015 年，斯里兰卡化石能源发电贡献率有所下降，大型水电的贡献率则有所上升。[①] 2018 年，斯里兰卡清洁能源发电贡献率实现对化石能源发电贡献率的超越。2020 年，斯里兰卡政府制定了新的电力发展规划，将兴建一系列水电站、火电站，并大力发展新能源，电力行业迎来新的发展机遇。

斯里兰卡河流众多，水能资源丰富，该国水电理论蕴藏量为 8250 吉瓦时/年，其中经济可开发量为 7255 吉瓦时/年，技术可行的装机容量共 2077 兆瓦，目前已开发其中的 74% 左右。2017 年，斯里兰卡近 40% 的电力来自水力发电。随着后续项目推进，斯里兰卡大水电开发时代逐渐收尾。其中，凯利尼河系的布罗德兰兹水电站于 2023 年 12 月投入运营，年发电量达 203 吉瓦时。[②] 巴杜拉地区的乌玛奥利多功能项目于 2023 年底接入电网，年发电量提升至 290 吉瓦时。[③] 莫拉格纳水电站工程延期，建成后预计年发电量达 97.6 吉瓦时。[④] 截至 2023 年，斯里兰卡可再生能源发电占比已达 60%，水电开发重点转向既有电站升级，未来能源战略或将聚焦太阳能和风能的大规模开发。[⑤]

由于斯里兰卡的水电开发已经达到较高水平，政府表示要重点关注太阳能和风能发电项目。目前，斯里兰卡太阳能发电装机容量和风电装机容量分别为 458 兆瓦和 248 兆瓦，政府计划在此基础上，新增 4800 兆瓦的太阳能发电装机容量和 3500 兆瓦的风电装机容量（拉克斯里、唐玲，2014）。斯里兰卡很早就看到太阳能发电的发展潜力，早在 1986 年就开始推动太阳能发电产业，将其作为国家电力能源结构的重要组成部分，希望通过太阳能发电满足居民家庭用电需求。2004 年，斯里兰卡在全国架设 4 万多套太阳能发电系统，成立 9 家太阳能发电公司。同年政府还发起"更新农村能源计划"，向

① "100% Electricity Genevation Through Kenewable Energy by 2050 Assessment of Sri Lanka's Power Sector", ADB, https://www.adb.org/sites/default/files/publication/354591/sri-lanka-power-2050v2.pdf.

② "Ministry of Power and Energy Annual Performance Report 2023", Parliament of Sri Lanka, 2024, https://www.parliament.lk/uploads/documents/paperspresented/1720521475057956.pdf.

③ "Ministry of Power and Energy Progress Report-2023", Ministry of Power and Energy of Sri Lanka, 2024, http://powermin.gov.lk/power/wp-content/uploads/2023/12/Ministry-of-Power-energy_E.pdf.

④ "Long Term Generation Expansion Plan 2023-2042", Public Utilities Commission of Sri Lanka, 2022, https://www.pucsl.gov.lk/wp-content/uploads/2022/09/LTGEP-2023-2042_Full.pdf.

⑤ "Ministry of Power and Energy Annual Performance Report 2023", Ministry of Power and Energy of Sri Lanka, 2024, https://www.parliament.lk/uploads/documents/paperspresented/1720521475057956.pdf.

愿意购买家庭太阳能发电系统的消费者提供贷款和补贴。但是由于成本、技术等原因，斯里兰卡太阳能发电产业发展并未达到预期。到 2016 年，接入电网的屋顶太阳能电站不足 6 万座，大型太阳能电站也仅有 3 座。2016 年 2 月，斯里兰卡大型企业 LAUGFS 电力公司斥资 50 亿卢比建设斯里兰卡最大的太阳能电站，有望每年向电网提供 40 吉瓦时电力。截至 2024 年 6 月，斯里兰卡全国太阳能发电装机容量已达 970 兆瓦，其中屋顶太阳能发电系统贡献超 750 兆瓦。[1] 斯里兰卡政府通过低息贷款、补贴及国际合作加速部署可再生能源发电项目，计划到 2030 年实现 100%可再生能源电力供应的目标。[2] 尽管面临成本与电网整合挑战，储能系统和新电价机制正推动斯里兰卡形成更可靠的可再生能源供应体系。

（三）能源需求变化

斯里兰卡的能源需求由多种能源满足，其中包括当地的非化石能源和进口的化石能源。该国的大部分能源需求通过生物质能、本土燃料以及石油、煤炭等进口化石能源满足。随着人口迅速增长和工业化进程加快，斯里兰卡电力需求急剧增长，年均增速达到 6%—8%，能源问题已成为斯里兰卡经济发展的瓶颈。

在传统能源需求方面，目前，斯里兰卡对传统能源的需求量较大。在斯里兰卡能源转型过程中，传统能源的需求量不可能出现急速下降，只会慢慢下降，最后在新能源能满足本国需求的情况下，传统能源才可能逐渐退出，这将是一个较为漫长的过程。在新能源需求方面，斯里兰卡正处于能源转型期，对新能源的需求量持续扩大，特别是在电力方面，大力发展新能源发电将成为该国改善电力供应结构的突破口。

斯里兰卡的电力用户以家庭和工业部门为主，近年来商业部门的电力需求也迅速增长。2017 年，家庭部门的电力消费量占比 37%，工业部门的电力消费量占比 32%，商业部门的电力消费量占比 29%。家庭部门电力消费量占比稳定，工业部门电力消费量占比稳步下降，而商业部门电力消费量占比正在提高。截至 2017 年底，斯里兰卡电力总装机容量为 4180 兆瓦，其中包括

---

① "Milestone Reached: 1000 Megawatts Solar Power in Sri Lanka!", Legacydaily, 2024, https://legacydaily.com/news/sri-lanka-solar-power-generation-2024/.

② 《斯里兰卡光伏产业投资现状怎么样》，丝路印象网，2024 年 11 月 18 日，https://www.zc-qtz.com/news/2729205.html。

私营部门拥有的 562 兆瓦的不可调度发电厂（小水电、风能、太阳能和生物质能）装机容量和 94 兆瓦的屋顶太阳能发电装机容量。在 4180 兆瓦的总装机容量中，42% 来自水电（大水电和小水电）、51% 来自热力发电、7% 来自其他可再生能源，如风能、太阳能和生物质能发电。到 2019 年底，斯里兰卡发电总装机容量已达 4217 兆瓦。

2022 年，斯里兰卡 70.9% 的电厂归 CEB 所有，私营企业持有剩余 29.1% 的电力资源，后者发电量由 CEB 统一收购并分配。[①] 截至 2022 年，CEB 拥有 1554 兆瓦热电装机容量，具体包括 900 兆瓦普特拉姆燃煤电站、195 兆瓦凯拉尼蒂萨（Kelanitissa）燃油（气）电站、165 兆瓦凯拉尼蒂萨联合循环燃油电站、160 兆瓦萨普加斯坎德（Sapugaskande）燃（柴）油电站、27 兆瓦乌图鲁贾纳尼（Uthuru Janani）柴油电站、64 兆瓦浮式火力发电站等，私营企业热电装机容量约 563 兆瓦，其中科伦坡电力公司 64 兆瓦机组协议已于 2020 年到期。[②] 2023 年，斯里兰卡发电总装机容量达 5192 兆瓦，CEB 管辖容量增至 4381 兆瓦（含水电、风电等可再生能源），计划 2024 年投运 300 兆瓦液化天然气电站，并规划在 2042 年前新增 6925 兆瓦可再生能源发电装机容量。[③]

根据 CEB 公布的数据，2019 年斯里兰卡发电量为 15922 千兆瓦时，较 2018 年增长 3.6%。其中，火电占比 65.2%（其中燃煤发电 33.7%，燃油发电 31.5%），水电占比 30.1%，其他可再生能源发电占比 4.7%（风能、太阳能、生物能)[④]。2023 年最新数据显示，斯里兰卡发电总装机容量达 5192 兆瓦，可再生能源发电装机容量占比 60%（大型水电占比 31%、其他可再生能源占比 29%），化石能源发电装机容量占比 40%，但受气候影响可再生能源发电量降至 7795 吉瓦时，同期燃油和燃煤发电量分别激

---

① 《2023—2042 年能源发展规划》，锡兰电力局，2022 年 9 月，https://www.pucsl.gov.lk/wp-content/uploads/2022/09/LTGEP-2023-2042_Full.pdf。

② 《2023—2042 年能源发展规划》，锡兰电力局，2022 年 9 月，https://www.pucsl.gov.lk/wp-content/uploads/2022/09/LTGEP-2023-2042_Full.pdf。

③ 《2023—2042 年能源发展规划》，锡兰电力局，2022 年 9 月，https://www.pucsl.gov.lk/wp-content/uploads/2022/09/LTGEP-2023-2042_Full.pdf；《斯里兰卡电力行业现状与前景分析》，中国商务部网站，2021 年 2 月 20 日，https://lk.mofcom.gov.cn/scdy/art/2021/art_8fe32e1d14f74b248afbf58a292378ee.html。

④ 《2023 年统计摘要报告》，锡兰电力局，2023，https://www.ceb.lk/front_img/img_reports/1719203791Statistical_Digest_2023.pdf。

增 200%和 43.2%。① 政府计划到 2030 年实现 70%可再生能源和 50%低碳能源的目标，重点推进太阳能发电。②

斯里兰卡的目标是到 2025 年发电装机容量达到 6900 兆瓦，并大幅增加可再生能源，到 2030 年成为一个能源自给自足的国家。尽管有长期计划，但斯里兰卡在 2018 年、2019 年和 2020 年经历多次停电。2022 年以来，斯里兰卡的经济形势快速恶化，粮食、油气、药品等严重短缺，食品价格大幅上涨，通货膨胀不断加剧。2022 年 3 月 30 日，CEB 表示，即日起在全国范围内实施每天停电 10 小时的措施；2022 年 7 月 5 日，斯里兰卡总理维克勒马辛哈表示，斯里兰卡已经"破产"，燃料严重短缺的情况将会持续。当前，该国正遭受几十年来最严重的金融危机，数百万人难以购买到食品、药品和燃料。

（四）斯里兰卡能源供需特点

斯里兰卡是一个严重依赖化石能源进口的国家，国内几乎没有化石能源储备，能源净进口量③占能源消费量的 50.27%。④ 斯里兰卡的能源供应一方面依靠化石能源进口，另一方面主要依靠发展可再生能源，特别是水能和太阳能。但是，由于受资金不足、技术水平低、配电网络不完善等的限制以及可再生能源发电波动的影响，斯里兰卡的可再生能源开发面临多重挑战。随着经济发展和人民生活水平的提高，斯里兰卡对一次能源和二次能源的消费需求迅速增加，能源供给存在较大的缺口，面临严重的能源危机，斯里兰卡能源供给结构有待进一步改善。

第一，电力需求激增，能源危机严峻。随着经济发展和人民生活水平的提高，斯里兰卡电力需求不断增长。2018 年底，斯里兰卡全岛 99%的人口基本用电需求得到满足，其中北部基利诺奇和穆拉蒂武地区的用电满足率较低，仅为

---

① "Reliability and Resiliency in South Asia's Power Sector", NERL, 2023, https://www.nrel.gov/docs/fy22osti/81826.pdf.

② "Technical Consultant for Grid Connected Solar PV Project in Sri Lanka, Pre-feasibility Report", World Bank Group, 2018, https://documents1.worldbank.org/curated/en/659311561479784410/pdf/Grid-connected-Solar-PV-project-in-Sri-Lanka-Phase-1A-Review-and-Assessment-of-Potential-Sites-The-Pooneryn-Site.pdf.

③ 能源净进口量指能源消费量减去能源生产量，均以油当量衡量，负值表示该国为净输出国。

④ "Energy Imports, Net（% of Energy use）—Sri Lanka", WB, https://data.worldbank.org/indicator/EG.IMP.CONS.ZS? locations=LK.

82%。虽然目前斯里兰卡发电总装机容量高于用电最高需求，但近年来总装机容量无明显增长，且很多电站设施老化严重，有些本已达到退役年限的电站仍在坚持运行，效率很低。加之电力输送损耗严重、电网系统不稳定等，2016 年以来，斯里兰卡多次出现大范围电网崩溃等故障，暴露了电力行业较为严重的困境。2016 年 2 月 25 日和 3 月 13 日，斯里兰卡连续两次发生全国电网崩溃事件，导致全岛范围停电。此后，局部停电、限电情况频发。2017 年 5 月，水灾导致输配电线路故障，造成大范围停电，约 30 万人受影响。2018 年 5 月和 6 月，受大风影响，输配电线路故障再次导致多区域停电。由于电力供应不足，2018 年，CEB 先后三次采购紧急电源 175 兆瓦。2019 年 3 月起，由于气候干燥，停电、限电继续发生，CEB 采购紧急电源 200 兆瓦。2020 年，斯里兰卡电力供应状况日趋恶化，CEB 自年初即多次采购紧急电源，共计 428 兆瓦。2020 年 8 月 17 日，斯里兰卡再次发生全国电网崩溃事件，全国停电 7 个多小时。

2022 年，斯里兰卡经济危机加剧，由于能源供应不足，全国陷入经济瘫痪。当局宣布限制剩余能源的分配，只供给必要的行业。总统戈塔巴雅·拉贾帕克萨下令马上进口能源，当地央行同意向石油公司分期支付欠款。2022 年 6 月 28 日，斯里兰卡能源部表示，截至星期天，柴油库存只剩 9000 吨，汽油则只剩 6000 吨，预计将在几天内耗尽。正在科伦坡进行访问的美国财政部代表团同斯里兰卡总统戈塔巴雅·拉贾帕克萨等领导人会面，探讨如何解决斯里兰卡经济危机。与此同时，斯里兰卡也派遣官员到俄罗斯和卡塔尔寻求廉价的石油。

第二，电力供需错位，调峰能力不足。尽管斯里兰卡拥有丰富的水能、风能和太阳能资源，但是开发这些可再生能源需要大量的投资、较高的技术水平和大量的配套基础设施建设。目前，斯里兰卡可再生能源的利用水平远低于常规能源，可再生能源发展面临多重挑战。[1] 一是斯里兰卡电力部门在很大程度上依赖水电站。尽管斯里兰卡目前的水电站负荷系数在 50% 以内，但人们仍然担心未来的可用容量。二是太阳能发电的昼夜变化特征与用电高峰期错位。这种错位问题需要用一个强大的辅助系统来解决，需要配套的储能装置用于满足晚上的用电高峰需求。目前，斯里兰卡计划通过"燃气轮

---

[1] "100% Electricity Gereration Through Kenewable Energy by 2050 Assessment of Sri Lanka's Power Sector", ADB, https://www.adb.org/sites/default/files/publication/354591/sri-lanka-power-2050v2.pdf.

机、泵储能和电池储能组合"满足高峰用电需求,到 2050 年实现 100%可再生能源发电。[①] 三是开发可再生能源以及相关的基础设施建设需要大量的投资,斯里兰卡不具备从商业银行贷款为项目提供资金的能力,如果没有多边机构和低融资成本的外国银行支持,斯里兰卡的可再生能源产业很难发展。而且,由于屋顶太阳能发电系统的安装成本很高,再加上缺乏廉价的融资或商业模式可供公众选择,因此斯里兰卡的屋顶太阳能发电系统发展缓慢。

第三,外汇储备不足,进口能力有限。随着能源消费量的快速增加,斯里兰卡对海外油气资源进口的依赖度越来越高,导致国家债务压力增大。斯里兰卡是一个产业比较单一的国家,目前主要依靠旅游业发展经济,工业基础比较薄弱,斯里兰卡的外汇主要靠旅游业贡献。2020 年之前,全球经济形势比较乐观,斯里兰卡旅游业发展也比较好,每年都能够给斯里兰卡带来大量的美元外汇。但是 2020 年以来,全球经济形势不容乐观,旅游业受到的影响更大,直接导致斯里兰卡的外汇储备大量减少。由于国家缺乏外汇进口燃料来发电,严重亏损的斯里兰卡电力公司要求大幅调高电费,商业和工业用户的电费将上涨 40%—60%,而家庭用户的电费将大涨超过 8 倍。

二 中国与斯里兰卡能源合作的历史与现状

斯里兰卡地处印度洋中枢,西北与印度半岛隔保克海峡相望,扼守着印度洋重要的国际贸易通道,对孟加拉湾和北印度洋有着很强的控制能力。对于中国来说,斯里兰卡是中国能源运输经过印度洋区域的关键节点,是共建"一带一路"的重要国家。建交以来,中斯两国关系日益紧密,建立了良好的战略伙伴关系。近年来,中斯关系全面发展,务实合作日益深入,重大项目合作取得积极进展。双方发挥各自优势,挖掘合作潜力,共建"21 世纪海上丝绸之路",稳步推进科伦坡港口城、汉班托塔港等重大项目合作,加快双边自贸谈判,不断拓展海洋、旅游、产能等合作新领域。

(一) 港口建设合作

斯里兰卡位于印度洋的重要战略位置,靠近传统的东西方航运路线。

---

① "Co-publication of the Asian Development Bank and the United Nations Development Programme: 100% Electricity Generation Through Renewable Energy by 2050 Assessment of Sri Lanka's Power Sector", ADB and UNDP, 2017, https://www.uncclearn.org/wp-content/uploads/library/assessment_sri_lanka_power_sector.pdf.

2013年共建"一带一路"倡议提出后，斯里兰卡成为"21世纪海上丝绸之路"中连接众多国家的关键枢纽（陈利君，2020）。中斯共建"21世纪海上丝绸之路"，正是以港口建设为平台，借此吸引投资、促进国际贸易与经济发展，打造港口经济。

中国在斯里兰卡的两个重要项目——科伦坡港口城和科伦坡南港，有望成为共建"一带一路"的标杆项目。科伦坡港口城项目是斯里兰卡和中国在共建"一带一路"框架下合作的重点项目，也是斯里兰卡迄今最大的外国直接投资项目，将沿着现有的科伦坡海岸线建设一个新的城市和金融中心，为斯里兰卡首都科伦坡打造集金融、旅游、物流、信息技术于一体的全新中央商务区。汉班托塔港和毗邻的工业区项目，是中斯合作的另一个大项目。该项目力图将汉班托塔港建设成一个二级港口，以缓解科伦坡一级港口的压力和拥挤问题。汉班托塔工业园区由中国招商局控股港口有限公司开发。2021年，汉班托塔港货物吞吐量达200万吨，成为有国际竞争力的港口。汉班托塔工业园吸引日本、中国、英国、新加坡、马尔代夫等国30多家企业入驻，建成后将极大推动斯里兰卡南部经济发展，加快工业化进程，提高斯里兰卡自主发展能力。

（二）可再生能源合作

斯里兰卡能源资源匮乏，油气全部依赖进口，随着人口迅速增长和工业化进程加快，斯里兰卡电力需求急剧增长，能源问题已成为阻碍经济发展的瓶颈。2021年，斯里兰卡发电装机容量为4265兆瓦，其中煤电装机容量900兆瓦，油电装机容量1268兆瓦，水电装机容量1383兆瓦，风电、生物质能和太阳能发电等其他可再生能源装机容量714兆瓦，需要进一步发展可再生能源。为此，斯里兰卡政府鼓励本地和外国投资者投资太阳能、风能等可再生能源。目前，已有不少国家进入斯里兰卡可再生能源市场。斯里兰卡要实现碳中和目标还要投资30亿—40亿美元改造电力网络。其中，输电线路升级需要17亿美元，储能设施建设需要12亿—15亿美元。中国是新能源及核能大国，中斯双方要进一步加强新能源领域的合作，探讨核能合作可能性，大规模增加电力供应，以缓解斯里兰卡能源短缺的局势。在联合国框架下，中国同斯里兰卡和埃塞俄比亚共同启动了"中国—埃塞俄比亚/斯里兰卡可再生能源三方合作项目"，该项目旨在帮助发展中国家提升应对气候变化能力，携手实现可持续发展目标，是共建"一带一路"国家和地区开展可再生能源技术南南合作的重要举措。该项目总经费达 400 万美元，由埃中斯三方共同出资。该项目合作文件在 2019 年第二届"一带一路"国际合作高峰论坛期间签署，项目执行周期为 2019—2022 年。①

三　中国与斯里兰卡能源合作的前景分析

中国和斯里兰卡的双边关系发展良好，政治互信不断增强，经贸合作稳步发展，人文交流日益密切，中斯两国的能源合作内容和总量也在不断扩大。在"双碳"背景下，随着中斯关系的不断深化，中斯两国在能源领域将会有更多合作。

（一）中国与斯里兰卡双边关系的发展态势

1. 政治关系稳步发展

中斯两国有着悠久的传统友谊，两国关系经受了国际复杂多变局势的考验，始终稳步发展。2012 年是中斯建交 55 周年和《米胶协定》签署 60 周年。在双方共同努力下，中斯关系蓬勃发展，两国高层交往频繁，政治互信不断增强，在涉及彼此核心利益和重大关切的问题上相互支持，经贸合作水平不断提升，人文交流日益密切，在国际和地区事务中保持密切沟通与合作。② 2021 年 3 月 29 日，中国国家主席习近平同斯里兰卡总统戈塔巴雅·拉贾帕克萨通电话。习近平主席指出，"中斯同舟共济、守望相助，谱写了两国友好新篇章"，"中方愿同斯方稳步推动科伦坡港口城、汉班托塔港等重点项目，高质量推进共建'一带一路'，为斯里兰卡疫后经济复苏和可持续发展提供强劲动力"。③ 戈塔巴雅·拉贾帕克萨总统表示，斯方愿同中方紧密协作，坚定支持彼此在核心利益问题上的立场，维护双方共同利益；愿同中方扩大基础设施、旅游等领域合作，顺利推进科伦坡港等重点项目建设，相信这将助力斯里兰卡经济社会发展，使斯里兰卡人民更多受益。

---

① 《中国—埃塞俄比亚/斯里兰卡可再生能源三方合作项目与埃塞方指导委员会第二次会议顺利召开》，中国科技部网站，2021 年 5 月 13 日，https://www.safea.gov.cn/kjbgz/202105/t20210513_174584.html。

② 《中斯关系步入新阶段》，中国外交部网站，2016 年 7 月 9 日，https://www.mfa.gov.cn/web/gjhdq_676201/gj_676203/yz_676205/1206_676884/xgxw_676890/201607/t20160709_7997245.shtml。

③ 《习近平同斯里兰卡总统戈塔巴雅通电话》，新华网，2021 年 3 月 29 日，http://www.xinhuanet.com/world/2021-03/29/c_1127270392.htm。

中斯两国在政治、经济、人文等各领域的合作取得显著成果，两国关系呈现全方位、多层次、宽领域的发展格局。未来双方必将继续深化各领域合作，推动中斯关系不断迈上新台阶，为两国人民的福祉和地区的和平稳定与发展繁荣做出新的更大贡献。

2. 经贸合作不断深化

近年来，中斯两国的经贸关系和其他方面的合作一直稳步发展，贸易额稳中有升。2016 年，中国首次成为斯里兰卡最大贸易伙伴和进口来源国，双边贸易额达到 45.6 亿美元。中斯自贸区谈判自 2014 年 9 月正式启动以来，不断取得积极进展。① 目前，中国已经成为斯里兰卡最大的贸易伙伴，最大的基础设施建设合作伙伴，最大的投资、援助来源国。中国对斯里兰卡投资呈加速发展态势，中国自 20 世纪 80 年代中期开始在斯里兰卡投资，尤其是1986 年中斯签署的《中华人民共和国政府和斯里兰卡民主社会主义共和国政府关于相互促进和保护投资协定》为双向投资创造了良好环境。2007 年 2月中斯签订《中斯双向投资促进合作谅解备忘录》以来，尤其是中国于2013 年提出共建"一带一路"倡议后，在中斯两国经贸合作水平不断提升的背景下，中国对斯里兰卡的投资呈现快速增长态势，中资企业对斯里兰卡投资取得跨越式发展，尤其是中国民营企业赴斯里兰卡投资发展迅速。

中斯两国经贸合作的深化将不局限于传统的商品贸易和投资领域，而是朝着更高层次的产业合作、科技创新、数字经济、绿色能源以及人文交流等多元化方向发展。在共建"一带一路"倡议的引领下，中斯两国将共同探索更多互利共赢的合作模式，推动构建开放型世界经济，促进全球经济的平衡、包容和可持续发展。

3. 能源合作不断增多

在水电方面，中斯水利开发合作继续深入，成效显著。由中国水利水电十四局援建的莫勒格哈坎达水库水头工程项目（M 大坝工程）是斯里兰卡最大的水利枢纽项目。该综合项目被誉为斯里兰卡的"南水北调"项目。该项目帮助斯里兰卡解决水资源不平衡、洪水和洪涝等问题。2019 年 11 月 7 日，中国能建葛洲坝集团与斯里兰卡锡兰电力局在斯里兰卡首都科伦坡签订莫拉

---

① 《斯里兰卡驻华大使："一带一路"带来难得发展机遇》，中国一带一路网，2017 年 4 月 8日，https://www.yidaiyilu.gov.cn/p/10741.html。

格纳水电站土建主体工程施工合同。该项目建成后可满足斯里兰卡近 16 万人的用电需求，对于有效缓解斯里兰卡电力短缺、防止洪灾，促进中斯两国绿色能源合作和发展具有重要意义。

中斯在其他能源合作上也不断有成果涌现，能源合作进入一个新阶段。由中国工程机械设备股份有限公司承建的普特拉姆燃煤电站已于 2014 年启用，大幅降低了斯里兰卡的居民电费。由中斯三家企业联手建设的卡拉瓦拉加马生物质发电站已于 2019 年进入商业运营，卡拉瓦拉加马生物质发电站将每年为斯里兰卡电网提供 7 万多兆瓦时优质、可靠、环保的电力能源，有效缓解斯里兰卡东南地区用电困难问题。不仅如此，发电站以当地农户广泛种植、生长迅速的南洋樱为能源，解决了当地 2 万余户人口的就业问题，平均每年为每个农户提供近千美元的收入。[1] 斯里兰卡将努力实现能源来源的多样化，以保护供应链免受外部地缘政治不确定性的影响，并且将调查探究当地是否存在足够的石油资源，加强国家石油数据库的建设。

未来，斯里兰卡将在多边电力联营的基础上，开展可行的跨界电力传输和与周边各国的合作。可以确定的是，中国与斯里兰卡的能源合作正在环保、可持续发展的道路上前进，类型也将更加丰富。随着中斯关系的不断深化，未来两国将在能源领域有更多合作。

（二）中斯能源合作前景展望

1. 复杂的地缘政治挑战

斯里兰卡因独特的地理位置而具有不可估量的战略价值。作为南亚区域合作联盟的重要一员，以及不结盟运动的关键参与者，斯里兰卡在国际舞台上扮演举足轻重的角色。在共建"一带一路"倡议的引领下，中斯两国在经贸合作、基础设施建设等多个领域取得显著成就，为两国人民带来实实在在的利益。

然而，随着"印太战略"的逐步推进，印度洋地区的地缘政治格局发生深刻变化。斯里兰卡国内政治生态也因此受到波及，政治纷争加剧，经济增长速度明显放缓，社会分歧进一步扩大。这一系列变化不仅考验着斯里兰卡政府的治理能力，也给中斯关系的未来发展带来前所未有的挑战。

---

[1] 《中斯民企联手建设的生物质电站正式开始商业运营》，新华丝路网站，2019 年 1 月 2 日，https://www.imsilkroad.com/news/p/126367.html。

面对复杂的地缘政治挑战，中斯双方需要保持冷静和理性，坚定维护两国关系的健康发展。通过加强对话沟通、深化互利合作，共同应对外部势力的干扰和破坏，中斯两国一定能够克服当前的困难，推动两国关系不断向前发展。

2. 广阔的中斯合作前景

尽管当前中斯合作面临地缘政治复杂多变、外部环境不确定性增加等多重挑战，但两国合作的潜力依然较大。作为世界第二大经济体，中国不仅拥有庞大的市场和强劲的消费潜力，还在可再生能源技术领域取得举世瞩目的成就。这为斯里兰卡等发展中国家提供了前所未有的合作机遇，有助于其实现经济社会可持续发展。

斯里兰卡作为一个自然资源丰富的岛国，拥有得天独厚的水能、风能、太阳能等可再生能源。这些能源的开发利用，不仅符合全球绿色发展的趋势，也与中国的绿色发展理念高度契合。基于此，中斯两国在能源领域的合作前景尤为广阔。双方可以在水电站建设、风力发电、太阳能发电等多个领域开展深度合作，共同探索绿色低碳的发展路径，实现能源结构的优化升级和经济效益的提升。

此外，中斯两国还可以通过举办"印度洋岛国发展论坛"等活动，加强国家治理经验的交流与分享。这不仅有助于增进两国的政治互信，还能为双方在经济、社会、文化等领域的全面合作奠定坚实基础。通过共同应对全球性挑战、分享发展经验，中斯两国将携手绘制一幅更加美好的绿色发展蓝图，为两国人民带来福祉。

3. 新型合作模式构建

面对当前复杂多变的国际形势和斯里兰卡国内的新变化，中斯双方需以更加积极主动的姿态，共同应对挑战、把握机遇，推动两国关系不断向前发展。

首先，完善各领域对话交流机制是构建新型合作模式的关键。双方应加强政府、政党、议会、军队、地方等多层次的交往与合作，通过频繁的政策沟通、协调与配合，确保两国领导人达成的各项共识和合作项目有效落实。这不仅有助于增进双方的了解和信任，还能为两国关系的长期稳定发展奠定坚实基础。

其次，促进两国发展规划的对接，深化战略合作伙伴关系的内涵，是构建新型合作模式的重要内容。双方应共同应对气候变化等全球性挑战，加强在绿色发展、数字经济等领域的合作，展现中斯合作的全球影响力，推动两国经济的可持续发展，为全球治理体系的完善贡献智慧和力量。

最后，增强相互理解和信任是构建新型合作模式的重要保障。双方应以更加开放包容的心态看待彼此的发展，特别是斯里兰卡方面应更加重视与中国的合作，将中国置于国家发展战略的重要位置，通过深化能源合作等具体行动，实现双方利益的最大化，共同维护中斯关系的纯洁性和稳定性。同时，双方还需共同警惕外部势力的干涉和挑拨，为中斯合作的持续深化创造良好的外部环境。

第二节　马尔代夫能源状况与中马能源合作

马尔代夫地处印度洋要道，是印度洋上的一个岛国，自古便是连接世界各方的海上要地，战略位置十分重要。由于马尔代夫特殊的地理位置以及自身条件，能源安全问题成为制约马尔代夫发展的核心问题之一，而加强清洁能源发展成为马尔代夫保障能源安全供给的重要方式。在化石能源方面，马尔代夫基本没有储备，石油资源等严重依赖进口。马尔代夫对柴油需求旺盛，柴油占进口能源的绝大部分。在新能源方面，马尔代夫太阳能和风能资源比较丰富，政府一直在积极进行新能源的开发和利用。中马两国交往历史悠久，自 1972 年建交以来一直保持良好的关系，特别是中国提出共建"一带一路"倡议后，两国之间的合作不断增多，中马关系日新月异。在能源合作方面，目前两国都制定了碳中和路线图，近年来在可再生能源领域的合作逐渐增多。面向未来，在共建"一带一路"倡议的推动下和构建人类命运共同体理念的指导下，中国和马尔代夫的能源合作将向着更高台阶、更新领域不断迈进。

一　马尔代夫能源禀赋与供需状况

马尔代夫化石能源禀赋较差，供应不足但需求量大，严重依赖从国外进口；可再生能源禀赋相对较好，主要是太阳能资源和风能资源较为丰富，目前岛上对可再生能源开发利用较多，但囿于技术水平不足，能源开发能力有限，仍不能满足马尔代夫的能源消费需求。

（一）马尔代夫能源禀赋条件

马尔代夫由于特殊的地理位置，目前没有任何已探明的化石能源，完全依赖进口的化石能源满足能源需求。但是近年来，有资料显示马尔代夫近海可能存在海底石油资源，政府在积极进行勘测，条件成熟之时便可组织开采（朱在明等，2015）。马尔代夫拥有丰富的可再生能源，包括太阳能、风能和潮汐能，并有潜力开发绿色氢燃料和岛上剩余的可再生能源。马尔代夫风能和太阳能资源十分丰富，太阳能除用于晒鱼干和进行鱼类加工外，还用于烧水。另外有生物质能，它主要用于农村家庭生活，是家庭日常生活的主要燃料。马尔代夫太阳能资源丰富，具备开发价值。马尔代夫每年可获得约4亿兆瓦的太阳能，年均日照280—300天。马尔代夫岛屿面积普遍较小，而且地貌相差不多，因此，同一时期各地的日照水平差别很小。马尔代夫的日照水平受季风影响很大，非季风期的日照强度明显高于季风期。太阳能是马尔代夫最具直接开发潜力的可再生能源。

马尔代夫的风能资源也较为丰富，北纬4—7度地区的风功率密度达300—350瓦/米^2，具备开发价值。近年来，马尔代夫风力发电技术日臻成熟，是目前马尔代夫唯一大规模商用开发的可再生能源发电形式。马尔代夫的风能资源分布并不均衡，该国北部的风能资源比南部丰富。2016年记录的40米高度风速显示，纳伊法鲁的年均风速为5.69米/秒，古尔希法鲁为5.73米/秒。

海洋能源被视为马尔代夫最具开发潜力的可再生能源之一，技术的发展是该国成功实现能源转型的关键。马尔代夫可开发的海洋能源形式包括潮汐能、波浪能和海洋热能。其中，潮汐能通过安装在海峡等流速稳定区域（流速1.5—2.6米/秒）的涡轮装置转化为电能，初步评估显示，可开发潜力为28—106兆瓦。相较于太阳能和风能，海洋能源具有连续性强、稳定性高的突出优势，尤其适合依赖旅游业的度假岛屿，能保障海水淡化厂、空调系统等关键设施全天候运行。此外，海洋能源开发还可协同推进绿色港口建设、船舶电气化及海洋生态系统保护等多领域发展，为马尔代夫构建可持续能源体系提供综合解决方案。

马尔代夫的生物质资源主要是椰子壳和椰子油，总体数量有限，可用范围也有限。从长远来看，当将生物质资源转化为能源的技术具有成本效益时，生物质资源可能会成为一种有价值的资源，但目前马尔代夫尚未对生物质资源的开发潜力进行评估。

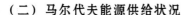

（二）马尔代夫能源供给状况

马尔代夫属于能源贫瘠国家，能源供应不足，严重依赖从国外进口，时常面临能源缺乏的困境，能源供给状况不容乐观。进口的化石能源是马尔代夫最重要的能源，化石能源进口成本约占马尔代夫国内生产总值的 10%。由于本国化石能源匮乏，马尔代夫的能源供给能力一直处于较低水平。在可再生能源方面，马尔代夫供给能力逐步提升，特别是太阳能，太阳能发电量从2011 年的 0.28 吉瓦时上升到 2020 年的 40.06 吉瓦时。马尔代夫不可再生能源消费总量从 2013 年的 15592 太焦增长到 2018 年的 24533 太焦；可再生能源消费总量从 2013 年的 187 太焦增长到 2018 年的 254 太焦。

柴油是马尔代夫消费的主要化石能源。马尔代夫由众多大小岛屿组成，岛屿分布分散，没有统一电网，无法建设大型发电站进行集中供电，这也限制了大规模并网可再生能源发电机组的应用，只能以独立柴油发电站为主。2019 年马尔代夫柴油进口量为 578994 吨，占当年能源进口总量的 80%。[①]

马尔代夫人口仅 40 万左右，发电装机规模 141 兆瓦，主要是柴油发电。当前马尔代夫柴油发电成本约 0.3 美元/千瓦时，高于世界平均风力发电成本与太阳能发电成本。马尔代夫电价较高，居民用电价格和电力生产成本仍然居高不下（马尔代夫国家电力公司每天亏损额达 25000 美元）。按 2014 年亚洲开发银行的估算，根据海岛能源系统的效率，马尔代夫每度电的价格为30—70 美分。马尔代夫政府每年在发电方面的支出高达 4000 万美元。据统计，这相当于马尔代夫每年国内生产总值的 20%。马尔代夫拥有 1000 多个海岛，已经实现全部家庭的电力供应，是南亚地区唯一实现此目标的国家。但是，马尔代夫电力供给主要依靠柴油发电，即严重依赖进口柴油，这对马尔代夫的环境造成了不小的污染，环境问题已成为马尔代夫必须解决的问题。

为推动能源转型，马尔代夫于 2014 年启动由亚洲开发银行支持的"外岛可持续能源发展准备项目"（POISED），旨在通过部署混合可再生能源微电网系统，逐步替代 160 个外岛现有的柴油发电设施。该项目采用光伏电站、电池储能系统、智能能源管理系统及高效柴油发电机的组合配置模式，在技术验证与经济性方面取得显著成效：在 POISED 项目覆盖的岛屿中，太

---

① 参见马尔代夫海关数据，https://www.customs.gov.mv/Media/Documents/downloads。

阳能发电系统实现了高比例接入,平均降低柴油消耗25%,验证了技术可行性与经济竞争力。2023年第五阶段追加资金计划覆盖额外28个岛屿,新增装机容量5.5兆瓦的太阳能发电装置。

目前,马尔代夫已在多个有人居住岛屿成功应用太阳能—柴油混合系统,太阳能发电组件安装于柴油发电站、学校、海水淡化厂、污水处理厂及公共建筑的屋顶,通过能源管理系统与柴油机组协同运行,实现电力输出的动态优化。相较于传统柴油发电,这种混合模式显著缩短了投资回报周期。针对土地资源稀缺的挑战,马尔代夫创新采用浮动式太阳能平台技术。这些平台锚固于近岸海域,顶部安装太阳能发电阵列,通过海底电缆与岛屿电网连接。2019年9月,由奥地利Swimsol公司研发的全球最大单体浮动太阳能发电系统在南丽世岛投入运营。该系统采用抗腐蚀材料与模块化设计,可抵御1.5米浪高及强风环境,日均发电量达25000千瓦时,满足全岛约40%的电力需求,为小型岛国解决土地限制问题提供了创新范例。

2019年,国际可再生能源署和阿布扎比发展基金(ADFD)在关于发展中国家推进可再生能源项目的报告中提到,计划在马尔代夫实施一项"小型垃圾焚烧发电项目"。马尔代夫环境和能源部与国有企业废物管理有限公司(WAMCO)合作提出该项目,以全面解决废物管理、淡水获取、可持续能源发展等问题。该项目包括建设两个小型示范废物转化能源设施,通过燃烧城市废物为居民提供可再生电力,同时通过一个热回收系统为一家综合海水淡化厂提供动力。这些废物转化能源设施是马尔代夫更广泛的废物管理框架的一部分,有助于政府实施"扩大可再生能源计划"。该项目从ADFD获得600万美元的优惠贷款,并由马尔代夫政府和世界银行共同资助,已于2020年建设完成。① 该项目提供清洁能源和综合废物管理的效益惠及马尔代夫大约18%的人口,并且每年节省大约350万升柴油。此外,该项目还具有环境效益,可以减少二氧化碳排放、减轻国家水资源压力等。

(三)马尔代夫能源需求状况

马尔代夫进口的主要化石能源是柴油,大量进口柴油用于发电和交通运输。马尔代夫目前仍比较依赖化石能源,预计化石能源的消费量将从2020年的67.4万吨增长到2030年的122.3万吨。

---

① See IRENA, https://www.irena.org/publications/2019.

马尔代夫外汇储备有限，但能源需求日益增长。2020 年，亚洲开发银行已批准 774 万美元的优惠贷款和 273 万美元的项目赠款，以此满足马尔代夫的能源、电网现代化和发电网络脱碳需求，即为可持续能源发展做准备。2020 年 8 月，亚洲开发银行批准了 1.5113 亿美元的贷款，帮助马尔代夫政府开发垃圾焚烧发电厂。亚洲开发银行的额外融资将在 12 个外岛用于扩展基于可再生能源的混合系统，升级配电网、能源管理系统以及监督控制和数据采集系统。马尔代夫有可能扭转对进口能源的依赖局面，并实现由可再生能源驱动的更好的未来。基于这一目标，马尔代夫将能源部门的愿景定为一个繁荣的能够提供足够、可靠、可持续、安全和负担得起的能源的马尔代夫。

（四）马尔代夫能源供需特点

一是能源资源瓶颈日益突出。伴随旅游业、建筑业等的发展，马尔代夫能源需求将呈现增长迅速、刚性突出的特点。目前马尔代夫化石能源储备不足，能源对外依存度持续提高，这一趋势在较长时间内难以扭转。虽然说马尔代夫在朝着碳中和迈进，但传统能源退出仍然需要一个漫长的过程。马尔代夫保证能源安全可靠、可持续供应面临巨大压力。

二是能源增长方式迫切需要转变。目前马尔代夫经济发展主要依赖化石能源，相关报告显示，2018 年马尔代夫一次能源供应中，化石能源占 99%。高比例的化石能源消费，带来的是高能耗、高排放、高污染问题，马尔代夫必须加快调整能源结构，提高可再生能源占比，改变粗放的能源消费方式。

三是外汇储备不足限制进口能力。众所周知，马尔代夫产业结构比较单一，主要靠旅游业支撑国民经济。2019 年马尔代夫国内生产总值为 56.078 亿美元，受全球多重因素影响，马尔代夫的旅游业受到冲击，2020 年马尔代夫国内生产总值为 37.428 亿美元，较上年下降 33%，人均国内生产总值也从 2019 年的 9640 美元跌至 2020 年的 6490 美元。[①] 这给马尔代夫外汇储备带来了巨大压力，外汇储备下降，马尔代夫进口能力也随之下降。

四是可再生能源发展态势良好。马尔代夫致力于发展可再生能源，并且有潜力发展绿色氢燃料和岛上剩余的可再生能源。近年来，可再生能源在马

---

① "Maldives Development Update 2024", World Bank Group, https://www.worldbank.org/en/country/maldives/publication/maldives-development-update-2024.

尔代夫能源消费中的占比有所提高，可再生能源项目也在陆续增多。马尔代夫目前正在大力发展太阳能产业，太阳能在马尔代夫可再生能源体系中的份额将会持续提升。在传统能源退出舞台、推进能源转型的过程中，马尔代夫可再生能源产业将大有可为。

二 中国与马尔代夫能源合作的历史与现状

中马两国交往历史悠久，自 1972 年建交以来一直保持良好的关系，特别是中国提出共建"一带一路"倡议后，两国之间的合作不断增多，中马关系日新月异。在能源合作方面，目前两国都制定了碳中和路线图，近年来在可再生能源领域的合作逐渐增多。面向未来，在共建"一带一路"倡议的推动下和构建人类命运共同体理念的指导下，中国和马尔代夫的能源合作将向着更高台阶、更新领域不断迈进。

（一）能源基础设施建设合作

中国和马尔代夫能源基础设施建设合作历史悠久、成果丰硕，合作最多的便是电站（厂）和太阳能发电项目。1982 年，中国派遣一组电力专家，在土鲁斯笃岛上无偿帮助修建发电站。2017 年 12 月 6 日，中国机械工业国际合作有限公司与马尔代夫能源部门就该国沙维亚尼环礁和诺努环礁发电项目签署总承包合同。该项目是中国机械工业国际合作有限公司积极响应构建"一带一路"倡议的又一重大成果，也为后来签署的《中国—马尔代夫自由贸易协定》献上了一份厚礼，主要包括马尔代夫 26 个岛屿的供电线路改造，太阳能发电系统和柴油发电机的设计、供货、安装及运行维护工作。专注于共建"一带一路"国家或地区基础设施建设的中国工程承包商东方电气国际公司提出建设新电站的计划：STELCO 第五电力开发项目位于胡鲁马累西南角，距马累约 1 公里，占地 8500 平方米。该电力开发项目总装机容量为 50 兆瓦，包括发电、燃料储存和海水淡化三个区域。电厂安装 6 台 9 兆瓦柴油发电机组，可储存燃料 2400 立方米。该项目配备 2 套多效海水淡化设施，在发电的同时每天可生产 2000 吨淡水。项目于 2019 年 2 月投入商业运营，各系统性能稳定。除发电项目外，东方电气国际公司还参与了马尔代夫首个132 千伏电网项目——大马累并网一期工程，它的投产促进了马尔代夫电力行业的整体发展。

（二）可再生能源合作

中国同马尔代夫在可再生能源领域的合作主要是太阳能电站建设项目等。2015 年 10 月 15 日，中国公司同马尔代夫正式签署光伏电站专案投资协议，这是中国公司首次进入马尔代夫新能源市场。这次签约的项目是中国机械设备工程股份有限公司第一个海外新能源投资项目，意味着中国机械设备工程股份有限公司正式进入马尔代夫电力市场，并为今后在马尔代夫承建类似项目奠定良好基础。中马双方此次签署的投资专案是在世界银行主导并监管下提出的"加速可持续新能源私人投资"框架专案，专案的实施将帮助马尔代夫政府在未来 5 年内建成装机容量 20 兆瓦的太阳能电站。这次双方所签专案涉及内容包含光伏系统的设计、建造、融资、持有、运行及移交等多个环节。此次签署的新能源合作项目表明两国互利合作正向多领域纵深发展。

三　中国与马尔代夫能源合作的前景分析

中国是马尔代夫重要的发展伙伴，中马友好关系源远流长。尤其是 2014 年 9 月中国国家主席习近平对马尔代夫进行正式国事访问之后，中马各领域合作迅速升温，两国关系进入发展新阶段。在能源合作领域，中马两国正在积极推进能源转型和变革，两国都制定了碳中和目标路线图，未来新能源领域的合作机遇将不断增多。

（一）中国与马尔代夫双边关系的发展态势

1. 政治外交互动聚焦高层

2014 年 9 月，中国国家主席习近平访问马尔代夫，与马方领导人商定，由中国援助马尔代夫建设连接马尔代夫首都与国际机场的跨海大桥。这是马尔代夫首座桥梁，是马尔代夫迄今最大的基础设施建设工程，也是世界上首座在珊瑚礁上建设的跨海大桥。在马方的提议下，这座桥命名为中马友谊大桥。中马友谊大桥于 2018 年 8 月 30 日晚正式开通。中马友谊大桥是两国长期友好的象征。中国政府向马方提供帮助，实现了马尔代夫人民拥有跨海大桥的百年夙愿。

2014 年 9 月 15 日，中国国家海洋局与马尔代夫环境与能源部签署《中华人民共和国国家海洋局和马尔代夫共和国环境与能源部海洋领域合作谅解备忘录》（以下简称《谅解备忘录》）。马尔代夫地处印度洋要道，拥有丰富的海洋资源，是古代"海上丝绸之路"的重要驿站，也是中国的传统友好邻邦。随着《谅解备忘录》的顺利签署，双方将积极推动建立长期、稳定的双边合作机制，定期召开联委会会议，进一步加强在海洋科学研究、海洋观测、气候变化、海洋酸化对珊瑚礁群生态系统的影响、海岛保护与管理、海岸带侵蚀整治与修复、海啸早期预警技术等领域的合作，为共同应对全球气候变化给人类带来的威胁，提升防灾减灾能力，保护海洋生态环境做出贡献。①

2022 年是中马建交 50 周年。新年伊始，中国国务委员兼外长王毅访问马尔代夫期间，同马尔代夫签署了中马互免签证、民生和基础设施领域等 5 项合作文件。涉及项目主要包括：《中华人民共和国政府和马尔代夫共和国政府关于提供无偿援助的经济技术合作协定》，中方将根据马方需要，在无偿援助项下为马方建设社会、民生及基础设施项目；《关于中马友谊大桥管养可研立项换文》，根据马方要求，中方同意对援马尔代夫中马友谊大桥后续维保技术援助项目开展可行性研究；《援马尔代夫微网海淡设备项目实施合同补充合同》，中方将在马尔代夫 5 个居民岛援建日产 100 吨淡水的海水淡化系统；等等。

这些合作项目的实施，将有力推动中马关系的深入发展，为两国人民带来更多实在利益。中马两国将继续秉持互利共赢的原则，深化各领域合作，共同书写两国友好合作的新篇章，为构建更加紧密的中马命运共同体贡献力量。

2. 经济贸易往来稳中有增

此前，马尔代夫政要表示希望马尔代夫的经济发展能与建设"21 世纪海上丝绸之路"契合，同时利用自身优势创造商业机会，吸引中国投资。近年来，中马经贸合作稳步发展。2022 年前 4 个月中马双边贸易额为 1.23 亿美元，同比增长 11.7%；中国在马尔代夫新签工程项目合同额为 1876 万美元，同比增长 69.1%。中方积极鼓励有实力的中国企业到马尔代夫投资兴业，助力马尔代夫经济发展。中国企业在马尔代夫建成了一大批具有良好经济社会效益的项目，其中住房项目帮助成千上万的家庭改善了

---

① 《中国和马尔代夫海洋领域合作谅解备忘录签署》，中国政府网，2014 年 9 月 15 日，http://www.gov.cn/xinwen/2014-09/15/content_2750795.htm。

居住条件。目前，中马两国正在探讨挖掘新的合作项目，相信中马经贸合作之树必将结出丰硕果实。①

共建"一带一路"倡议提出以来，中国政府援建了马尔代夫多个项目，如援马尔代夫外交部办公楼改造项目、援马尔代夫环礁岛公路项目、中马友谊大桥项目等。其中，中马友谊大桥共投资 3 亿美元，包括中国援助 1 亿美元、低息贷款 1.7 亿美元和马尔代夫政府投资 3000 万美元，2016 年该项目获得"最美中国海外项目奖"。中国政府援外项目极大地拓展了本国企业参与马尔代夫市场的深度、广度。马尔代夫允许外国投资者参与住房、电力、交通等民生项目，协议的签署为中国承包企业参与上述领域项目带来了更多机遇。近年来，马尔代夫政府抓住中方提出的共建"一带一路"倡议带来的巨大契机，积极推动中马互利合作发展，一些中国国有企业先后进入马尔代夫寻求投资合作机会。

（二）中马能源合作前景展望

1. 能源立法筑牢基础

中国国家能源局于 2019 年发布了《关于能源行业深入推进依法治理工作的实施意见》。该意见要求，2020 年时，中国重点能源立法项目取得新突破，能源法规制度体系基本建成；到 2025 年，法治成为能源行业依法治理的基本遵循，能源法律法规制度体系已经形成，实现依法治理体系和治理能力现代化。2021 年 9 月 20 日，马尔代夫总统萨利赫批准了《马尔代夫能源法》。《马尔代夫能源法》建立了马尔代夫能源供应标准和法律框架，涉及能源的生产和消费。该法确立消费者的权利和服务提供者的义务，包括提供者必须保障质量和合理定价的责任。此外，该法案还要求提供对环境可持续和安全的能源服务。发展新能源是两国今后能源合作的重要方向，能源立法也为两国能源合作提供了坚实的法律保障，有助于促进能源结构的优化升级，为实现能源安全与可持续发展目标贡献力量。随着全球能源转型的加速推进，两国应继续深化在新能源领域的合作，共同探索能源发展的新路径，携手应对能源安全与可持续发展的挑战，共同谱写中马能源合作的新篇章。

2. 战略契合创造机遇

目前中国基于"双碳"目标推动能源变革和能源转型。马尔代夫为了实

---

① 《于学勇临时代办出席马尔代夫住房三期项目移交仪式》，中国外交部网站，2022 年 6 月 21 日，https://www.mfa.gov.cn/web/zwbd_673032/wshd_673034/202206/t20220621_10707262.shtml。

现碳中和目标，不断加大资金投入。2024 年 7 月，马尔代夫与中科索尔混合技术公司（Sino Soar Hybrid Technology）签署协议，对 20 个岛屿的光伏混合系统进行升级，并建立能源管理系统，项目价值 75.6 万美元，计划 4 个月内完成。①

基于此，中马在推动能源转型的过程中有着一致的目标，这将造就两国更多合作机遇。双方应继续深化战略互信，加强政策沟通与技术交流，共同探索能源转型的新路径，携手推动全球能源治理体系的完善与发展，为构建人类命运共同体贡献力量。

3. 新能源合作开拓前景

马尔代夫的传统能源匮乏，发展可再生能源是重中之重，关系马尔代夫的政治安全、国家安全和能源安全。中国和马尔代夫都制定了碳中和路线图，可以预见，两国以后将加大力度发展可再生能源，未来合作空间广阔。马尔代夫能源供应紧张，开发太阳能、风能、生物质能等新能源势在必行。随着马尔代夫经济的开放化、多元化发展，外商可投资领域日益拓展，新能源项目是马尔代夫政府重点推介的项目之一。马尔代夫政府正尝试采用 BOT（建设—运营—转让）模式，分阶段招标以吸引外资进行新能源开发，这为中国新能源企业带来了很好的投资机遇。2021 年 6 月 23 日，中马等国在"一带一路"亚太区域国际合作高级别会议期间，共同发起"一带一路"绿色发展伙伴关系倡议，倡导聚焦推进清洁能源开发利用，加强可再生能源国际合作，确保发展中国家获得可负担、经济上可持续的能源。马尔代夫在可再生能源领域制定了《2009—2013 年能源行动计划》《2010 年马尔代夫能源政策战略》《2013—2017 年马尔代夫低收入国家扩大可再生能源投资计划》《马尔代夫低碳发展战略》《2016 年马尔代夫能源政策战略》等一系列发展战略，通过促进可再生和无害能源发展加强国家能源安全。马尔代夫由于特殊的地理位置、特殊的地质结构和地形地貌，相对于发展海洋能、地热能等新能源，发展太阳能产业具有更大的优势和潜力。目前，马尔代夫正在推进建设太阳能浮岛酒店、打造太阳能漂浮高尔夫球场等。中国太阳能产业无论在规模、数量、市场成熟度等方面，还是在核心技术、品牌影响力等方面，

---

① "Maldives, China to Develop and Manage Solar PV Systems", PSM NEWS, 2024, https://www.psmnews.mv/en/141033.

都处于世界领先水平。中马两国开展合作，对中国来说，马尔代夫是未来新能源领域重要的合作伙伴；对马尔代夫来说，在太阳能的运营保障等方面同中国合作，具有相应的优势条件。

马尔代夫在新能源领域的迫切需求与中国在该领域的先进技术和发展经验形成高度的互补性，为两国在可再生能源领域的合作开辟广阔空间。马尔代夫政府通过制定一系列发展战略和采用BOT等创新合作模式，积极吸引外资投入新能源开发，为中国新能源企业提供投资与合作机遇。未来，随着全球能源转型的加速推进和"一带一路"绿色发展伙伴关系倡议的深入实施，中马两国在可再生能源领域的合作将迎来更加广阔的发展空间，中马两国将共同为全球能源转型和可持续发展做出积极贡献。

4. 两国合作面临新挑战

近年来，中马合作总体上朝着平稳向好的方向发展。虽然近期中马两国在经贸方面的合作有所波动，但可以预见的是，中马两国在推进碳中和的道路上合作将更为紧密。不可忽视的是，尽管马尔代夫是传统对华友好国家，但基于印度对印度洋的控制意图，在印度的多重手段下，马尔代夫在外交政策上可能会受到印度的很大影响。如中马自贸协定签署后，印度政府就通过舆论释放出反对信号，这对马尔代夫来说是不小的压力。总而言之，中马在合作的道路上难免会出现分歧，这需要中马两国充分尊重和关注彼此利益点，求同存异，在新发展阶段妥善管控分歧、增进互信，谱写两国发展合作的新篇章。

近年来，中国与马尔代夫之间的合作关系总体上呈现平稳向好的发展态势，双方在经贸、文化、旅游等多个领域展开广泛而深入的合作。在全球政治经济格局不断变化的背景下，中马合作也面临一些新的挑战与考验，但在推进碳中和这一全球共同目标上，中马两国的合作呈现更为紧密的趋势。双方不仅共同致力于发展可再生能源，还在能源转型、技术创新等方面开展广泛的交流与合作，为两国未来的可持续发展奠定坚实基础。

第五章
碳中和背景下加强中国与南亚国家能源合作的现实意义

长期以来，能源在推动人类社会发展和进步过程中地位重要、作用突出。纵观人类文明史，不论是火的发现还是电的应用，不论是化石能源的开发利用还是可再生能源的迅猛发展，能源的每一次发现与革命都在人类社会的进步中发挥关键作用（吴磊、曹峰毓，2019）。能源的开发利用不仅极大地促进社会生产力发展，还推动经济全球化与科技进步，更拉近不同国家人民之间的距离，为人类携手共建命运共同体提供强大动力（朱雄关，2020）。能源是在经济全球化背景下各国经济合作的最大利益交汇点，是国际政治经济活动中利益的"最大公约数"。能源问题是全球性问题，各国处于同一个地球，难以单独解决能源问题。在这个背景下，全球的能源利益亦是各国自身的利益，各国采取的促进全球能源利益发展的举动，也会服务于本国的能源利益发展。构建人类命运共同体理念是全球化深入发展的时代产物，是解决全球治理难题、实现共同发展的新理念和新方案。积极倡导构建能源命运共同体既是践行构建人类命运共同体理念的重要举措，也是构建人类命运共同体的重要组成部分。

碳达峰、碳中和是一场极其广泛深刻的绿色工业革命。自《巴黎协定》达成以来，世界各主要国家均提出明确的碳中和时间表和近中远期行动方案。2020 年 9 月 22 日，在第七十五届联合国大会上中国做出将于 2060 年前实现碳中和的庄严承诺，向全世界展示了中国为应对全球气候变化做出更大贡献的积极立场。能源转型既是中国实现可持续发展的必由之路，也是全球能源结构调整优化的必然趋势。在碳中和推动能源转型的进程中，能源形态的改变将引发以传统化石能源为主体的能源结构变迁，进而推动能源权力格局重构，塑造新型能源体系和能源地缘政治格局。近年来，中国坚持以可持续发展理念为指导，在绿色环保的能源发展道路上展开合作，成为全球倡导绿色发展理念的重要力量。中国和印度是世界上人口最多的两个国家，南亚8个国家和中国都是经济发展迅速的发展中国家，人口超过30亿人，约占世界总人口的42%。同时南亚地区是全球能源需求最为旺盛的地区之一，也蕴藏丰富的可再生能源，在全球能源供应和消费中扮演非常重要的角色。加强中国与南亚地区的能源合作，对于保障和维护印度、巴基斯坦等南亚国家及中国的能源安全，解决能源贫困和电力短缺问题，促进经济社会可持续发展具有重要作用，是一项惠及各国人民的伟大事业；同时，对于共同应对生态环境危机、推进能源转型、达成碳中和目标具有重要意义；而且是推动构建能源命运共同体、维护世界和平发展的重要举措，对于全球能源治理体系重构、实现人类社会可持续发展具有深远影响。

第一节　弥合政治分歧，促进区域合作

南亚是世界上区域一体化程度较低的地区之一，根源在于南亚区域合作发展存在难以消解的障碍与问题。南亚地区安全现状异常复杂，呈现传统问题与非传统问题相互交织及共振的局面。在传统安全领域，南亚地区的冷战遗留问题与新型安全挑战共振，域外大国在南亚博弈，区域内大国与小国相互制衡；在非传统安全领域，民族宗教问题、恐怖主义、跨界水资源分配以及公共卫生安全等挑战凸显。多重安全挑战与威胁的混杂，深刻阻碍南亚区域合作的发展（邱实、蔡立辉，2021）。

能源领域是关乎国家政治、经济、社会等多领域发展的重要领域。能源合作涉及利益层次较多，能源合作的矛盾与利益冲突常常因叠加国家政治、经济等多方因素而复杂化。南亚地区国家间关系复杂，能源合作的利益碎片化问题凸显，经济全球化趋势难以深入区域内部，区域一体化进展缓慢，能源合作缺乏整体性。一是南亚地区能源问题的高同质性（曹峰毓、王涛，2016）与低互补性，不利于形成地区间能源合作的相互依存关系。南亚国家面对能源供给对外依存度高、电力普遍缺乏、传统能源开发利用效能较低等较为相似的能源困境，更易形成竞争关系，能源合作的利益碎片化，矛盾众多。随着逆全球化趋势上扬，能源危机或将引发国家间更多的利益冲突与矛

盾。二是南亚国家间相对复杂的关系在能源合作中也有所体现。印度重启南盟机制，加快推进"印太战略"，争夺区域领导权，不利于域内能源合作的深入推进。三是能源问题具有高度的政治属性，各国政府对于能源合作的介入较多，民间层面的能源合作相对不足，导致地区政治矛盾向能源合作利益冲突转化。既往地区能源合作机制在协调地区能源利益、化解矛盾、促进合作等方面有效性不足，导致全球化、区域一体化难以在南亚地区内部深入发展。

能源贸易是国际经济贸易中体量最大、最为频繁，也最为重要的部分。经贸关系的发展为增进中国与南亚国家关系提供主要动力，加强中国与南亚国家能源合作，推动中国与南亚国家经贸关系的进一步深化，不仅有利于中国与南亚国家加强经济互动，提高人民生活水平，更有利于中国与南亚国家多边关系的深化，通过能源方面的功能性合作，弥合中印之间、印巴之间，以及南亚大国与小国之间的政治分歧，增进政治互信，缓解紧张局势，改善国家间关系，以能源合作带动政治领域的合作，促进区域政治经济合作的深入发展。

一　增信释疑，缓解中印关系

中印两国作为世界上人口最多的两个发展中国家，地理位置相近，历史上有过密切的文化交流和友好往来。然而，近代以来，由于多种复杂因素的影响，中印关系经历曲折的发展过程。随着全球化的到来，中印两国的崛起成为不可逆转的趋势，如何在竞争与合作中找到平衡点，成为两国关系发展中的重要课题。

（一）中印关系的历史发展

中印两国同为世界上最大的发展中国家，又是依山傍水的邻居。在古代，中印两国同为四大文明古国，历史悠久、文化昌盛，古丝绸之路上的文化交流让两国文化繁荣、交流互鉴、友好相处。但近代以来，由于国际和地区形势的风云变幻，中国和印度的发展都经历了巨大的波折和变迁，中印关系也发生复杂而深刻的变化。二战以后，边界争端一直阻碍中印两国关系的发展。一方面，中印两国曾经的边界战争给两国带来长期的消极影响，造成两国人民心理上难以抹去的阴影；另一方面，印度受冷战思维的影响，在发展过程中视中国为竞争对手，也加深了双方的不信任。

随着全球化的深入发展，和平与繁荣的国际环境为中印两国的全面崛起提供了前所未有的机遇。在政治与军事领域，两国的传统实力持续增强，国际影响力日益扩大；而在经济、文化、科技、人才等新兴领域，中印两国同样展现蓬勃的发展活力与无限潜力。然而，两个相邻大国的共同崛起，也必然伴随在各个领域的竞争与碰撞，这不仅是对两国智慧与勇气的考验，更是对地区乃至全球安全格局的新挑战。如何在竞争与合作中找到平衡点，如何在相互尊重与理解的基础上，共同应对新兴的安全问题，将成为中印两国未来关系发展中亟待解答的时代课题。

（二）中印关系的发展态势

增信释疑是中印关系缓和的关键所在。要破解中印迷局，需要构建和谐的中印关系，促进两国关系逐步改善并走上良性互动的轨道。一方面，可以为领土问题和军事安全问题的妥善解决构建互信的基础，避免因为互不信任而造成对形势的误判，进而产生新的危险因素。另一方面，为中印经贸关系的进一步发展、消除经济贸易中的障碍奠定了坚实的基础，有利于两国的共同发展以及在世界多极化和经济全球化的趋势下实现双赢。

能源不仅是经济发展所必需的商品，更具政治属性。随着经济的发展，国际能源竞争越来越激烈。中印作为能源消费大国，绝大部分能源依赖进口，在国际社会上面临相似的能源安全问题。中印积极推进能源领域的合作，有利于借助彼此的力量构建能源安全保障体系。加强中国与南亚地区能源合作，是中印两国增信释疑的重要渠道，对于中印两国的经贸合作具有推动作用，当中印两国贸易额大幅度增长的时候，中印双方的相互依赖程度也必将加深，两国之间的战略互信也会相应增强，这既符合两国共同的发展战略和发展目标，也符合世界和平与发展的时代潮流。

在两国领导人引领下，中印关系保持积极发展态势，各层级交往密切，各领域合作取得新进展，高层交往新模式的开创，推动两国关系健康稳定发展。[1]

中国外交部在2025年的表态中重申，坚持从战略高度和长远角度处理中印关系，推动两国关系重回健康稳定发展轨道，为世界和平繁荣做出贡献。[2]

---

[1] 《中印关系升温？中印合作大有可为》，新浪新闻，2018年4月16日，https://news.sina.com.cn/c/2018-04-16/doc-ifzfkmth4796014.shtml。

[2] 《外交部回应印度外长讲话：坚持从战略高度和长远角度处理中印关系》，澎湃新闻，2025年1月21日，https://www.thepaper.cn/newsDetail_forward_29985559。

二 减少冲突，调解印巴纷争

印巴纷争作为南亚地区的历史遗留问题，不仅深刻影响两国的政治、经济和安全关系，也对整个南亚地区的稳定与发展构成严峻挑战。自印巴分治以来，宗教、地域及领土争端等因素持续困扰着两国，导致双方长期处于紧张与对峙状态。然而，在全球化和区域一体化趋势日益明显的今天，印巴关系的缓和已成为推动南亚地区稳定与繁荣的关键所在。

（一）构建印巴互信的基础设施纽带

在碳中和目标驱动下，能源基础设施互联互通为印巴关系缓和提供了新的战略支点。两国长期存在的能源供需结构性矛盾（印度能源缺口达15%，巴基斯坦天然气短缺率超20%）[1]，为区域能源合作创造天然条件。通过建设跨境电力联网、天然气管道等基础设施，可有效缓解双方能源安全压力，同时形成利益共生关系。

以中巴经济走廊框架下的能源项目为例，卡西姆港燃煤电站（1320兆瓦）、塔尔煤田开发等项目已实现巴方年发电量提升12%，并为印方提供了参与巴基斯坦能源市场的潜在机会。[2] 若进一步拓展印巴跨境电网，可依托印度北部电网与巴基斯坦国家输电网的物理连接，构建"南亚电力池"，实现余缺互济。这种形式可降低双方对军事对抗的依赖，将安全竞争转化为经济互补。

技术标准的互认与统一是关键环节。中印在特高压输电、智能电网领域的技术合作，可推动印巴电网技术标准的趋同。中国可发挥第三方协调作用，促成印巴在《南亚电力贸易协议》框架下建立争端解决机制，借鉴欧盟内部电力市场经验，通过区域能源监管机构（如 South Asian Energy Regulatory Authority）实现跨境电力交易的规范化管理。

（二）驱动印巴共同转型的新动能

在全球能源转型浪潮中，可再生能源合作成为印巴突破安全困境的重要

---

① "World Energy Outlook 2024", IEA, 2024, https://iea.blob.core.windows.net/assets/6a25abba-1973-4580-b6e3-ba014a81b458/WorldEnergyOutlook2024.pdf.

② "Annual Report 2023-24", 巴基斯坦国家电力监管局，2024, https://nepra.org.pk/publications.php。

抓手。2024 年印度太阳能发电新增装机容量 24.5 吉瓦[1]，2022 年巴基斯坦风电发电潜力达 20 吉瓦，两国在太阳能资源丰富的克什米尔地区（年均日照 3000 小时）[2]存在较大合作潜力。中国可通过"技术+资金"模式，推动三方共建克什米尔可再生能源走廊，将该争议地区转化为绿色能源合作示范区。

能源储存技术的联合攻关尤为重要。印巴在抽水蓄能、锂电池等领域的技术合作，可破解可再生能源波动性难题。中国企业参与建设的巴基斯坦塔尔煤田碳捕集封存（CCUS）项目，为印巴在煤炭清洁化利用领域提供了合作模板。这种技术共享模式可延伸至氢能产业链，通过建设"印巴氢能走廊"，实现从绿氢生产（依托印度古吉拉特邦太阳能资源）到储运（经巴基斯坦俾路支省港口）的全产业链协同。

政策协调机制的创新是合作保障。建议建立"中印巴能源转型圆桌会议"，制定区域低碳技术路线图。参照《巴黎协定》履约机制，设计差异化减排目标：印度可侧重工业领域能效提升，巴基斯坦聚焦建筑部门节能改造，中国提供技术援助与资金支持。通过设立南亚绿色能源基金（初始规模 50 亿美元），重点支持跨境可再生能源项目，形成"技术—资金—市场"三位一体的合作闭环。

这种能源合作模式具有显著的溢出效应。在经济层面，预计到 2030 年可创造 2000 万个绿色就业岗位，推动区域生产总值增长 3.2%；[3]在安全层面，将传统安全威胁转化为共同治理需求；在环境层面，可降低区域碳排放强度。[4]中国作为技术输出方与协调者，可在推动印巴和解的同时，深化自身在南亚

---

① 《印度 2024 年太阳能光伏新增装机 24.5GW》，雪球网，2025 年 2 月 28 日，https://xueqiu. com/2866092708/325484297? md5 _ _ 1038 = 1e761e013c-piA% 3DU% 3D5IaIS% 3DYI 0i4uO4MsQeiI2O3IRzyIcIji9iiiyni% 3Dyashi54ItYQxGr2K45% 3D% 3DvpussisFIsyssIx3diI5isVICz AqIakiIeIrdso0IEupID% 3DpguIpz% 3Ds6IJudIBIIghIbHIIMIy3IjVOgIUerIUWIen3SIYiWKYFP% 3DgydyOIU0ri% 3DsOOgRjAnNrAxTO3pTOAidI。

② "FISF Fudan University：Sunrise and Sunset-Accelerating Coal Phase Down and Green Energy De-ployment in Pakistan：An Analysis of the Political Economy"，Green Finance & Development Cen-ter，2023，https://greenfdc. org/wp-content/uploads/2023/08/Song-et-al－2023＿Pakistan-Sun-rise-Sunset-Renewables-Coal-retirement. pdf.

③ "South Asia Development Update（April 2025）"，World Bank Group，2025，https://openknowl-edge. worldbank. org/server/api/core/bitstreams/5c56fcc2-721a-4439-b11b-4411a2e3c3f4/content.

④ 《采取有效、包容和可持续的多边行动，应对气候变化、生物多样性丧失和污染》，联合国环境规划署，2024 年 2 月，https://documents. un. org/doc/undoc/gen/k23/039/10/pdf/k2303910. pdf。

能源市场的战略布局，为全球能源治理提供"亚洲方案"。

三 平等交流，改善合作环境

在南亚地区复杂多变的地缘政治格局中，各国间的力量对比与相互依赖关系呈现多维度、多层次的特征。印度作为地区大国，地缘政治优势显著，但其特殊的外交政策对南亚小国造成深远的影响，导致南亚地区信任缺失并存在合作障碍。然而，随着全球政治经济格局的演变，南亚小国开始寻求多元化的外交策略，以期在大国竞争中寻求自身发展的平衡点。在此背景下，中国在南亚地区影响力的提升为南亚小国带来新的发展机遇与合作空间。

（一）南亚地区的地缘政治格局

大小国家并存、小国占国际社会成员的多数是现代国际体系出现以来国际社会存在的客观事实和现象（李兴、耿捷，2022）。地缘政治势力在南亚地区分布极端不平衡，存在等级差异。印度是南亚面积最大的国家，与其他国家之间的边境线长达15000公里，拥有绝对的地缘优势，从总体上决定了地区主导国印度与地区小国之间的不对称依赖关系。[1] 但是南亚地区小国众多，各国地域条件和安全战略不同，各国从各自的地缘政治考虑，在区域性对外交往中立场各异。因此印度在南亚地区并没有形成众星捧月之势（冯立冰、连昌惠，2022）。

可以看出，南亚地区的地缘政治格局呈现一种复杂且微妙的态势。印度凭借庞大的国土面积与较长的边境线，在该地区拥有无可比拟的地缘优势。然而，这并未使南亚小国对其有普遍的信赖与拥戴。相反，印度独立初期采取的霸权式外交政策，以及对不丹、尼泊尔等国家的控制与干预，不仅加剧区域紧张氛围，还严重削弱南亚小国的安全感与相互间的信任基础。尽管近年来印度与不丹等国的关系有所缓和，但历史遗留问题依然深刻影响双方关系的正常发展。在此背景下，南亚小国普遍倾向于采取多元化的外交策略，以期在大国竞争的夹缝中寻求安全与发展的平衡点，其中，加强与中国的联系便成为它们拓展战略空间、维护国家利益的重要途径。因此，未来南亚地区的地缘政治格局将在印度与小国间的力量博弈、信任构建以及外部势力的

---

[1] 《金砖国家国别研究报告》，厦门市金砖办，2022 年 7 月，https://www.bricspic.org/Upload/file/20220711/20220711172018_2533.pdf。

介入等多重因素的交织影响下，继续呈现独特而复杂的面貌。

（二）加强合作释放利好信号

中国在南亚地区影响力的逐步提升，为南亚小国带来前所未有的发展机遇。这一变化不仅为小国提供更为丰富的发展机会和优质的公共产品，更为它们在大国博弈中创造双向对冲战略空间。

从地区和平与发展的长远视角来看，中印两国作为世界上人口数量庞大的发展中国家，面临诸多相似的挑战与机遇。改善民生、提升国力，是两国共同肩负的重要使命。这一共同点使两国在诸多国际议题上拥有广泛的共同利益和坚实的合作基础。适度的包容性竞争不仅有助于激发两国的内在潜力，更能推动地区整体的繁荣与进步。印度也逐步认识到，提升国内生产总值、扩大内需、深化对外经贸合作，才是实现国家长远发展的根本之道。因此，印度正积极调整外交策略，努力与周边国家建立更为和谐的关系。

在此背景下，加强中国与南亚国家在能源领域的合作显得尤为重要。这不仅有助于营造区域内各国良好的营商环境，更能充分发挥周边地区的地缘经济优势，进一步激发合作潜力，实现优势互补。深化合作可以辐射带动南亚、东南亚乃至中东地区的经济互联互通，为推动构建新型国际关系、人类命运共同体贡献积极力量。

第二节　推动能源合作，提振经济发展

区域经济一体化是经济全球化的重要组成部分，在世界百年未有之大变局加速演进、全球政治经济格局深刻调整的背景下，世界经济存在的长期结构性问题进一步凸显，贫富差距不断扩大，世界经济增长乏力，逆全球化思潮与贸易保护主义浪潮席卷全球，国际贸易和投资受到一定的冲击。

南亚地区各国都是发展中国家，虽然近年来经济增速维持在较高水平，但从整体上看，该地区经济发展水平不高，经济贫困与能源贫困相互掣肘，经济发展与能源转型问题彼此制约，尤其近年来，国际力量对比不断变化，域内国家经济发展、能源产业发展与能源转型面临较大的不确定性。当前世界正经历百年未有之大变局，全球经济恢复面临严峻挑战，南北鸿沟持续扩大。南亚地区国家实现联合国 2030 年可持续发展目标任重道远，中国与南亚国家更应共同努力、排除阻碍，不断深化区域经济合作的路径、创新区域

经济合作的策略，从实际出发、以民生为本，合力应对逆全球化形势下的不确定性和不稳定性，增强抵抗域外风险的韧性和定力，共同创造区域经济合作的光明前景和未来。当前形势下，加强中国与南亚国家的能源合作将为地区能源合作提供可靠的平台，有利于解决域内能源工业基础薄弱的问题，推动区域能源产业优化升级，提升能源产业链运行效率，以能源产业发展带动地区经济发展，从而摆脱地区经济发展困境，避免地区经济发展低迷进而影响能源产业发展、能源产业发展滞缓阻碍经济发展的恶性循环，有效化解区域能源危机，促进区域经济与能源合作深入发展。

一 增加工作岗位，缓解就业压力

南亚地区作为全球人口最为密集的区域之一，正经历人口快速增长带来的双重挑战与机遇。一方面，庞大的人口基数为该地区孕育巨大的市场潜力和劳动力资源，为经济发展提供坚实基础；另一方面，高密度的人口也加剧就业岗位的供需矛盾，尤其是在欠发达国家和发展中国家，这一问题尤为突出。面对日益严峻的就业压力和贫困现状，如何有效转化人口红利，将庞大的劳动力资源转化为推动经济发展的强大动力，成为南亚各国亟待解决的关键问题。

（一）南亚地区人口特征与问题

南亚地区是人口比较密集的地区之一。根据联合国人口统计数据，截至2022年11月，世界人口总数达到80亿人。在全球人口中，有55%（44亿人）生活在亚洲，中国和印度两国的人口都超过14亿人，孟加拉国、巴基斯坦等国也是世界上主要的人口大国。[①] 南亚地区陆地面积占世界陆地总面积的3.5%，但是人口占世界总人口的比重达到23%。[②] 南亚地区人口密度从2008年的332人/千米^{2}增至2020年的374.8人/千米^2。2021年孟加拉国人口密度为1301.04人/千米^2，2020年马尔代夫人口密度高达1801.81人/千米^2。2022年，印度的人口达到14亿人，人口增长率高于中国，根据联合国人口司对全球人口的估计和预测，2023年4月印度的人口达到14.2577585亿人，超越中国成为世界人口第一大国。这意味着印度迎来"人口红利"的窗口期。但是，印度的"人口红利"既充满机遇也面临挑战，作为一个拥有

---

① 《全球议题：人口》，联合国网站，https：//www.un.org/zh/global-issues/population。

② "South Asia：the Challenge"，CCAFS，https：//ccafs.cgiar.org/node/50267.

6亿农村人口的大国，贫困问题和就业问题一直制约印度的经济发展，印度需要将"人口红利"的劣势转变为优势，进而有效发挥人口的积极作用。否则，印度的"人口红利"将有可能成为"人口灾难"（查文仙，2019）。庞大的人口基数决定了南亚是一个市场潜力较大的地区。

同时，正是由于南亚地区人口密度大，所属国家都是欠发达国家或发展中国家，各国可提供的就业岗位不能全部满足劳动力的需求，产生大量的非自愿失业人口。此外，南亚地区大部分劳动力受教育程度和技能培训不足，缺乏专业技能训练与技术储备，因此，南亚地区失业与就业岗位不足的问题极其严重。南亚15—64岁劳动力就业率从2008年的59.45%降至2020年的56.93%，15—24岁总就业人口比例从38.42%降至32.16%，就业人数逐年下降。2020年南亚年轻群体失业比例为10.4%，斯里兰卡更是高达20.7%，南亚国家人口的快速增长导致失业问题愈加严重，严重的失业问题造就当下南亚国家严重的贫困现状。[①]

（二）中国与南亚地区在人口发展方面的合作前景

基于中国与南亚诸国的人口发展现状，双方在各个行业都拥有较大的合作潜力。国际可再生能源署发布的《可再生能源行业从业现状2020》显示，全球大部分工作岗位与现代能源有关，可再生能源行业就业人口逐年增长。[②]2019年，可再生能源部门直接和间接雇用1150万人，其中太阳能、水电、风电等领域是最大的用工行业。中国与南亚地区共有32亿多人口，劳动年龄人口占比高，人口就业需求旺盛。中国与南亚的能源合作将为南亚国家新增大量就业岗位。

此外，能源产业发展带来的就业增长将与地区就业需求形成良性互动，有利于进一步释放地区人口红利、刺激经济发展。通过加强国家基础设施和投资平台建设，吸引更多投资者，促使低廉劳动力有效转化为国家的经济效

---

① "Rethinking Social Protection in South Asia: Toward Progressive Universalism", World Bank Group, 2024, http://documents1.worldbank.org/curated/en/099070824213040022/pdf/P178691 16866860921880a19f223081f56e.pdf；黎淑秀、钟卓雅：《青年就业的全球和区域趋势》，《广东青年研究》2021年第3期；"Skills Development for Inclusive and Sustainable Growth in Developing Asia-Pacific", Asian Development Bank, 2013, https://link.springer.com/book/10.1007/978-94-007-5937-4。

② 《2019年可再生能源从业人员达创纪录的1150万人》，数字储能网，2020年12月29日，https://www.desn.com.cn/news/show-1150320.html。

益，而非成为困扰国家发展的人口负担。印度拥有廉价劳动力和良好的语言环境等条件，中国需要将"人口红利"窗口期积累的资金和技术用于合理投资以促进产业良性发展。因此，未来中印两国应正确审视两国的发展情况，就两国的需求进行合作，以此促进两国经济发展。两国应避免竞争关系压制互利共赢的合作关系，双方可加强在能源开发、基础设施建设、产业园区建设和制造业投资等方面的合作，推进中国与南亚国家能源合作，促进区域经济发展，进而带动就业。

二 优化产业结构，释放发展活力

南亚国家作为全球经济版图中的重要一环，其产业结构的特点与面临的挑战既反映地区经济发展的现状，也预示着未来转型与升级的方向。长期以来，南亚国家普遍依赖劳动密集型产业，农业占比虽逐渐下降，但服务业的快速发展并未充分带动工业基础的强化，导致产业结构失衡，尤其是工业发展动力不足，资本及技术密集型产业相对薄弱。这种产业结构的不均衡不仅限制了经济的多元化发展，也使南亚国家在面对全球经济波动时显得尤为脆弱。因此，优化产业结构、实现产业均衡发展，成为南亚国家释放经济潜力、增强发展韧性的关键所在。在此背景下，中国与南亚国家的经贸合作，特别是能源合作，为南亚国家提供了一个机遇，不仅有助于促进贸易便利化、投资自由化，更能在深化产业合作、推动产业结构优化升级方面发挥重要作用，共同开启南亚经济发展的新篇章。

（一）南亚国家产业结构概况

产业结构主要是指一个国家或地区三大产业的构成状况及比例关系，是了解一国或地区经济现状、产业发展状况的重要研究指标。产业结构是否合理，直接影响一个国家或地区的产业增长潜力（武海峰，2003）。南亚各国的产业结构基本类似，三大产业发展不够均衡。

目前，南亚国家仍以劳动密集型产业为主，处于不断向高级产业升级转型的状态，但存在产业结构失衡、服务业发展滞后、第一产业就业人数占比过高、第一产业劳动生产率低的问题。过去，大多数南亚国家以农业为支柱产业，但农业对于生产总值的贡献普遍低于工业与服务业。在产业结构调整过程中，南亚国家农业占比不断下降，服务业占比快速提高，形成了农业生产技术相对落后、工业基础薄弱、服务业相对较发达的递进式产业结构。

2015 年，除不丹之外，南亚其余国家的服务业占比都超过一半，服务业占比远远高于工业占比，服务业和农业成为主要的经济部门，合计占比高达80%。南亚地区工业发展缺乏长期动力，尤其是尼泊尔和巴基斯坦，2015 年两国的工业占比分别仅为 14.9% 和 19.0%。整体而言，南亚各国工业基础薄弱、产品较为单一，资本及技术密集型产业发展不健全，产业结构亟待优化升级。南亚国家的经济结构具有同质性，主要依托消费拉动经济增长。印度、孟加拉国、斯里兰卡、不丹近几年的消费对于生产总值的贡献率均超过70%，尼泊尔和巴基斯坦消费对生产总值的贡献率普遍在 90% 以上，一旦出现内需不足，国家经济将受到严重冲击。

（二）中国与南亚国家的经贸合作不断加深

近年来，中国与南亚国家的经贸合作取得长足发展，合作遍及贸易、投资、基础设施等领域。中国与南亚国家的经贸发展具有较大的合作空间与良好的合作基础，双方合作呈现多层次、多样化的特征，发展前景广阔。能源合作是共建"一带一路"的重要领域，在促进中国与南亚各国经贸、人文、科技、投资、产业等领域的合作中发挥了建设性的桥梁纽带作用，增进了中国与南亚各国在经贸、人文等方面的交流合作，并拉近了国家间的经贸合作关系。中国与南亚的能源合作不仅可以促进中国与南亚各国之间贸易的便利化发展，助推贸易方式的创新，促进贸易和投资自由化、便利化，加强政策交流，优化口岸通关设施条件，消除监管环境和商品流动等方面壁垒，还能带动中国与南亚各国的产业纵深合作，推动南亚各国产业结构优化升级，实现能源产业链上下游的整合，进而以能源合作为中心辐射带动产业发展。中国与南亚各国依托沿线交通基础设施和能源基地，优化区域内生产要素配置，促进区域经济深化合作，释放经济发展活力，从而形成高效、优质的区域经济一体化发展格局。

三　加快要素流动，实现优势互补

基于不同的地理条件、资源禀赋和社会历史因素，各国的基本国情、发展形势各有不同，产业结构各有优劣，在经济发展过程中，各国加强交流合作、加快要素流动，实现优势互补，有利于双方的互利共赢、共同发展。特别是在经济全球化背景下，国际分工体系和全球产业格局发生深刻变化，生产要素的国际流动是经济全球化的本质特征，是影响和决定当代世界经济运行的微观基础（盛斌、黎峰，2021）。发展要素的全球化配置促进世界经济的增长。各国通过外来要素与国内要素重新组合，发挥国内闲置要素的经济作用，加快发展速度、提高发展质量，从而实现经济转型和可持续发展。

（一）中国与南亚国家的发展差异和互补优势

中国和南亚国家虽同属于发展中经济体，但各国社会经济发展形势不同，国家间经济发展水平的相似性与差异性并存，并且差异性逐渐凸显。南亚地区国家经济发展结构的差异性，是开展区域内能源合作的重要基础。在此背景下，中国与南亚国家的能源合作不再局限于简单的贸易往来或资源交换，而是朝着更高层次、更宽领域的合作迈进。

在能源禀赋方面，南亚地区新能源和可再生能源种类丰富，域内国家均有着不同的优势能源类型。中国的水电资源位居世界第一，印度的风能资源丰富，孟加拉国具有生物质能和太阳能发展优势，尼泊尔和不丹的水能资源较为丰富，巴基斯坦的可再生能源较可观。在技术方面，由于域内国家经济发展与技术水平不同，南亚地区各国在能源开发技术方面亦存在互补性，中国的太阳能产业发展迅猛，技术相对成熟，水电领域的坝工设计和施工以及机电设备安装方面技术水平突出；印度具有较为先进的风电开发技术、设备以及优秀人才，从而可以相互传授经验，帮助其他国家一起开发可再生能源，促进能源合作与发展。在地缘形势方面，南亚地区地缘类型多元互补，有利于发挥不同地缘类型的优势，推动构建渠道多元、海陆兼备的能源运输网络，实现海陆联运与多线运输，保障地区能源安全，促进地缘优势向能源运输的互补优势转变。

中国与南亚国家在发展差异中孕育着互补优势，这种优势在能源资源、技术水平与地缘形势等多个层面得到淋漓尽致的展现。通过深化区域内的产能合作与能源交流，各国不仅能够充分发挥自身的资源优势与技术潜力，还能在相互学习与借鉴中实现共同进步，共同谱写能源合作的新篇章，为地区的繁荣与可持续发展贡献力量。

（二）中国与南亚国家能源合作的意义

中国与南亚地区经济结构差异和能源供需的潜在互补优势是未来构建地区稳定安全能源供给格局的重要基础，加强中国与南亚国家能源合作，能够充分发挥中国与南亚各国的区位、口岸和资源优势，推进区域内形成统一的要素流动规则，从而加速生产要素在区域内的自由流动，降低要素流动的成本和执行难度，精简程序、提高效率。根据各国的资源优势、产业优势和科技水平，结合不同国家产业的梯度、产业垂直和水平分工情况，制定科学合理的产业协作与分工方案，明确功能定位和发展模式，推进区域资源互补、产业对接、技术交流，发挥资源优势，发展特色产业，较好地协调边境地区产业发展，推动产业结构调整升级，逐渐形成生产要素集聚、规模优势明显、配套设施完善、辐射作用强的优势产业集聚区，形成分工合理、重点突出的区域产业结构，进而深化中国与南亚国家的经贸合作，形成一个包含多个经济发展层次国家、囊括完整产业链的区域合作机制，有助于部分国家在全球和区域价值链中实现攀升，全面提升中国和南亚国家在全球产业发展中的竞争力。

在能源合作的推动下，中国与南亚国家将积极探索绿色、低碳、可持续的能源发展路径，共同推动清洁能源和可再生能源的开发利用，减少对传统化石能源的依赖，降低碳排放强度，为应对全球气候变化贡献力量。这将有助于提升整个地区的生态环境质量，促进人与自然和谐共生，为可持续发展奠定坚实基础。同时，能源合作也将成为中国与南亚国家深化人文交流与民间往来的重要纽带。通过共同举办能源论坛、技术研讨会、人才培训等活动，各国将增进相互了解与信任，促进民心相通，为构建人类命运共同体注入正能量。

第三节　保障能源安全，缓解能源贫困

从目前全球能源形势看，未来很长一段时间内石油、天然气仍然是全球的刚性能源需求，并且在许多国家的能源消费格局中占主导地位，或者说当今世界仍处于并将长期处于以油气为主导的能源时代，全世界任何一个国家都离不开油气资源。2020 年，世界经济受到一定冲击，全球能源需求有所下降，根据国际能源署的统计与评估，2020 年，全球能源需求整体下降约 5%，全球能源市场趋于动荡，出现"供过于求"的"逆向石油危机"。根据国际能源署的评估与统计，2020 年全球对石油的需求下降约 8%，对煤炭的需求下降约 7%，对天然气的需求下降约 3%，对电力的需求下降约 2%，同时可再生能源的贡献小幅上升（IEA，2020）。

中国和南亚国家作为世界上主要的新兴经济体与发展中国家，经济发展

迅速、人口众多，能源需求持续攀升。目前，南亚国家仍以使用传统能源为主，并且长期依靠进口能源，能源的对外依存度较高。加强中国与南亚国家能源合作，构建中国—南亚能源命运共同体符合稳定地区能源供给、保障地区能源安全、构建稳定安全的地区能源供需格局的需要，对应对多重能源危机有着重要意义。

一 化解能源危机，摆脱能源困境

在全球能源格局的动荡变革中，能源危机成为制约各国经济社会发展的重大挑战。近年来，全球能源市场经历前所未有的波动，能源市场的供需关系、价格走势以及能源转型的步伐均呈现复杂多变的态势。南亚地区作为世界上人口密集且经济快速发展的区域之一，能源需求持续增长，但传统能源供给远远无法满足需求，高度依赖进口的现状使南亚国家面临能源供给不安全和不稳定的风险。加之受到全球能源市场价格波动和地缘政治冲突的影响，南亚地区的能源安全形势尤为严峻。

（一）全球能源需求变化难以预测

2020 年，全球能源需求有所下降，世界各国及不同类型能源产业受到不同程度的影响。2023 年以来，全球能源价格整体回落，能源供需基本平衡，能源转型稳妥推进。全球天然气需求保持平稳，2020 年以来原油消费量首次突破每日 1 亿桶大关，煤炭需求也突破纪录。可再生能源消费增长迅速，发电占比提升，2023 年全球发电量增长 2.5%，达到创纪录的 2.99 万太瓦时，其中可再生能源发电占比提高至 30%（IEA，2024）。一方面，全球对于石油的需求下降，从而引起油价下跌；另一方面，石油需求下降引发俄罗斯、沙特阿拉伯等主要产油国的油价博弈，加剧了能源市场的不稳定性，使能源供给安全面临更为严峻的形势（Kurian et al.，2013）。

面对这一形势，国际社会需要认识到，单纯依靠削减产量或增加产出来争夺市场份额的传统策略，在当前全球经济增长放缓和能源转型加速的大背景下，可能不再是一个长期可行的选择。为应对这些挑战，各国政府和相关机构应致力于推动形成更加多元化的能源结构，加大对可再生能源的投资和支持力度，同时提高能源使用效率，降低对化石能源的依赖。

此外，加强国际合作也是关键。通过多边机制如国际能源署等平台，各国可以共同制定并执行有效的政策措施，确保能源市场的透明与稳定。这包括建立紧急情况下的能源储备共享机制，以及促进技术交流，帮助发展中国家提升能源基础设施建设和管理能力。对于那些高度依赖石油出口的经济体而言，它们还面临结构调整的压力。这些国家需要加快经济多元化进程，探索新的经济增长点，降低对单一资源的过度依赖。同时，也需要关注受油价下跌影响的社区和行业，并提供必要的财政和社会支持，以缓解转型期间可能出现的社会问题。

（二）南亚地区面临的能源供给挑战与应对

目前，南亚地区乃至世界范围内仍以使用传统能源为主，南亚国家因传统能源供给远远小于需求的现实状况，长期依靠进口能源，能源供给的对外依存度较高（董秀成等，2021）。根据丹尼尔·耶金对能源安全的定义，能源安全是在不危害主要国家目标与价值的情况下，以合理的价格保证充足和可靠的能源供给（Yergin，1988）。短期来看，在供大于求的能源格局下，能源价格走低，可能对南亚国家存在利好。但长期来看，能源价格的走低对能源供应链、产业链及能源市场产生不利影响，极易引起世界经济震荡与地缘政治冲突，地区能源供给处于不安全、不稳定的状态。全球能源需求预计在2023—2025年恢复至危机前水平（IEA，2020），其中新兴经济体和发展中国家众多的南亚地区能源需求将占较大比重。随着经济恢复，南亚地区能源需求逐步回升，长期处于相对疲软状态的能源供给难以适应经济复苏后的能源需求。南亚地区能源供给对外依存度较高，可能仍会出现"供不应求"的二次能源危机。因此，南亚地区并不存在所谓的"能源利好"，反而面临价格大幅度波动与能源供给国经济受挫影响下的能源"断供"风险（中国石油经济技术研究院，2020）。

中国和南亚国家作为新兴经济体和发展中国家，人口众多，经济发展迅速，在交通、工业等方面持续拥有较大的能源需求，能源供给对外依存度较高。在当前形势下，加强中国与南亚各国的能源合作，构建中国—南亚能源命运共同体，可以通过资源、技术、资金等方面的优势互补，不断优化地区能源开发、运输等相关环节，利用国家互补优势发展具有潜力且稳定安全的新能源，降低能源供给的对外依存度，促进能源供给渠道多元化，稳定能源有效供给，有效防范"断供"风险，缓解此轮能源危机带来的影响，保障地区能源安全。

二　应对国际局势，保障能源安全

能源安全是国家安全与稳定发展的基石，能源产业高质量发展是国家经济长期增长的基本保障（王国法等，2023）。全球能源市场是一个高度一体化且相互依存的市场，其复杂性源于各国经济、政治和社会方面的紧密交织，所有的市场参与者都必须面对能源市场的剧烈波动而不能独善其身。

（一）国际局势对全球能源格局的影响

当前，世界处于百年未有之大变局，全球第三次能源转型在碳中和背景下加速推进，不可预见事件的冲击造成的能源供需错配尚未恢复，乌克兰危机和持续引发的全球能源危机，给世界政治、经济、社会发展带来广泛深刻的影响，世界各国正面临严重的能源安全问题（刘泽洪等，2022）。2022年，南亚地区安全形势相对平稳，但错综复杂的国际局势对南亚各国的发展和中国与南亚国家能源合作产生了重要影响。2022年世界经济受乌克兰危机的爆发和全球供应链扰动的影响，经济增速有所放缓，出现21世纪以来除2008年、2020年以外的最疲弱表现，约1/3的经济体连续两个季度经济负增长。①

乌克兰危机是后冷战时代乃至二战结束以来世界发展的一道分水岭，将引发欧洲、欧亚地区格局的深度演变，也将对未来世界秩序的发展产生深远影响。在全球层面，乌克兰危机带来两方面的后果。一方面，乌克兰危机加速全球供应链和产业链的断裂与重组、全球贸易和投资规则的持续更新与再造、大国关系的进一步复杂化以及全球和地区安全架构的改革与重塑。就直接影响而言，冲突导致世界上很多国家和地区的股市、汇市激烈动荡，石油、天然气、粮食等大宗商品以及稀有金属、关键矿产资源等战略性资源价格飞涨，这必然推高全球通胀水平，给世界经济复苏施加压力，也将导致全球供应链、产业链的加速断裂和重组。另一方面，乌克兰危机催化全球贸易

---

① 《IMF警告称全球经济将呈现多年疲软增长》，中国国际贸易促进委员会，2023年4月13日，https://www.ccpit.org/costarica/a/20230413/20230413cyh4.html；"The Pan Group Annual Report 2022"，The Pan Group，2023，https://storage.thepangroup.vn/Data/2023/06/22/bctn-eng-final-view-230621-638230418225109645.pdf；《学者观察丨全球经济滞胀风险加大》，腾讯网，2022年7月13日，https://page.om.qq.com/page/Ol1Lr_B0VAUhdL TnMgf1eabw0?source=cp_1009。

和投资规则的持续更新与再造，加剧了国际贸易和投资体系的政治化、地区化、集团化和碎片化。

在全球化进程遭遇重大挫折的当下，同时作为新秩序构建的关键时期，国际社会需要共同努力，寻求平衡各方利益的合作机制，以应对共同挑战，如气候变化、公共卫生危机和经济不稳定等问题。同时，需要探索建立更加包容和平等的全球治理体系，确保所有国家和地区都能在这个快速变化的世界中找到自己的位置，共同促进和平与发展。

（二）加强能源合作以应对多重变化

在能源领域，全球碳中和的长周期效应和乌克兰危机的短周期效应叠加，推动全球能源格局加速演变。乌克兰危机爆发后，俄罗斯与美国及其盟友的矛盾公开化，甚至俄罗斯与西方国家之间的贸易对峙，围绕能源产品展开的制裁与反制裁斗争引发复杂外溢效应，导致全球能源的供需关系、市场格局、贸易重心等发生深刻变化。

在地缘政治和大国博弈激化的冲击下，特别是美欧因乌克兰危机对俄罗斯实施的能源禁运、限价、脱钩等制裁措施，放大了国际能源市场的"短缺恐慌"，导致油气价格在短期内屡创新高。在乌克兰危机的影响下，高位震荡的油气价格可能成为短期常态（McBride，2022）。能源危机造成的价格博弈持续向生产和民生领域传导，乌克兰危机不仅冲击了全球能源市场，推高了全球油气价格，而且影响全球粮食供应，对全球粮食进口国造成极大压力。乌克兰危机导致能源和粮食价格高涨，许多国家通货膨胀屡创新高，加之公共卫生安全的不确定性，对人的安全和生存构成了直接威胁，对低收入人群的影响尤其突出。国际原油价格上涨抑制南亚地区大部分国家的能源消费能力，并提高食品等生活必需品的价值，增大的通胀压力并破坏了金融系统的稳定性，致使遭受打击且尚未完全复苏的各国经济雪上加霜（Kontakte，2022）。乌克兰危机有长期化、扩大化的趋势，世界经济将再次面临巨大风险和不确定性。

未来，随着通胀高位运行、乌克兰危机的长期化及全球产业链的加速重构，美欧等主要经济体面临衰退风险，世界经济面临多重挑战。在此背景下，加强中国与南亚国家的能源合作对于双方加快经济复苏、应对国际能源形势变化、平抑国际油价、保障能源安全和以点带面加强其他领域经贸合作具有重要意义。

三 稳定能源供给，缓解能源贫困

（一）南亚地区贫困问题概况

贫困是世界性难题，脱贫致富是世界各国人民的共同愿望。南亚地区的贫困率居高不下，是环印度洋地区乃至全球贫困问题最为突出的区域之一。南亚地区经济发展相对滞后，贫富分化现象尤为严重，大面积的贫困普遍存在，贫困率远高于世界平均水平。

能源贫困作为贫困问题的一个重要方面，指因无法获取和使用电力而在烹饪等方面主要依靠传统生物质能的现象。国际能源署的报告指出，能源贫困不仅限制人们的基本生活需求，还严重阻碍地区经济的可持续发展。在南亚地区，大量人口在日常生活中仍然依赖传统生物质能，这既反映了该地区能源供应匮乏，也揭示了该地区经济发展水平滞后。

南亚地区人口众多，能源需求旺盛，但能源供给远无法满足需求，高度依赖进口能源的现状使能源安全问题尤为突出。同时，经济贫困与能源贫困之间存在密切关联，二者相互掣肘，共同制约南亚地区的经济发展。一方面，经济发展滞后导致能源投资不足，能源基础设施建设滞后，能源供应能力有限；另一方面，能源贫困进一步限制经济发展的潜力，使贫困地区难以摆脱贫困的恶性循环。

此外，南亚地区能源使用方式相对落后，大部分国家存在能源供给不足、用能方式粗放、碳排放超标等问题。这不仅导致生态环境恶化，还加剧全球气候变化风险。南亚地区能源安全与经济发展面临严峻挑战，如何平衡能源需求与环境保护的关系，实现能源转型与经济发展良性互动，是该地区亟待解决的重要课题。

因此，加强区域能源合作，发展可再生能源，是南亚地区减贫的新路径和突破贫困地区发展瓶颈的新举措。通过区域合作，南亚国家可共同应对能源供应不足、能源使用效率低下等问题，推动能源转型和可持续发展。同时，可再生能源的开发和利用，不仅有助于降低对外部能源的依赖，降低能源成本，还可促进清洁能源产业发展，为贫困地区提供新的经济增长点和就业机会。这对于南亚地区来说，无疑是一条实现脱贫和能源安全双赢的重要途径。

（二）南亚地区能源贫困问题及解决措施

在南亚国家中，印度 73% 的家庭使用薪柴作为生活燃料，孟加拉国和尼泊尔这一比例则分别高达 98% 和 90%（Behera et al., 2015）。受家庭收入水平、能源投入成本和清洁能源供应状况影响，印度等国家对传统生物质能的依赖程度较高。

南亚地区电力紧缺问题尤为突出，目前南亚地区整体电力接入率为90.1%，仍有 3 亿多人没有电力资源可以使用，其中农村地区电力接入率较低，2018 年的电力接入率仅为 85.73%。且接入电网的地区仍因获得电力机会的不均衡性和不可靠性，遭受频繁的电力中断困扰。[①] 巴基斯坦和孟加拉国能源禀赋不足，自给能力较弱，而且人口众多，能源需求与日俱增，能源贫困问题日益严重。尼泊尔、不丹是山地国家，水能资源丰富，但由于水电站建设不足，电力供应仍十分紧张，全国仍有大量偏远地区无法通电。尼泊尔已开发水电装机容量较少，但是全国用电高峰负荷较高，且年用电需求正以 7%—9% 的速度增长，因此尼泊尔面临严重的电力短缺，只有约 65% 的人口能够使用水电，尤其是进入冬季后，尼泊尔缺电现象非常严重。

在此背景下，加强中国与南亚国家的能源合作，利用各国间的互补优势，促进所需生产要素的域内流动、组合，将风能、太阳能和水能等可再生能源转化为电力资源，拓展电力供给来源，不但能最大限度满足各国的生产生活用电需求，还可通过电力交易，将富余的电力出口至其他国家，有利于缓解能源贫困，推动区域经济社会协调发展。

---

① "In the Dark: How Much Do Power Sector Distortions Cost South Asia", World Bank Group, 2018
　-12-12, https://www.worldbank.org/en/region/sar/publication/in-the-dark-how-much-do-power-
　sector-distortions-cost-south-asia.

第六章
碳中和背景下中国与南亚国家
能源合作的机遇与挑战

　　能源是全球经济发展最基本的推动力，是人类赖以生存的基础，也是关乎各国国家安全的战略性资源。稳定高效的能源治理体系和各国之间良好的能源合作关系，对于各国的安全、发展具有重要意义。能源合作是国际经济贸易合作中体量最大、往来频率最高、影响范围最广的领域，又是世界各国政府与公众高度关注的重要议题。能源安全无论是对国家经济发展和政治稳定，还是对国家对外战略利益和国际地位都至关重要。

　　南亚地区扼守亚洲和大洋洲通向欧洲和非洲的水上交通要道，靠近波斯湾产油区，并且紧邻油气资源丰富的中亚地区，是连接东西方重要的石油通道，具有巨大的能源地缘政治价值。南亚地区地域辽阔，能源资源类型多样，水能、太阳能、风能、生物质能储量丰富，开发潜力较大；但由于南亚诸国人口基数大、人口增长率高、经济发展迅速，能源需求巨大，南亚地区也是能源贫困较为严重的地区之一，电力短缺、能源匮乏是南亚国家共同面临的严峻挑战。根据美国能源信息署（EIA）的统计，南亚地区除不丹外均是一次能源净进口国，且对外依存度超过20%，能源瓶颈已成为阻碍该地区经济发展的重要因素。

　　在碳中和背景下，中国与南亚国家之间既存在竞争，也存在合作空间，特别是当前正处于世界百年未有之大变局，各国都更加重视和思考人与自然的和谐关系，重视人类社会的可持续发展。全球气候治理被提上日程，加强中国与南亚国家的能源合作面临千载难逢的机遇，双边能源合作有利于深化双边关系，保障双方的能源安全，促进经济社会可持续发展，共同应对气候变化和环境压力，实现碳中和目标。

第一节　碳中和背景下中国与南亚国家能源合作的框架建设

工业革命以来，随着大量化石能源的开发和利用，全球的环境污染、气候变化及衍生的一系列生态环境问题越来越严重，不仅造成巨大的经济损失，更威胁人类的健康和生命安全。全球变暖已成为制约人类经济社会可持续发展的重要障碍，引起全球的高度重视。碳中和已成为各国追求的共同目标和共同价值观。在全球碳中和趋势下，各主要国家均提出明确的碳中和时间表和近中远期行动方案。能源转型与碳中和目标是相互影响、相辅相成的。随着碳中和逐步由目标共识转变为全球集体行动，一场以能源结构清洁化、能源技术低碳化和能源系统电气化为特点的全球能源转型正如火如荼地展开。

能源转型是一场能源系统、经济发展和生态环境共同演进的革命，国际能源体系势必出现结构性、增量性和系统性变革。当前突出的发展趋势是能源结构从传统化石能源向清洁低碳能源转型，能源技术由低碳高效向负碳中和升级，能源系统实现电动化、自动化、信息化和智能化。能源转型对全球能源地缘政治产生复杂和深远的影响，作为全球能源体系的重要组成部分，中国与南亚国家的能源合作深受国际能源转型的影响，能源体系的重大和根本性变革将对双方能源供需、能源结构和能源安全产生影响。在应对气候变化挑战和能源转型风险过程中，中国与南亚各国并不存在"零和博弈"，而是携手共进的合作伙伴。

一　发挥国际影响，革新能源体系

发展中国家在全球能源市场中的地位日益提升，原有的能源治理体系已难以满足公平、高效、可持续的能源发展需求。因此，推动全球能源治理体系革新，构建更加包容、公正、高效的治理框架，成为各国共同面临的重大课题。

（一）全球能源治理体系现状

长期以来，全球能源治理体系的主导权掌握在西方发达国家和少数资源较为富集的国家手中。这些国家通过运用自己在能源供需市场上形成的特权地位和重要影响力，只顾谋求自身利益而不考虑全球共同发展和国际能源市场稳定。这使广大发展中国家和新兴经济体常常处于被动局面，利益难以得到保障。当前，国际能源体系正在发生深刻的变革，传统能源系统主导国家的地位正逐步下降，控制力和影响力正逐渐减弱。以中国、印度为代表的新兴经济体和发展中国家正在成为世界能源供需格局中的主体，西方国家与石油输出国主导的全球能源治理体系正面临新兴经济体实力不断增强、能源治理诉求不断冲击所带来的失衡风险。面对日趋复杂、严峻的国际能源形势，既有的能源治理体系在维护能源市场公平交易、民主合作、平稳运行方面已经显得力不从心，全球能源治理体系亟待变革与重构（朱雄关，2020）。

当前，全球能源市场正经历前所未有的变革。一方面，新能源技术的快速发展正在改变能源供应的版图，太阳能、风能和其他可再生能源的开发成本不断下降，使这些清洁能源变得越来越具有竞争力。另一方面，消费者对于可持续发展和环境保护的关注度日益提高，这促使各国政府制定更加严格的环境法规，并加速经济低碳转型。在此背景下，原有基于化石能源的能源治理系统面临巨大的调整压力，而新兴经济体和发展中国家成为推动这一转变的重要力量。

为应对上述变化，构建一个更加公平、透明且包容的全球能源治理体系显得尤为紧迫。中国提出的构建能源命运共同体，正是针对现有体系失衡问题提出的一项重要倡议。能源命运共同体理念强调通过国际合作促进能源的合理开发与利用，确保所有国家都能平等地参与能源市场的交易，共同维护能源安全。具体而言，这意味着加强南南合作，鼓励发展中国家之间在能源领域开展更多务实合作；同时要深化南北对话，增进发达国家与发展中国家之间的理解与协作。

（二）全球能源治理体系的重构

受逆全球化趋势上扬、世界格局不断变化、国际能源格局冲击不断的影响，全球能源治理体系失序状态加剧，全球能源治理体系的失效与弊端更为明显，由能源问题引发的地缘政治竞争与冲突或将加剧（楼春豪，2020）。南亚地区国家间关系复杂，区域一体化进展缓慢，能源合作缺乏整体性。面对能源供给对外依存度高、电力普遍缺乏、传统能源开发利用效能较低等较为相似的能源困境，南亚地区更容易形成区域竞争关系，能源合作中利益碎片化、矛盾众多等问题凸显。

当前，在全球能源治理中有较大影响力的主要为国际能源署和欧佩克。

无论是代表能源消费国的国际能源署，还是由部分中东石油生产国组成的欧佩克均难以代表广大发展中国家和新兴经济体的能源利益，南亚诸国实际参与全球能源治理的难度大，话语权不足。既有地区能源合作机制在协调南亚地区能源利益、化解矛盾、促进合作等方面有效性不足，导致全球化、区域一体化在南亚地区内部难以深入推进。中国与南亚地区各国在能源合作方面具有广泛的共同利益，新阶段中印关系为两国构建公平正义的全球治理体系提供了新机遇，首要的便是构建公平正义的全球气候治理体系，因为气候变化与发展问题密切相关，而气候变化的威胁日益加剧，发展中国家必须在全球气候治理框架下尽快实现应对气候变化与可持续发展的平衡。

如果中国和印度能抓住双边关系进入新阶段的机遇，将两国气候合作上升到全球层面，成为发展中国家参与全球气候治理的明确引领者，将自身利益与其他发展中国家的利益更紧密结合起来，就可以起到弥合发展中国家全球气候治理分歧的作用，将更加有利于构建公平正义的全球气候治理体系。面对日益严峻的气候变化威胁，中国和印度有机会也有责任抓住当前双边关系发展的新机遇，通过深化能源和气候领域的合作，引领南亚乃至更广泛地区的发展中国家参与全球气候治理。

二　发挥资源优势，加快能源转型

在全球能源转型的大背景下，各国都在积极探索适合本国国情的能源发展路径。中国作为可再生能源大国和能源消费大国，拥有丰富的可再生能源和巨大的能源市场，正致力于推动能源结构的绿色转型。南亚地区蕴藏着丰富的可再生能源，同样面临能源需求量大、能源安全易受国际能源市场变动影响等挑战。因此，如何加快能源转型、发挥资源优势，是值得中国与南亚国家共同讨论与研究的问题。

（一）能源绿色转型的重要性

能源转型的成功需要具备五大要素：动机动力、资源禀赋、技术条件、经济可行和政府意愿（吴磊、詹红兵，2018b）。能源绿色发展有望成为全球能源转型中的新兴增长点。在提高经济产出的同时降低碳排放，在带动全球经济快速发展的同时建设全球生态文明，将有效缓解气候变化。中国在共建"一带一路"倡议发起伊始，便提出以绿色发展为重点的新发展观。中国提出的共建"绿色丝绸之路"、推动生产生活方式向绿色低碳化方向转型、增强新能源合作力度等倡议①，对携手打造绿色人类命运共同体意义重大，也为绿色低碳能源合作赋予新的内涵。"一带一路"绿色能源合作的意义不仅体现为应对气候与环境污染的挑战，还具有多重产业关联与扩散效益，在助力各国转变高碳经济发展模式、提升全球经济发展可持续性方面也有重要意义。

能源绿色转型不仅是应对全球气候变化的关键步骤，也是推动经济高质量发展的必然选择。中国基于共建"一带一路"倡议，积极推动绿色丝绸之路建设，旨在促进共建"一带一路"国家和地区共同走上低碳、环保的发展路径。这一举措不仅有助于缓解区域内的环境压力，还能通过技术转移和能力建设，帮助发展中国家跨越传统工业化阶段，直接进入绿色经济发展阶段。同时，"一带一路"绿色能源合作产生多重产业关联效应。例如，清洁能源项目的投资可以推动当地基础设施建设和相关制造业的发展，创造大量就业机会；同时，新能源技术的应用可降低能源开发成本，提高能源利用效率，促进工业升级和农业现代化。此外，这种合作还能够加强区域间的互联互通，优化资源配置，形成互利共赢的局面。

中国政府的积极参与和支持，包括财政补贴、税收优惠等措施，可以激发市场主体的积极性，并引导更多社会资本投资绿色产业。随着越来越多国家认识到可持续发展的重要性，预计未来将有更多伙伴加入共建绿色"一带一路"的伟大事业，共同书写全球生态文明建设的新篇章。

（二）中国与南亚地区能源转型面对的挑战及应对举措

短期来看，全球能源转型情况并不乐观。全球油价下跌导致石油公司不得不压减成本，削减投资与开支，新能源的投资相继减少，不利于新能源产业发展，迟滞化石能源向新能源与可再生能源转型（吴磊，2020）。南亚地区可再生能源类型多样、储量丰富，开发潜力很大，加之南亚地区能源需求

---

① 《生态环境部出席第三届"一带一路"经济与环境合作论坛》，生态环境部网站，2024年1月26日，https://zjnhjg. mee. cn/xwdt/hjyw/202401/t20240129_1065042. html；《"绿色低碳发展"，生机、生命、可持续！》，"中国发展改革报社"微信公众号，2023年10月19日，https://mp. weixin. qq. com/s? __ biz = MzAwMDA4Njc4MA% 3D% 3D&mid = 2651420741&idx = 4&sn = 780530d67e0a21f624328a3e733559c6&chksm = 81139fd6b66416c0 a45616638700bc0544a781b2ee01a24b022d37b68720b0c02b5a5883bea5&scene = 27；《携手共建绿色一带一路》，《人民日报》2021年1月20日，https://www. sczlw. net/shownews. aspx? id = 8639；钮松：《"一带一路"框架下中国与中东国家合作的进程与前景》，当代世界网，2022年，https://mideast. shisu. edu. cn/_upload/article/files/b1/eb/efc1ccb24d5db01937b9417 dda63/0c8c3637-663a-4953-b1fd-3bb18c5693f3. pdf。

量大，能源安全深受国际能源市场变动和海上能源运输风险影响，因此各国政府对于开发可再生能源、发展新能源产业的积极性较高。不过，部分地区存在开发新能源、促进能源转型的资金及技术瓶颈，若瓶颈长期存在，或将改变地区能源转型的既定道路。南亚国家的经济发展水平、可再生能源利用条件和技术创新能力的差异，一定程度上削弱了南亚诸国的能源转型意愿，使地区能源转型进展缓慢（Bahar，2020）。

长期来看，在此背景下加强中国与南亚国家的能源合作，构建中国—南亚国家能源命运共同体符合振兴地区能源产业、推动地区能源转型及促进地区经济发展的需要。加强中国与南亚国家的能源合作，可以加速南亚国家生产要素流动，实现资金、技术和资源的有效配置，促进可再生能源的开发利用，逐步实现对传统能源的替代，推动能源系统由外部依赖型向内生型转变。以高压电网为传输媒介，将能源生产端和消费端衔接起来，形成能源电力输出国与输入国的良性互动循环，降低能源安全风险，提高地区能源安全系数，有效应对外部风险冲击，从而加速能源转型目标的实现。

三 优化能源消费结构，实现低碳目标

在全球气候变化和生态环境恶化的背景下，优化能源消费结构、实现低碳目标已成为国际社会普遍关注的重大议题。化石能源的开发利用虽然推动世界政治经济的发展，但也带来严重的环境问题。推动能源消费结构的优化升级，加快低碳转型，已成为各国政府和国际社会共同面临的紧迫任务。

（一）化石能源开发利用的负面影响

人类对化石能源的开发利用在助推世界政治经济发展的同时，也带来了全球气候变暖、生态环境恶化等全球性问题和挑战。当前，不可再生的化石能源不仅面临因过度开发利用而逐步枯竭的风险，而且在开发利用过程中引发的全球气候变暖、极地冰川融化、海平面上升、极端灾害频发等一系列问题严重威胁人类的生存和发展。化石能源的开发利用是导致环境污染和温室气体排放的主要原因，大量化石能源的使用增加了地球上的二氧化碳排放量，加剧了气温升高，促使全球变暖，成为 21 世纪人类社会面临的最严峻挑战之一。尤其是近年来，新兴经济体和大部分发展中国家经济发展迅速，能源需求量持续增长，成为全球能源消费增长的重点区域。但是这些国家的能源利用方式相对较为落后，能源利用效率总体偏低，煤炭、石油甚至薪柴

等高污染、高排放的传统能源消费占比较高，对生态环境的破坏较大。

为应对上述挑战，国际社会应该采取协调一致的行动，推动能源结构低碳转型。各国政府应制定并实施严格的环保政策，加大对清洁能源开发的投资力度，提高能效标准，并通过财政激励等手段鼓励企业和个人采用绿色低碳技术。国际社会应当提供必要的技术支持和资金援助，帮助发展中国家实现跨越式发展，直接跳过传统的高污染发展阶段，实现更加环保的经济增长模式。同时，加强国际合作，特别是在南南合作框架下，分享成功经验和技术成果，共同构建公平、包容且可持续的全球能源新秩序。此外，应教育民众了解气候变化的影响及改变个人行为的重要性，形成全社会共同参与气候治理的良好氛围。唯有如此，才能确保地球生态系统的稳定和人类未来的繁荣。

（二）中国与南亚国家深化可再生能源合作的重要性

南亚地区多为气候脆弱国，倚重传统化石能源的能源消费结构正在破坏地区生态环境。可再生能源作为低碳环保的绿色资源，对其开发利用将助推地区能源消费革命、能源转型和能源政策改革，多维度促进能源系统低碳化，实现地区环境治理和低碳、循环、协同发展。同时，可再生能源是一种本土资源，开发潜力大，受外部局势的影响较小。随着能源消费结构的持续优化，风能、水能、太阳能、生物质能等可再生能源利用前景良好。合理的能源结构与低碳的产业结构相互影响，有利于限制高碳排放的产业和部门发展，调整三大产业结构及内部比例关系，促进各国工业结构高端化，提升对外合作水平，推动世界能源集约化发展。中国与南亚地区的能源合作可以聚焦可再生能源的开发利用，加强新能源产业的合作，发展核能、生物质能、风能、太阳能等新能源，改变当前以化石能源为主的能源消费模式，实现绿色能源替代，全方位调整能源消费格局，推动地区能源消费革命。

一方面，推动能源消费观念的转变。能源消费高效化主要从能耗角度出发，在不断释放当地绿色能源消费需求的过程中，消费者资源节约意识和绿色消费观念将得到强化，进而改变传统能源消费习惯和倾向，推动能源消费的清洁、低碳转型。另一方面，推动能源消费结构的转变。随着中国与南亚国家可再生能源合作的深入发展，可再生能源电力开发低成本化，价格比较优势凸显，在生活燃料体系、交通燃料体系和工业燃料体系的终端消费中，逐步推动可再生能源电力替代煤炭、石油和天然气等化石能源的直接消费，实现南亚国家能源消费结构由高碳、高污染向绿色低碳转变。因此，加强中国与南亚国家能源合作不仅有利于优化南亚各国能源消费结构，还将为推动新兴经济体和发展中国家能源消费结构转型提供样板，这对全球共同应对生态环境危机、共建绿色家园具有十分重要的意义。

第二节　碳中和背景下中国与南亚国家能源合作的机遇

随着世界经济格局和全球能源形势的发展，化石能源日渐短缺，已经不能满足世界经济发展的需要，加之化石能源消费对生态环境造成不可逆的破坏，低碳、清洁的绿色能源成为各国争相发展的新能源。碳中和已成为世界各国追求的共同目标和共同价值观。能源转型是切实履行《巴黎协定》要求、实现碳中和目标、应对全球气候变化的有效举措（邹才能等，2021）。能源转型与碳中和目标是相互影响、相辅相成的。中国和印度、巴基斯坦等国作为重要的国际能源行为体，是世界上较大的能源消费国，也是碳排放量较大的国家，在全球应对气候变化、实现碳中和目标方面具有重要的作用。面临当前国际政治经济形势和全球能源转型压力，中国与南亚地区能源安全和发展面临共同的挑战。在碳中和背景下，南亚地区的多数国家相互依存、命运与共的能源合作共识不断强化。各国在能源禀赋、经济结构、资金技术、能源运输与能源市场等方面的潜在互补优势不断显现，构建区域能源命运共同体具有高度的合作共识、坚实的物质基础和良好的平台支撑。

一　命运与共的能源合作共识不断增强

随着全球气候治理议程的推进，各国碳中和目标逐渐明确，中国与南亚各国共同面临能源安全、经济发展与能源转型的三重困境及兑现减排承诺的国际压力。在此背景下，域内国家深刻地意识到彼此处于相互依存的命运共同体之中，能源合作共识不断增强，为深化中国与南亚国家能源合作、构建能源命运共同体奠定了坚实的思想基础。

（一）在域内合作中获得多数国家的认同

构建人类命运共同体理念是中国国家主席习近平在准确把握国内国际两个大局的基础上提出的关于人类社会的新理念，是新形势下推动国际多领域合作、促进共同繁荣、构建新型国际关系的"中国智慧"与"中国方案"。

共建"一带一路"倡议是我们推动构建人类命运共同体的重要实践平台，共建"一带一路"倡议框架下的能源合作是构建人类命运共同体理念的具体实践。2013 年，中国国家主席习近平首次提出构建人类命运共同体理念，在此之后，中国同世界各国的友好合作向更深层次、更宽领域迈进，构建人类命运共同体理念得到全世界越来越多国家与人民的认同。自 2013 年共建"一带一路"倡议提出以来，截至 2023 年，中国已与 150 多个国家或地区和 30 多个国际组织签署 200 多份合作文件，覆盖政策沟通、设施联通、贸易畅通、资金融通、民心相通五大领域，形成 3000 多个合作项目，① 拉动近万亿美元投资，打造了包括中老铁路、雅万高铁等"国家地标"和众多惠及民生的"小而美"项目。同时，中国与共建"一带一路"国家和地区累计货物贸易额超过 11 万亿美元，对共建国家和地区非金融类直接投资超 800 亿美元，为全球经济复苏注入动力。② 共建"一带一路"倡议还深化了绿色发展、"数字丝绸之路"等新兴领域合作，推动应对气候变化、减贫等全球议题取得进展。③

构建人类命运共同体理念与共建"一带一路"倡议为地区能源合作奠定坚实的思想基础。南亚地区是共建"一带一路"倡议实施的先行区（蓝建学，2017），也是开展项目合作的重点区域。共建"一带一路"倡议提出以来，南亚诸国积极回应，区域多领域合作稳步推进。其中，中巴经济走廊、孟中印缅经济走廊及相关建设项目顺利推进；中国与尼泊尔立体互联互通网络已经初具规模（国际在线，2019）；中国与孟加拉国、斯里兰卡、马尔代夫等南亚国家在"21 世纪海上丝绸之路"倡议框架下开展经贸、能源等领域多项务实合作（蓝建学，2017）；截至 2019 年，尼泊尔等南亚国家加入"一带一路"能源合作伙伴关系（国家能源局，2019），并参与多次磋商会议。"'一带一路'建设是我们推动构建人类命运共同体的重要实践平台"（习近平，2018），在促进共同实现各国利益方面发挥重要作用。构建人类命运共同体理念在南亚地区各国稳步推进共建"一带一路"合作的过程中逐渐

---

① 《共同把这条造福世界的幸福之路铺得更宽更远——习近平总书记关于共建"一带一路"重要论述综述》，中国人民政治协商会议全国委员会网站，2023 年 10 月 16 日，http://www. cppcc. gov. cn/zxww/2023/10/16/ARTI1697425404294249. shtml。

② 《"一带一路"建设成就巨大》，《经济日报》2022 年 4 月 27 日，http://paper. ce. cn/pc/attachment/202204/27/d2c71547-5055-4de7-a466-e17122887105. pdf。

③ 《推动共建"一带一路"高质量发展不断取得新成效》，人民网，2021 年 11 月 23 日，http://opinion. people. com. cn/n1/2021/1123/c1003-32289141. html。

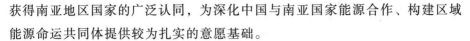

获得南亚地区国家的广泛认同，为深化中国与南亚国家能源合作、构建区域能源命运共同体提供较为扎实的意愿基础。

（二）各国能源利益关联意识不断深化

近年来，南亚各国的经济发展与能源发展受多重因素冲击，经济增速大幅度下滑，经济发展面临前所未有的严峻形势。在能源发展方面，南亚地区各国能源利益相互关联，发生在一国的能源危机极易波及南亚各国乃至全球各国，能源产业链与供应链中的任何一环发生断裂都极易在地区乃至全球范围内引发连锁反应。2020 年 4 月 27 日，中国国家主席习近平同尼泊尔总统班达里通电话，双方就开展多边合作，共同构建人类命运共同体达成共识（人民网，2020）。印度并不认可美国的"单边主义"政策，而是强调以多边主义参与全球治理（楼春豪，2020），积极启动并调整南盟机制。同时，伴随《联合国气候变化框架公约》第 26 次缔约方大会的召开，发展中国家面临较大的减排压力，与发达国家在减排年限、资金保障等议题上的矛盾不断深化。印度、巴基斯坦、孟加拉国等南亚国家及中国同属于发展中国家，在国际减排与能源转型的背景下，能源利益紧密相连，合作成效有望拓展。

未来，南亚各国应更加深刻地意识到，单靠自身发展难以摆脱上述困境，各国处于相互依存的能源命运共同体之中。南亚各国在能源、经济发展等多方面拥有广泛的合作意愿，更倾向于在多边外交框架下开展合作，为在域内开展多边能源合作、构建中国—南亚能源命运共同体提供重要基础。

（三）共同应对能源发展困境的现实需要

南亚地区新能源与可再生能源丰富，发展新能源与能源转型对于南亚地区国家经济发展与保障能源安全具有重要意义，但目前南亚地区能源转型具有较大空间的同时仍面临重重困难，因此存在通过开展能源合作共同推进地区各国能源发展的现实需要。

在能源安全方面，印度、巴基斯坦、孟加拉国等自身能源储备不足、需求量大、对外依存度高，在能源危机的影响下，南亚各国面临能源"断供"的潜在风险，需通过开展区域能源合作，共同应对能源供给风险，实现能源供给渠道与类型的多样化。在能源转型方面，全球变化因素增多，地区能源转型存在更多不确定性。一方面，生产生活方式的改变导致各国对传统油气资源特别是石油资源的需求峰值提前到来，在 2℃ 温控情境下，世界石油需求预计在 2030 年前后达峰 (中国石油经济技术研究院, 2020), 传统油气资源相比于新能源和可再生能源的发展潜力与前景呈下降趋势, 未来, 新能源与可再生能源将占据更多市场, 拥有更广阔的发展空间。另一方面, 区域经济发展困难, 新能源、可再生能源开发与技术投资不足, 国际减排压力不断增大, 能源转型与发展的不确定性凸显。

因此, 南亚各国面临克服能源转型的技术瓶颈与资金困难, 通过开展能源合作, 抓住新能源合作契机, 共同应对国际减排压力, 是推动能源转型与促进经济发展的现实需要。

二 多能互补的能源结构优势日益显现

南亚地区在新能源与可再生能源分布、经济结构与地缘类型方面存在互补性, 从而具有开展能源合作的潜在互补优势。当前, 区域能源合作的潜在互补优势不断显现, 有利于区域能源载体多元化, 推动能源转型, 构建安全高效、绿色发展的能源命运共同体。

(一) 可再生能源互补优势逐渐向绿色高效优势转化

南亚诸国在可再生能源发展方面具有优势, 但受制于传统能源的主导地位及发展可再生能源的技术瓶颈, 该优势仅为地区合作的潜在优势, 未能在实际能源合作中凸显。当前, 南亚地区各国能源供给仍以传统能源为主, 石油、天然气的需求量较大。截至 2023 年, 中国能源消费总量约为 57.2 亿吨标准煤, 比上一年增加 3.1 亿吨标准煤, 同比增长 5.7%; 化石能源消费量为 47.1 亿吨标准煤, 同比增长 5.6%; 非化石能源消费量为 10.1 亿吨标准煤, 同比增长 6.9%。在化石能源中, 煤炭、石油、天然气消费量均有不同程度增长。同时, 中国发电装机容量达 292224 万千瓦, 同比增长 14%, 非化石能源发电装机容量占总装机容量的比重首次突破 50%, 达到 53.9%。[①] 2024 年印度煤炭消费量高达 13 亿吨, 同比增长 5%, 是美国的 4 倍左右。印度煤炭产量虽突破 10 亿吨, 但仍有 3 亿吨缺口需靠进口填补。截至 2023 年末, 印度发电装机容量为 42830 万千瓦, 其中动力煤和褐煤发电占 49.8%、太阳能发电占 16.9%、风电占 10.4%, 且由于风电和太阳能发电不稳定, 可

---

① 《2023 年我国能源消费增长分析》, 北极星火力发电网, 2024 年 5 月 9 日, https://news.bjx.com.cn/html/20240509/1375822.shtml; 《我国非化石能源发电装机容量占比达 53.9%》, 中国工业新闻网, 2024 年 7 月 17 日, https://www.cinn.cn/p/311160.html。

利用小时数少，印度目前还是依靠煤电（BP，2021）。

就传统能源而言，中国拥有丰富的煤炭储量，是煤炭生产大国，印度的煤炭产量虽可观，但是供不应求，巴基斯坦与孟加拉国天然气资源比较丰富（迟愚等，2014），同时海上的油气资源亟待进一步开发。受限于相对不足的传统能源禀赋与较低的能源利用效能，南亚地区能源供给相较于巨大的能源需求明显不足，并且长期处于能源供需失衡的状态。随着能源转型计划的推进，区域能源合作的潜在互补优势不断显现。在既往能源转型的经验中，资源、技术与市场的"完美结合"是推动和实现能源转型的必要条件（吴磊，2021a）。在资源禀赋方面，南亚地区新能源和可再生能源种类丰富，域内国家均有优势能源类型，印度的风能资源丰富，孟加拉国具备生物质能和太阳能的发展优势，尼泊尔和不丹的水能资源较为丰富。在技术方面，由于域内国家经济发展与技术水平差异，南亚国家在能源开发技术方面亦存在互补性。中国的太阳能产业发展迅猛，技术相对成熟，水电开发中的坝工设计和施工以及机电设备安装方面的技术突出；印度具有较为先进的风电开发技术、设备以及优秀人才。中印两国可以相互传授经验，与其他国家一起开发优势可再生能源，保障能源供应。

同时，中印等国作为新兴经济体，能源需求量大，节能减排压力大，因此区域内具备发展可再生能源的广阔市场，可以吸纳其他国家的能源产出，在维持供需稳定的基础上推动可再生能源进一步发展。伴随新能源开发技术的进步，南亚地区产生的新能源与可再生能源有望稳步增加，对新能源与可再生能源的需求也将不断扩大，在2℃温控情境下，2030年与2050年全球非化石能源占比将分别达28%和47%（中国石油经济技术研究院，2020），南亚地区能源供需的潜在互补优势也将逐渐显现。中国与南亚地区能源供需的潜在互补优势是未来构建南亚地区安全稳定能源供需格局的重要基础，有利于推动南亚地区能源结构转型，构建绿色、可持续的能源发展模式。

（二）产业结构互补优势逐渐向经济发展优势转化

南亚地区在既往的发展中，由于国家发展水平相近，域内国家一体化不够深入，国家间经济关系更趋向于"竞争—互补"类（黄仁伟，1997）。但随着全球经济的发展，特别是近年来全球范围内新兴经济体的迅猛发展，既往"竞争—互补"类经济关系逐渐改变，现阶段，中国和南亚国家虽仍属于发展中经济体，但国家间经济发展水平的相似性与差异性并存，并且差异性逐渐凸显。

世界银行根据人均国内生产总值指标，将国家划分为高收入国家、中高等收入国家、中低收入国家与低收入国家，南亚地区涵盖其中三种类型国家。南亚地区国家经济发展水平的差异表现为国家经济结构的差异，区域化能源合作与能源转型具有较好的前景，地区经济结构的互补优势逐渐向能源合作的互补优势转化，能源合作的潜在互补性不断显现。南亚地区各国产业结构差异性明显，比如斯里兰卡种植业、农产品和服装加工业是主导产业，但工业基础较差；马尔代夫以旅游、船运等行业为主导产业（郝蕾、王志章，2019）；印度以第三产业为主导；孟加拉国以纺织业等劳动密集型产业为优势产业。国家间产业结构的互补是开展区域能源合作的重要基础，有利于依托能源转型、产业结构优化升级及区域化合作的新契机，促进地区内部过剩产能消解与各国能源结构优化，深化中国与南亚国家能源合作，带动地区经济发展，从而促进产业结构的互补优势向能源合作的互补优势转化。比如，中国的制造业具有国际竞争优势，而南亚地区大部分国家制造业发展水平较低，在推动能源转型特别是新能源发展中面临困境。以印度为例，印度直接由第一产业主导的产业发展时期转型为第三产业主导的产业发展时期（苏畅、黄一粟，2019），工业与制造业基础相对薄弱。

在碳中和背景下，印度亟须推动可再生能源与新能源发展，但是印度缺乏先进的机械设备（Janardhanan et al.，2020）。巴基斯坦、孟加拉国、尼泊尔等其他南亚国家则处于工业发展的初期阶段，初级工业产品有一定竞争力，但制造业发展水平不高，亟须在能源开发与运输通道建设方面加强合作。中国制造业拥有国际竞争优势，且碳中和背景下中国迎来产业结构优化升级的新时期，中国对外开放战略的重点由引进国外资本、技术等要素，转向吸引国际高级生产要素（王兵等，2021）。

伴随制造业的转型升级，中国在能源设备、基础设施建设等方面的国际竞争力日益增强，有利于发挥中国产业结构优化升级的扩散效应，推动南亚能源产业优化升级，提升能源产业链运行效率，帮助南亚国家摆脱经济和能源发展的困境。比如，中国与巴基斯坦在能源与基础设施建设方面达成包括阿扎德帕坦水电站BOOT项目、巴沙项目大坝施工总承包项目等多项合作，为巴基斯坦摆脱发展困境提供及时帮助。同时，可通过引导中国能源产业"走出去"，推动区域产能合作，释放中国优质富余产能，促进域内过剩产能消解，带动区域国家经济发展与能源结构优化，促使产业结构的互补优势逐渐向能源合作的互补优势转化，从而构建高效、绿色的能源合作新模式。

因此，中国与南亚国家可以基于地区能源合作平台在基础设施建设和制造业层面进行合作，既有利于释放中国的优质富余产能，又能缓解南亚地区国家工业基础薄弱等问题，带动工业化发展，同时推动地区能源转型，促进构建绿色、可持续的能源合作模式，为中国—南亚能源命运共同体构建提供重要优势。

（三）地缘类型互补优势逐渐向多边合作优势转化

由于能源产业链上下游乃至终端不断受到冲击，全球能源贸易的焦点正在逐步向能源贸易的中间环节转移（余晓钟、白龙，2020）。未来，能源运输及海陆能源通道建设的重要性将不断提升。南亚地区国家地缘类型多样、优势各异，既存在尼泊尔、不丹等内陆国家，也存在印度、巴基斯坦、孟加拉国等面向印度洋的沿海国家，同时存在斯里兰卡、马尔代夫等岛屿国家。南亚地区地缘类型多元互补，有利于发挥不同地缘类型的优势，推动地区构建渠道多元、海陆兼备的能源运输网络，实现海陆联运与多线运输，保障地区能源安全，促进地缘优势向能源运输的互补优势转化。

对于南亚地区的内陆国而言，尼泊尔深居内陆，可作为联通中国与南亚地区其他国家的重要节点，而通过中国，南亚地区国家可以便利地进口俄罗斯和中亚的石油、天然气等。对于面向印度洋的沿海国家而言，印度和巴基斯坦拥有印度洋的出海口，可以作为中国和南亚内陆国家从中东和东非进口石油和液化天然气的过境国；孟加拉国通过孟加拉湾连接印度洋，拥有海陆联运的地缘优势，可以依托沿海港口与海岛，绕过马六甲海峡进行海上原油与天然气资源运输。对于岛屿国家而言，斯里兰卡位于印度洋航线上，同时是"21世纪海上丝绸之路"的重要节点，拥有汉班托塔港等天然良港，可在保障南亚地区能源海上运输安全方面发挥重大作用。

南亚地区能源供给风险不断，多渠道能源进口的重要性凸显，由于地缘类型的互补性，南亚地区能源运输的潜在互补优势不断凸显。南亚地区可以通过发挥不同地缘类型国家的互补优势，逐步建成多线并行的陆上、海上能源运输通道，实现能源进口途径的多样化，以更好地应对能源供给风险，构建多元的能源合作新格局，形成构建中国—南亚能源命运共同体的重要优势。

三　开放包容的能源合作平台不断优化

中国与南亚地区在既往的能源合作实践中，已构建多种类型的能源合作平台与机制。碳中和背景下，中国和南亚国家多能互补的能源结构和基础牢固的合作平台将会成为带动区域能源合作与经济发展的重要优势，为构建中国—南亚能源命运共同体提供良好的平台基础。

（一）　地理位置相近是推动能源合作平台优化的重要优势

中国与南亚地区各国地理位置相近，其中印度、尼泊尔、不丹、巴基斯坦与中国在陆上接壤，孟加拉国、斯里兰卡和马尔代夫是"21世纪海上丝绸之路"重要节点。域内国家地理位置相近，开展能源交流合作具备便利条件，进行能源开发互助与基础设施互联互通的成本和难度相对较低。

因此，相对于跨区域能源合作，中国与南亚国家在区域内开展能源合作、构建地区能源命运共同体具有较强的地缘优势。在既往多领域的合作中，次区域一体化逐步推进，地区内部已构建多种类、不同规模的相关合作平台与机制，但区域内的各类能源合作平台与机制均存在不同程度的缺陷与弊端，特别是当下传统能源安全范式与能源合作理论的适用性逐步下降，地区内部能源合作平台有待进一步调整优化，构建区域能源命运共同体的必要性凸显。

目前，全球产业链与供应链区域化趋势日益明显，中国与南亚国家可以借助地理位置相近的优势，结合地区特色与国际能源形势，着力依托各国的边疆地区，搭建区域能源合作的新平台与新机制，开展从中央到地方、从政府到民间的多维度、多场域能源合作，进一步深化能源合作关系，促进域内能源合作平台优化调整，推动既往合作平台和机制与域内能源合作新平台和新机制有机对接融合，促进中国与南亚国家能源合作进一步走深走实。

（二）　既往合作平台是推动能源合作深化的重要基础

基于既往的能源合作实践，域内相对成熟的机制和平台将为中国与南亚国家开展能源合作、构建区域能源命运共同体提供重要基础。既往能源合作实践中，南亚地区内部相对成熟的机制和平台包括全球性组织机构、区域和次区域合作机制以及中国提出的特色倡议。

在全球性组织机构方面，南亚地区各国均为联合国成员国，依托联合国的宗旨和原则以及各项合作计划开展合作，共同为实现"2030年愿景"奋斗；在区域和次区域合作机制方面，典型的是上合组织、南亚区域合作联盟

（SAARC）和金砖国家合作机制。南亚地区的上合组织成员国包括印度、巴基斯坦，对话伙伴国包括尼泊尔和斯里兰卡，涵盖了南亚地区的大多数国家。南亚区域合作联盟包括南亚全部国家。金砖国家合作机制中有中国和印度两个发展中大国，该机制在运行过程中积累了很多制度经验。同时上合组织提出建立"能源俱乐部"、金砖国家合作机制提出建立"能源联盟"等能源合作组织（朱雄关，2017），为中国与南亚国家能源合作提供了可依托的地区性机制。

除此之外，南亚地区内部提出了"环孟加拉湾多领域经济技术合作倡议"（吴磊、曹峰毓，2017），包含孟加拉国、印度、斯里兰卡等国，在推动地区能源开发、技术交流、运输、贸易等领域合作方面发挥重要作用；在中国引领构建的能源合作平台中，最典型的是共建"一带一路"倡议框架下的各类能源合作项目，在推动地区基础设施建设、促进技术和人才交流、构建互联互通的能源运输网络、保障能源安全方面发挥重要作用。除此之外，南亚国家广泛参与的亚洲基础设施投资银行、亚洲开发银行等区域金融合作平台，为推动南亚地区能源发展、合作及相关基础设施建设提供资金支持。区域内广泛的既有平台与机制可为地区能源合作与能源命运共同体构建提供支持，为推动能源合作平台进一步优化提供重要基础。

（三）新一轮能源变革是推动能源合作转型的重要契机

南亚大部分国家的国内生产总值与人均国内生产总值增长率不容乐观，地区能源合作面临复杂的形势。南亚地区由新兴经济体、中低收入国家及低收入国家组成，经济发展极易受外部因素影响。世界银行的数据显示，2020年，大部分南亚国家的人均国内生产总值增长率锐减，甚至为负值，地区贫困情况有可能反弹。[①]

不同于南亚国家，2020年中国经济以 2.3%的增长率逆势增长。2020年，中国不断发挥经济发展优势与能源合作优势，为共建"一带一路"倡议框架下中国与南亚国家能源合作的后续开展提供重要契机与经济基础。一方面，中国在经济稳步、高质量发展的基础上持续推进能源结构改革和"双碳"目标，并作为全球最大的可再生能源贡献者之一，推动引领新一轮世界

---

① 《2021年中期世界经济形势与展望》，联合国经济及社会理事会网站，2021年7月，https://documents.un.org/doc/undoc/gen/n21/111/99/pdf/n2111199.pdf。

能源转型（吴磊，2021a），有能力为南亚地区国家突破当前能源转型与经济发展困境提供重要支持。另一方面，中国经济的稳步增长使共建"一带一路"倡议逐渐成为中国与南亚国家能源合作的可靠平台，有利于深入推进"一带一路"能源合作，带动南亚地区经济发展，推动地区能源合作高效开展。

中国作为全球最大的可再生能源贡献者，引领着世界能源转型的新潮流。凭借经济稳定增长的优势，中国能够为南亚国家提供技术支持、资金援助和人才培训，帮助各国突破能源转型中的障碍。此外，中国与南亚国家通过共建"一带一路"倡议加强能源合作，构建一个可靠的平台，促进区域经济发展和技术交流。这种合作不仅有助于提高南亚地区的能源安全水平和可持续发展能力，还有助于推动区域内基础设施建设和互联互通。随着合作的深入，中国与南亚国家能源合作将更加紧密高效，共同应对气候变化挑战，实现绿色低碳发展的长远目标。

第三节　碳中和背景下中国与南亚国家能源合作面临的挑战

能源不仅是人类社会发展进步必需的物质基础，还是关乎各国国家安全的战略性资源。稳定高效的能源治理体系和各国之间良好的能源合作关系，对于世界各国的安全与发展具有重要意义。中国与南亚国家特殊的地缘政治关系以及中国未来的能源发展需求决定了南亚对中国能源安全具有重要的战略意义，中国与南亚国家开展能源合作是推进共建"一带一路"的重要内容。随着共建"一带一路"倡议的推进，中巴经济走廊和孟中印缅经济走廊合作项目的深入开展，中国与南亚国家的能源合作范围不断扩大，合作项目越来越多，目前已经取得丰硕的合作成果。

但是，南亚地区地缘形势复杂，主要国家之间长期存在较深的结构性矛盾，政治互信程度较低，再加上恐怖主义、跨国犯罪、生态环境问题等非传统安全的威胁越来越突出，以及能源开发技术、资金、生态环境压力等各方面因素的限制，中国与南亚国家的能源合作项目落地困难，能源合作难度不断升级，仍面临一系列挑战。

一　地区政治形势严峻，能源合作不确定性增加

南亚地区地缘政治形势严峻，矛盾错综复杂，南亚地区部分国家在领

土、资源、地区权力等方面存在争端；众多国家内部存在严重的传统与非传统安全问题，尤其是恐怖主义问题较为严重。此外，由于南亚地区重要的战略位置，特定的政治、宗教、文化、战略和意识形态因素，南亚一直是国际政治力量角逐的重要战略场所，大国博弈与冲突此起彼伏，区域政治环境更趋复杂。因此，南亚国家间利益长期处于碎片化状态，开展地区能源合作面临多重政治风险，中国—南亚能源命运共同体构建面临较大的政治风险。

（一）域内国家之间政治纷争不断

长期以来，南亚地区部分国家间存在不同程度和类型的纷争，各国际行为体之间政治矛盾相互交织、纷繁复杂。印巴矛盾是南亚最为主要的矛盾之一，由于历史及现实因素，两国在领土、宗教、区域权力等方面存在较大矛盾，历史上曾发生多次冲突甚至局部战争。此外，多年来中印两国双边关系始终变化不定，印度对于中国共建"一带一路"倡议及相关合作项目持猜疑与警惕的态度，使地区能源合作面临风险与挑战。同时，作为影响南亚国家间关系的重要因素，日趋复杂的中印关系使南亚形成了"中—印—尼"等多对三边或多边关系（胡仕胜，2017）。

除此之外，该地区还存在尼不难民问题、印孟领土争端、孟缅恐怖主义袭击等多重问题，国家安全、领土纷争、恐怖主义、难民等诸多问题，加剧了地区局势的复杂性。域内政治矛盾与政治博弈在能源合作领域往往体现为资源民族主义，使域内国家间政治互信度降低、能源利益碎片化问题突出。同时，该区域民族宗教、难民流动、恐怖主义和跨境犯罪等非传统安全问题具有溢出效应，易滋生新的区域矛盾，从而损害能源合作的基础，构建中国—南亚能源命运共同体面临更多阻碍与不确定性。

（二）南亚国家内部政治形势复杂

巴基斯坦等国政治形势复杂、社会稳定性较差，不利于能源合作项目的开发与运行，同时不利于地区既有能源合作倡议与共识的延续。恐怖主义活动也对相关国家的稳定与发展构成了严重威胁，恐怖主义势力的活动及一系列恐怖袭击事件是不少南亚国家长期处于动荡、冲突的元凶，严重制约相关国家的发展，巴基斯坦、印度等国家都受此影响。在2012年7月美国国务院发布的《反恐报告》中，印度被列为遭受恐怖危害最严重的国家之一，也是最易遭到跨境恐怖集团攻击的国家之一。南亚反恐门户网SATP发布的《2013年巴基斯坦恐怖主义评估》报告显示，恐怖主义已成为巴基斯坦国家安全的"最大威胁"。

马尔代夫本土虽不存在较具影响力的恐怖组织，但受南亚恐怖组织渗透、影响很深，这对马尔代夫的经济运行和旅游业发展造成巨大影响。恐怖主义势力在南亚地区活动频繁，使其他国家的政府、企业、人员等对南亚地区的安全产生疑虑，影响他们对于在南亚地区投资、人员安全等方面的判断。恐怖主义势力对共建"一带一路"倡议下的经济走廊建设、能源管道建设、铁路和公路建设等构成了不同程度的直接威胁。中巴经济走廊、孟中印缅经济走廊涉及区域都有频繁的恐怖主义活动，恐怖主义对这些经济走廊建设构成了直接威胁（宫玉涛，2017）。除此之外，南亚地区部分国家经济欠发达，贫困问题突出，部分国家面临人道主义危机及众多非传统安全问题的威胁。同时，近年来大多数域内国家经济增速下滑，从而引发失业率升高等诸多社会问题，恶化了国内政治形势（World Bank，2020），能源合作面临更多不确定性，中国与南亚国家能源合作面临更多风险。

二 区域自然条件复杂，能源合作难度不断升级

南亚地区多高山峡谷，山高谷深，地形复杂多样，复杂的自然地理条件限制能源开发、能源运输、基础设施建设等，能源开发与合作项目需要付出更多的经济成本。同时，由于历史上林木等资源的过度开发、地区气候条件复杂等因素，南亚地区生态环境脆弱，自然灾害频发，能源开发的生态成本与风险较高。当前形势下，能源合作难度再度升级，复杂的自然环境条件叠加其他因素的影响，使构建中国—南亚能源命运共同体面临更多风险。

（一）能源勘探开发合作面临困难

喜马拉雅山地区是全球重要的水源、能源和战略资源供应基地，同时喜马拉雅山地区的国家经济不发达且生态环境脆弱（牛秀敏等，2020）。以卡洛特水电项目为例，该水电站所在地为"V"形窄河谷，河道狭窄，呈"几"字形（崔金鹏等，2020），导流难度大，修建隧道所需穿越的地质条件复杂，工程建设难度大。卡洛特水电项目在经历了短期的调整与各方协调努力后，最终顺利完工，[①] 但工程实施的每一个节点都面临巨大的困难与风

---

① 《在疫情中呈现加速度　中巴经济走廊建设带来复苏希望》，光明网，2020 年 10 月 13 日，
https://news.gmw.cn/2020-10/13/content_34261293.htm。

险，对项目建设各方提出了更高的要求，需要强大的技术、资金、人力与物力基础。

此外，喜马拉雅山地区的能源勘探开发还受到政策、法律和文化差异等多方面因素的影响。各国合作机制尚不完善，法律法规体系也存在差异，加之文化习俗的不同，跨国能源项目的推进面临额外挑战。因此，未来该地区的能源合作不仅需要克服自然和技术难题，还需加强政策沟通、法律协调和文化融合，以确保项目的顺利实施和可持续发展。

（二）能源基础设施建设面临障碍

南亚港口、管道、铁路等相关能源运输设施修建技术难度大、成本高。完善的能源基础设施是保障高质量能源合作的重要前提。南亚地区大部分国家工业化水平较低，基础设施薄弱，制约了区域能源合作的进一步开展。世界经济论坛《全球竞争力报告》公布了全球 140 个主要经济体的基础设施竞争力指数，南亚地区国家基础设施建设极为落后，仅印度和斯里兰卡基础设施竞争力指数达到全球平均水平，其他国家均低于全球平均水平（孙舒琪、刘琳，2019）。南亚各国基础设施普遍落后，公路和铁路里程、密度均处于较低水平，尚未形成合理、高效的交通网络，不同运输路线、运输方式之间缺乏协同与互补，运输网络化伴生的经济效应、密度效应、范围效应均未显现（胡仕胜，2017）。南亚地区平均通电率仅为 90.4%[①]，平均输配电损耗为 16.78[②]，比同期世界平均水平高出 1 倍多，电力供给"真空"地带范围广且电力供给不稳定，停电断电问题较为严重。电力不足、交通不便、能源短缺、通信不畅已经成为制约南亚各国社会发展和经济繁荣的突出因素，也是阻碍中国与南亚国家能源合作的重要因素。

总而言之，南亚地区能源基础设施建设还面临资金短缺、技术落后、人才匮乏等问题。各国政府财政能力有限，难以满足大规模基础设施建设的资金需求。同时，技术水平的落后和专业技术人才的缺乏，也影响基础设施建设的进度和质量。因此，中国与南亚国家共同面对基础设施建设方面的诸多挑战，需要加强政策协调、资金支持和人才培养，以推动区域能源合作的深入开展。

---

① 数据来源于 https://www.adb.org/mobile/basic-statistics-2021/。
② "Energy Statistics Data Browser"，World Bank Group，2023-12-21，https://data.worldbank.org/indicator/EG.ELC.LOSS.ZS。

（三）能源开发生态成本增加

传统能源开发具有较高的生态成本与潜在风险，是引发"三废"排放的主要原因之一。南亚是世界上气候变暖问题最为严重的地区之一，受限于南亚地区脆弱的生态环境、有限的经济发展水平与落后的污染防治技术，南亚地区由传统能源开发与基础设施建设导致的生态破坏难以修复。环境污染与能源发展之间的矛盾是影响中国与南亚国家能源合作的一个重要问题。一方面，南亚地区人口总量大、增速快，经济发展迅速，化石能源消费量与日俱增，由此带来的环境污染问题也越来越严重。另一方面，由于能源供应不足，南亚地区的很多居民仍旧使用薪柴、秸秆等燃料，使用这类燃料将产生大量二氧化碳和可吸入颗粒物，不可避免地造成严重的空气污染问题。同时，对薪柴等的巨大需求还会导致对森林的大规模砍伐，引发植被减少、水土流失等环境问题。如何应对气候变暖不仅是一个环境领域的问题，而且是一个涉及政治、经济、法律、外交等各个领域的复杂国际问题。受国际局势变化影响，环境治理项目的前期工作与实施、投融资环境与项目运营均受到不同程度的负面影响（庞小文等，2021），环境治理难度提高，从而导致能源开发的生态成本上升。同时，据英国石油公司统计，碳中和背景下南亚国家对传统能源的需求仍然保持高位，传统能源仍然占据南亚能源消费的主要地位，南亚生态环境将面临更为严峻的挑战，更易陷入"生态环境脆弱形成能源开发潜在风险，能源开发进一步引起生态环境脆弱"的恶性循环。区域生态环境的脆弱性叠加其他突发情况影响，使南亚能源产业发展和中国与南亚国家能源合作面临更多挑战。

因此，中国与南亚国家在推进能源合作的过程中，必须高度重视生态环境保护，探索绿色、低碳、可持续的能源发展模式。通过加强环保技术研发与应用，提高能源利用效率，减少污染物排放，降低能源开发的生态成本。与此同时，要加强国际合作与政策协调，共同应对气候变化等全球性挑战，推动构建人类命运共同体，为区域能源合作与可持续发展奠定坚实基础。

三 区域发展环境恶化，能源合作经济转化率低

南亚地区拥有能够支撑能源合作的众多金融平台，但受制于地区经济发展困境、经济脆弱性及国家间经济竞争，难以将投入能源合作领域的资金充

分转化为促进地区能源合作与共同发展的利好。国际社会各类突发性事件冲击南亚地区经济发展，南亚地区国家经济脆弱性凸显，贸易保护主义抬头，加之既有能源合作机制运转面临更多困难，南亚地区能源合作的经济转化率进一步降低。

（一）既有能源合作机制受到冲击

南亚地区在建能源合作项目难度大、专业程度高，既有合作项目通常是多国共同参与。当前，南亚地区既有的能源合作机制受到严重冲击。就在建的能源项目与基础设施而言，一方面，受当地政策变化影响，人员流动性降低，在建能源合作项目进度推迟；另一方面，受地区经济发展与自然地理条件限制，在建能源合作项目难度大、专业程度高，需要跨国引进人才与设备，但跨国引进人才与设备面临更多不可抗力的影响，导致既有能源合作项目的建设与运转效率降低，能源合作投资的实际效用下降。就地区能源合作依托的金融机制而言，全球金融市场波动性较大，使用外币投资的能源合作项目面临汇率波动引发的投产收益不平衡风险，导致南亚地区能源合作项目资金的经济转化率降低。加之，当前经济发展速度放缓，能源需求降低，部分公司对能源合作项目的投资减少，南亚地区能源开发与合作或将面临较大的资金缺口。

此外，地缘政治紧张局势也对南亚地区的能源合作机制造成冲击。域外大国的干涉和地区内部的政治冲突使合作环境变得更加复杂和不稳定。这种不稳定的环境增加能源合作项目面临的政治风险和安全风险，使投资者和合作伙伴参与南亚地区能源合作的意愿下降。

为应对这些挑战，南亚地区国家需要加强政策协调与合作，稳定政治局势，改善投资环境，探索创新合作模式，如建立多边能源合作平台，加强区域金融合作，降低汇率风险，以及实施绿色能源和可持续发展项目，以适应全球能源转型的趋势，最终推动能源合作机制的不断完善与发展。

（二）区域经济整体抗压能力较差

南亚地区大多数国家经济结构单一，产业发展不健全，国家经济结构脆弱性凸显。尼泊尔、巴基斯坦等国家主要依靠内需拉动经济发展，多数产业为劳动密集型产业，产业附加值较低，斯里兰卡、马尔代夫等国家则依靠旅游业带动经济发展。目前，南亚地区国家消费需求大幅收缩，部分国家由于缺乏经济发展动力而深陷困境，加之部分国家政府财政长期处于赤字状态，难以依靠财政工具刺激经济发展，经济运转效率不断走低，能源合作的资金投入收益难达到期望值。以斯里兰卡为例，近年来斯里兰卡经济受到重挫，而该国政府由于长期财政赤字难以重振经济，资金运转效率持续走低，能源合作项目面临金融借款与项目承包合同履约双重压力。国际资本市场出于风险考虑，减少对该国能源合作等项目的资金投入。由于国家经济结构的脆弱性，部分南亚国家面临经济运转效率持续走低的困境，引发资金投入的实际产出持续走低和能源合作经济转化率的下降，地区能源合作的投融资环境恶化，地区能源合作面临严峻的资金风险。

经济抗压能力的不足不仅影响当前能源合作项目的实施，也对未来合作潜力的开发形成阻碍。南亚地区国家需要着手进行经济结构调整，推动经济多元化和提高自主发展能力，降低对外部市场的依赖，以提高经济的整体抗压能力和稳定性。同时，南亚国家应加快区域经济一体化，通过深化合作，实现资源共享、优势互补，提高整体竞争力。在能源合作方面，可以探索多元化的融资渠道，如引入多边金融机构、私营部门，以及加强与其他发展中国家的合作，共同应对资金风险。

（三）保护主义引发恶性经济竞争

南亚国家在产品出口方面既存在互补性也存在相似性（郝蕾、王志章，2019）。在既往的能源贸易合作中，国家间存在贸易不平衡的问题，比如中国在高附加值产品与制造业方面具有竞争优势，而巴基斯坦等国在初级产品加工方面具有竞争优势，中国长期保持贸易顺差，印度等国对华实行反倾销等贸易保护主义措施。

在全球化日渐深入的背景下，国家间经济联系日益密切。全球产业链、供应链会因任意一环的中断而面临"停摆"风险，产业链与供应链上的相关国家经济均会受到不同程度的影响。部分国家为规避经济风险，维护本土产业的稳定发展，对外实施"限制令"等保护主义性质的政策，地区保护主义抬头。以印度为例，印度政府力图扶植本土产业，颁布了一系列针对海外尤其是中国投资与贸易的限制性措施，其中印度能源部抬高了电力设备进口门槛，同时颁布了限制使用中国电力设备的相关政策（白文波等，2021）。

然而，印度国内的制造业发展水平不高，且不具备竞争优势，同时印度新能源、可再生能源发展与电力开发长期缺乏先进设备的支撑。印度政府的限制令将不利于其国内能源发展各要素实现最优配置，资金投入所取得的实际效用可能达不到预期。中国与南亚国家能源合作以地区各国能源产业为基础，地区内部分国家经济发展水平不高、能源开发技术水平较低与工业基础薄弱，加之贸易保护主义的抬头，导致能源合作资金投入的经济转化率较低，中国—南亚能源命运共同体构建面临较多潜在威胁。

第七章
碳中和背景下中国与南亚国家能源合作的路径措施

能源是国民经济的命脉，更是全球经济社会发展的基础，保障能源供给的安全与能源贸易的稳定已成为世界各国实现经济长足发展的核心目标。获得能源成为 21 世纪压倒一切的首要任务。G.C. 托马斯指出，能源安全涉及经济、政治、战略和军事各领域的安全（Thomas，1990）。

当前，世界正发生复杂深刻的变化，世界经济缓慢复苏、发展分化，国际投资贸易格局和多边投资贸易规则正酝酿深刻调整。伴随经济全球化进程的加速发展，国际能源形势持续变化，能源供需格局发生深刻变革。碳中和背景下，各国的利益和命运紧密联系在一起，相互依赖程度不断加深，各国需要通过紧密合作实现优势互补、资源合理配置。作为新兴经济体的主要代表以及全球能源消费大国，中国在全球能源治理中发挥积极作用，为全球能源治理和区域、次区域能源合作贡献智慧和力量。2013 年以来，中国国家主席习近平基于对世界大势的准确判断提出构建人类命运共同体理念和共建"一带一路"倡议，为解决全球问题，进一步提升国际能源合作水平，推动全球能源治理体系发展提供了"中国方案"，获得众多国家的响应和支持。能源合作是共建"一带一路"倡议众多合作领域中最为重要的方向之一，是共建"一带一路"和构建人类命运共同体的重要基础和支撑。

在此背景之下，加强中国与南亚国家能源合作，构建区域能源命运共同体是解决当前能源危机、摆脱地区经济发展困境、推动地区能源转型与全球能源治理体系重构的必然选择。新时代，加强中国与南亚国家能源合作需要在构建人类命运共同体理念的指引下，树立能源合作新思维；以共建"一带一路"倡议为支撑，构建能源合作新机制；以推动地区能源转型为方向，着眼能源发展新领域；以"互联互通"为目标，开创地区能源发展新格局，找准中国与南亚国家能源利益契合点，共同设计与规划科学、全面、具体的合作机制和实施方案，共同保障地区能源安全，促进地区能源合作不断优化，构建共商共治、互利共赢的能源命运共同体。

第一节　践行构建人类命运共同体理念，树立能源合作新思维

当今世界，经济全球化潮流不可逆转，开放合作仍然是历史潮流，互利共赢依然是人心所向。习近平主席指出："为了和平，我们要牢固树立人类命运共同体意识。偏见和歧视、仇恨和战争，只会带来灾难和痛苦。相互尊重、平等相处、和平发展、共同繁荣，才是人间正道。"（习近平，2015）能源安全涉及国际关系、国家安全、民众利益、环境保护等各个方面。在全球化的背景下，任何国家都不能独自应对复杂多变的能源安全形势。在中国与南亚国家能源合作过程中，各国要坚持以构建人类命运共同体理念为引领，树立命运与共的合作意识；奉行"亲诚惠容"理念，坚持包容互惠、共商共建共享的原则，反对任何形式的霸权主义和强权政治，反对为一己之私损害他国利益，加强彼此间对话与合作，塑造能源合作新思维，实现互利共赢、共同发展。

一　树立命运与共意识，维护能源合作纽带

构建人类命运共同体理念是全球化发展的时代产物，是凝聚合力、促进国际合作的思想先导，是解决全球治理难题、实现共同发展的新理念和新方案。作为国际经济贸易活动中往来频率最高、经济体量最大、影响范围最广的领域，能源是经济全球化背景下各国经济合作中最大的利益交汇点，是国际政治经济活动中共同利益的"最大公约数"，在全球的政治经济活动中扮演非常重要的角色。能源命运共同体包含共同安全、清洁美丽、互利共赢三个重要内容，是构建人类命运共同体的必要组成部分。南亚地区地缘政治形势复杂，主要国家之间长期存在较深的结构性矛盾，政治互信度较低，再加上恐怖主义、跨国犯罪等非传统安全问题的威胁，以及能源开发技术、资金、生态环境压力等各方面因素的限制，能源合作进程缓慢。因此，中国与南亚各国应该加强沟通交流，统一思想、形成共识，共同应对能源合作面临

的问题与挑战。

（一）确立导向正确的能源义利观

有别于以利为先、零和博弈的能源霸权思维，能源命运共同体理念更强调以义为先、合作共赢、共同发展的能源义利观。因此，在中国与南亚国家能源合作过程中，要坚持以义为先的思想，坚持"有原则、讲情义、讲道义"的能源合作理念，秉持公道正义、平等相待的原则，反对任何形式的霸权主义和强权政治，反对为一己之私损害他国利益，合作各方相互扶持、相互帮助、互利共赢，实现共同发展。

中国与南亚国家能源合作应着眼于长远和全局，推动建立公平、合理、透明的国际能源治理体系。这包括在能源资源的勘探、开发、利用和分配上，遵循国际法和国际准则，确保各国平等参与、共同受益。在技术合作方面，应积极推动技术创新和共享，提升区域能源利用效率和可持续发展能力。在基础设施建设方面，应坚持绿色发展理念，注重环境保护和生态安全，避免对当地生态环境造成不可逆的损害。同时，通过加强能源基础设施的互联互通，促进区域经济的融合与协同发展，提高整体竞争力。

此外，中国与南亚国家能源合作还应注重人文交流与民间互动，增进相互理解和信任。通过举办能源论坛、研讨会等活动，搭建交流平台，促进知识共享和经验交流。同时，鼓励民间资本参与能源合作项目，激发市场活力和创新动力。

总之，中国与南亚国家能源合作应以能源命运共同体理念为引领，坚持能源义利观，推动建立公平合理的国际能源治理体系，注重绿色发展、人文交流和民间互动，实现合作共赢和共同发展。这将为区域和平稳定与繁荣做出积极贡献，并为全球能源治理体系的完善提供有益借鉴。

（二）树立勇于担当的大国责任观

中国作为能源命运共同体的倡导者，具有承担国际责任的实力与担当。在政治上，中国是联合国的创始成员国和安理会五大常任理事国之一，是传统的政治大国；在经济上，中国是世界最大的发展中国家，是仅次于美国的世界第二大经济体，更是新兴经济体的主要代表；在能源上，中国是能源消费大国，也是主要的能源生产国。

在推动中国与南亚国家能源合作的过程中，中国应秉持开放包容的态度，尊重各国主权和利益关切，推动建立平等、互利、共赢的合作模式。同时，中国应加大对南亚地区的投资和技术支持力度，帮助南亚国家提升能源开发和利用效率，实现可持续发展。中国应积极参与全球能源治理，推动建立更加公正合理的国际能源秩序。通过加强与国际社会的合作，中国与南亚国家共同应对气候变化等全球性挑战，推动全球能源转型和绿色发展。

作为在全球政治、经济、能源等方面具有重要影响力的国家，中国在现有国际秩序逐渐被打破，新型国际秩序正在酝酿建立的背景下，应充分展现大国风范，有效发挥大国影响，积极承担大国责任，合理提出"中国方案"，在困局中改变各国理念，为世界发展贡献"中国智慧"，推动中国与世界的良性互动，促进全球共同发展。

（三）深化命运与共的合作理念

在全球能源格局日益复杂多变的今天，深化命运与共的合作理念显得尤为重要。能源安全已经超越单一国家的范畴，成为国际社会共同面临的挑战。各国必须摒弃零和博弈的思维，树立合作共赢的新理念，共同应对能源领域的全球性挑战。

中国与南亚各国作为区域内的重要国家，在能源合作方面有着广泛的共同利益和合作空间。双方应该深化命运与共的能源合作理念，加强高层互访和对话交流，增进相互理解和信任。通过学术交流、人员往来等多种形式，加强文化内聚空间的联动，增强历史认同感，为区域能源合作奠定坚实的思想基础。双方应该以共荣共享的能源合作前景为引领，推动构建能源命运共同体。在能源勘探、开发、利用和分配等方面，遵循公平、合理、透明的原则，确保各国平等参与、共同受益。在能源基础设施建设上，加强互联互通，促进区域经济的融合与协同发展。在环境保护方面，坚持绿色发展理念，共同应对气候变化等全球性挑战。

深化命运与共的合作理念，应成为中国与南亚各国在能源合作方面必须坚持的基本原则。只有树立合作共赢的新理念，加强彼此的对话与合作，才能确保全球能源的供应稳定、价格合理、运输通畅，实现区域乃至全球的共同发展。

二　奉行"亲诚惠容"理念，密切能源合作关系

建立紧密协调的能源合作关系是构建人类命运共同体的重要前提条件，也是保障跨国能源合作有效开展的重要因素。南亚地区复杂的地缘政治环境

提高了区域能源合作的风险和难度，当前区域既有能源合作机制存在身份地位不平等、能源合作信息掌握不对称、利益分配不合理、离心倾向严重等问题。同时，区域内能源合作机制较为零散，易形成次区域竞争态势，易诱发域内国家的战略威胁感知，导致跨国能源合作项目的停滞或搁浅。在多元竞争的区域环境中，南亚地区各国不应因民族、宗教等隔阂，陷入零和博弈的无效竞争，而应超越单边主义，奉行"亲诚惠容"理念，坚持包容互惠、共建共享的能源合作原则，促进资源跨国汇聚、重组以及整合，建立多元共生、紧密协调的能源合作关系。

（一）坚持包容互惠的能源合作原则

在南亚地区，各国因历史背景、经济发展水平、政治体制以及自然资源禀赋的差异，形成各具特色的能源战略与发展路径。尽管存在多样性和复杂性，但各国在追求能源安全、促进经济社会可持续发展方面拥有共同的目标和愿景。面对域内外能源战略的博弈与挑战，中国与南亚国家需秉持包容互惠的能源合作原则，共同营造一个合理竞争、秩序井然的能源合作生态。

在此基础上，双方应以开放包容的心态，充分尊重各国的主权和发展路径选择，通过友好协商，增进相互理解和信任。要深入挖掘彼此间的利益交汇点，无论是经济合作、技术转移还是市场拓展，都应寻求互利共赢的解决方案。同时，要特别关注并解决域内国家的合理关切与潜在顾虑，通过建立紧密的政策沟通与协调机制，确保能源合作项目顺利推进，真正惠及民生，促进区域整体的繁荣稳定。坚持包容互惠的原则，通过深化对话、扩大共识、强化协调，共同推动区域能源合作向更高水平、更深层次发展，为构建人类命运共同体贡献南亚力量。

（二）坚持共商共建共享原则

在推进南亚地区能源合作的过程中，坚持共商共建共享原则至关重要。这意味着域内各国应基于平等、尊重与互信，共同参与能源合作的规划与决策，而非形成依附与被依附、领导与被领导的非对等关系。各国应主动对接并优化现有的区域能源合作机制，避免碎片化与重复建设，确保合作机制的互补性和协同性，而非盲目追求建立新机制。

同时，区域能源合作的出发点和落脚点应是增进共同利益，而非服务特定国家的政治利益或政治版图划分。各国应以统一行动、共同发声的方式，积极争取在国际能源治理中的话语权和影响力，推动建立更加公平、合理、包容的国际能源秩序。在合作实践中，各国应秉持互利共赢的理念，充分考虑并平衡各方利益和关切，努力寻找利益契合点和合作的"最大公约数"。通过发挥各自比较优势，中国与南亚各国各施所长、各尽所能，共同构建区域能源合作网络，深化互利合作，实现资源共享、优势互补。

此外，面对区域能源合作中可能出现的风险与挑战，各国应携手共建风险防范与应对机制，以共同体的身份共同承担合作风险，提升区域能源治理的韧性与可持续性。通过紧密协调的能源合作关系，共同推动南亚地区能源合作的深入发展，为构建中国—南亚能源命运共同体注入新的动力。

三　坚持互利共赢原则，巩固能源合作基础

能源作为重要的战略物资和工业生产必需品，对每一个国家经济发展、社会稳定、国防安全有着至关重要的作用。能源合作涉及各方能源安全和国家发展的各项利益，合作过程中，各国利益相互关联，一荣俱荣、一损俱损。在经济全球化的背景下，世界各国经济相互依赖程度持续加深，国家利益休戚相关，彼此间的合作基础不断巩固。在保持能源供需平衡稳定、提高能源利用效率和应对气候变化等方面，各能源行为体之间有着共同的利益和互利合作的基础，在能源供需方面的相互依赖和共同利益决定了各国必须在能源领域展开深入的合作。南亚地区国家间政治矛盾复杂，导致区域能源利益趋于碎片化，能源合作的意识薄弱，但各国仍然有利益契合点，存在相似的能源困境及压力。

（一）互利共赢：中国与南亚国家能源合作新路径

在中国与南亚国家能源合作的新征程中，互利共赢不仅是合作的基石，更是推动双方关系持续深化、实现共同繁荣的必由之路。双方需坚决摒弃零和博弈等过时思维，转而秉持开放包容、合作共赢的新理念，通过加强沟通交流与对话协商，不断巩固和强化能源合作的纽带。

在此过程中，域内各国应充分发挥各自的比较优势与潜力，实现资源、技术、市场等要素的互补与共享。通过共同构建合理的能源合作机制，如建立定期会晤、信息共享、联合研发等机制，为合作提供坚实的制度保障。同时，要深入挖掘当前能源合作的利益契合点，如可再生能源开发、能源基础设施建设、能源技术创新等，以此为基础推动合作向更深层次、更宽领域拓展。

依托域内国家地缘互补优势，中国与南亚各国应共同构建海陆兼备的南亚能源运输大通道，加强能源运输网络的互联互通，提高能源供应的安全性和稳定性。这不仅有助于应对能源危机，还能为区域经济发展注入强劲动力，共同抵御经济发展困境。中国与南亚国家能源合作应以互利共赢为指引，通过深化合作、优势互补、利益共享，共同推动区域能源合作迈上新高度，为构建人类命运共同体贡献南亚与中国力量。

（二）中国与南亚国家能源合作和共同发展的实践

在重视自身能源安全和利益的同时，各国更应该考虑合作方的发展需求，既要保障能源消费国的能源供应安全，又要满足能源生产国的能源出口利益。尤其是在与经济发展水平相对落后的国家进行能源开发合作的过程中，应重点考虑对象国的发展和利益，多开展一些促进当地经济发展、扩大当地就业、改善当地医疗条件、保护当地生态环境等真正惠及当地社会及民众的事业，让合作国政府和人民真切感受到构建能源命运共同体的价值和效益。

中国在与南亚国家的能源合作及共同发展的实践中，不仅要关注自身的能源安全与利益，更要将合作方的长远发展和社会福祉纳入考量范畴。这要求在确保能源消费国能源供应安全的同时，充分尊重并保障能源生产国的能源出口利益，实现双方利益的平衡与共赢。

在与经济发展水平相对落后的南亚国家开展能源合作时，中国更应秉持负责任的态度，将促进当地经济社会发展作为合作的重要目标。通过实施一系列惠及民生的项目，如推动当地基础设施建设、增加就业机会、提升医疗服务水平、加强生态环境保护等，利用中国在能源技术、资金、管理等方面的优势，帮助南亚国家提升能源开发和利用效率，推动南亚国家能源产业的转型升级。同时，通过加强人员培训和技术交流，提升当地民众的就业技能和收入水平，为当地经济发展注入新的活力，让合作成果真正惠及当地社会及民众。

此外，各国还应注重保护当地生态环境，避免能源开发对当地环境造成不可逆的损害。通过推广绿色能源技术、加强环境监测和治理等措施，确保能源合作与环境保护相协调，实现可持续发展，共同推动区域能源合作与共同发展迈上新的台阶。

第二节　依托多边合作平台，构建能源发展新格局

能源是关乎各国经济社会发展和国家安全稳定的重要战略资源，国际能源形势的变化对各国国家安全战略的制定以及外交政策的实施具有非常大的影响。能源生产与消费结构的变迁，导致既有能源治理体系的失衡，为推动能源治理体系的变革提供条件。当前的大国关系处于不稳定状态，"碎片治理"格局提高"共同治理"难度，建立更加安全、公平、透明的国际能源治理体系已成为各国的普遍共识，也是能源治理发展的方向。中国应该抓住全球能源治理体系调整重构这一契机，本着能源大合作的精神，以构建人类命运共同体理念为指引，依托共建"一带一路"倡议、金砖国家、上合组织以及亚投行、丝路基金等平台，与世界各国以及国际能源署、欧佩克等国际组织在能源合作与治理领域实现多层次、多方位的对接与融合，整合各国资源，共同构建点、线、面相结合，互联互通的全球能源合作网络，拓展世界各国能源合作的深度和广度，构建一个新的全球能源治理体系，促进世界经济的共同发展。

一　以共建"一带一路"为纽带，构建紧密高效的能源合作网络

新时代背景下，共建"一带一路"倡议作为中国外交的重要战略构想，不仅促进共建国家和地区的经贸合作与文化交流，更在能源领域构建全新的合作框架。这一倡议的深入实施，旨在通过深化与共建国家和地区的能源合作，构建紧密高效的能源合作网络，共同应对能源安全挑战，推动区域经济的可持续发展。

（一）共建"一带一路"与能源命运共同体构建

共建"一带一路"倡议作为新时代中国外交的宏伟蓝图，不仅承载着深化与共建国家和地区经贸合作的使命，更在构建能源命运共同体方面发挥举足轻重的作用。这一倡议的提出，基于对中国政治经济、内政外交、军事安全等多维度战略发展的深刻洞察与长远规划，具有深远的历史与现实意义。能源合作作为共建"一带一路"的核心领域之一，对于促进共建国家和地区的经济发展、能源安全、区域一体化具有不可估量的价值。共建国家和地区涵盖从新兴经济体到发达国家、从能源生产国到能源消费国的广泛类型，这

种多元性与互补性为构建能源命运共同体提供坚实的基础。

面对国际能源局势的复杂多变以及中国能源需求的持续攀升，确保能源安全已成为国家发展的重大战略任务。共建"一带一路"国家和地区作为中国能源海外进口的关键来源地，其与中国能源合作的深度和广度，直接关系中国能否有效应对能源安全挑战，满足未来庞大的能源需求。

因此，深化与共建"一带一路"国家和地区的能源合作，不仅是中国保障能源安全、促进经济持续健康发展的必然选择，也是推动共建国家和地区共同发展、构建人类命运共同体的重要途径。通过加强政策沟通、设施联通、贸易畅通、资金融通、民心相通，共同打造开放、包容、均衡、普惠的区域经济合作架构，为构建能源命运共同体注入新的活力。

（二）"一带一路"能源合作与南亚发展新格局

共建"一带一路"倡议提出以来，通过中国的大力宣传、有力推动和各国（地区）的积极参与，中国已与多数国家和地区达成合作共识。中国不断加快与周边国家在贸易、基础设施建设等方面的互联互通步伐。其中，在跨界桥梁、油气管道、光缆、输电线路等与能源相关的基础设施建设方面，中国与南亚、东北亚、中亚及东南亚国家取得诸多成果，8条铁路和13条公路相继开通。同时，共建"一带一路"倡议下的区域及国际贸易合作主体，伴随亚投行、金砖国家新开发银行等中国主导的金融平台的发展而逐渐增加。通过共建"一带一路"，越来越多的国家（地区）和人民看到中国对外合作的诚意，以及承担大国责任的决心和能力，改变过去部分不明真相国家（地区）对中国参与国际合作的诚意和意图所持的怀疑态度，尤其是使一些渲染"中国威胁论"的言论不攻自破。

以前，中国与南亚国家能源合作大多以双边机制为基础，合作更多局限于区域内和国与国之间，跨区域、有实效的多边合作相对较少。相较于孟中印缅经济走廊和南亚国家联盟，"一带一路"能源合作机制较为成熟，在促进地区能源合作多边化和稳定化方面效果显著。南亚多数国家是共建"一带一路"倡议的参与者和受益者，并且实现了多领域的战略对接，只有印度和不丹尚未参与共建"一带一路"倡议。2020年，顺应全球能源转型趋势，共建"一带一路"倡议在绿色发展、平台建设和政策对接中取得较好成效。共建"一带一路"倡议提出后，中国与南亚多国建立了集能源供应、消费、运输于一体的合作网，合作的广度和深度得到有效拓展。这不仅有利于分散中国及南亚各国能源进出口风险，实现能源供需多元化，提高各国能源安全水平，也有助于促进各国的经济发展和社会进步，给各国人民带来巨大的实惠。在此背景下，中国应该以"一带一路"为纽带，借助共建"一带一路"倡议的广泛影响，加强与南亚国家的联系，在综合考虑各国能源状况、经济发展程度、社会文化等因素的基础上，进一步深化与南亚各国之间互利共赢、命运与共的能源合作关系，以点带线、连线成面，构建一个点、线、面相结合，联系更加紧密、合作更具实效的能源合作新网络。

二　以既有平台为基础，构建多方参与的能源合作框架

能源安全是关系国家经济社会发展的全局性、战略性问题。构建多方参与的能源合作机制是一项事关全球发展的能源事业，关乎各国的能源安全和利益，涉及面广、参与国家众多、影响因素复杂，构建这一体系不可能一蹴而就。因此，中国应该积极利用与相关国家和国际组织能源合作的成功经验并发挥示范作用，以合作较为成熟、机制较为健全、联系较为顺畅的国际组织为辐射点，以点带面，广泛辐射周边国家。

（一）建立区域能源合作新机制

在探索和发展区域能源合作新机制的进程中，金砖国家合作机制和上合组织作为两个重要的国际合作平台，有丰富的经验和成熟的机制可供借鉴。在能源合作过程中应充分利用两个平台的优势，采取渐进式发展策略，梯次拓展合作范围，分批次吸引更多国家和国际组织参与能源命运共同体的建设，逐步扩大中国能源合作"朋友圈"。具体而言，各国可以在已有的各类清洁能源次区域合作圈的基础上，进一步加强合作，通过建设特高压输电线路等基础设施，实现电力的跨区域传输。这样不仅可以满足各次区域合作圈内国家的电力需求，还能有效弥补区域其他国家乃至域外国家的电力缺口，推动形成一种圈层式的能源开发合作模式。

在这种模式下，各国可以共享清洁能源、优化能源配置、提高能源利用效率，开创一种互联互通、多元稳定、清洁高效的区域能源开发新局面。这不仅有助于缓解域内国家的电力短缺问题，还能促进区域经济的协同发展，提升整体竞争力。借助金砖国家合作机制和上合组织的经验，中国可以更有效地推进能源命运共同体的建设，开创区域能源合作的新篇章，为全球的能源安全和可持续发展做出更大的贡献。

（二）构建多元能源合作机制和治理体系

以域内国家边疆地区为依托，共同营造有利于民间能源合作的政策支持平台和投融资环境，通过引进社会力量有序参与能源合作，构建多方主体参与的能源合作机制，以激发民营企业与社会组织的活力，提高能源合作效率，降低区域政治环境对能源合作的影响。南亚地区各国的边疆地区是贯通中国—南亚地区的重要区域，是推进中国与南亚国家能源合作的战略前沿。中国应该发挥与南亚国家毗邻的地缘优势，与南亚国家在能源合作和治理领域实现多层次、多方位的对接与融合，推进各国能源政策对接，构建从高层到民间、从传统能源到新能源的合作机制，引导优势企业参与区域能源开发和基础设施建设，推进区域能源合作深入开展，构建一个新的全球能源治理体系和多边能源合作机制。

在构建多元能源合作机制和治理体系的过程中，域内国家的边疆地区扮演着至关重要的角色。这些地区不仅是地理上的连接点，更是推动民间能源合作的重要桥梁。为营造有利于民间能源合作的政策环境，中国和南亚国家需要共同搭建政策支持平台和优化投融资环境，鼓励并引导社会力量有序参与能源合作项目，从而形成多方主体共同参与、充满活力的能源合作机制。通过引进社会力量，充分发挥民营企业和社会组织的灵活性与创新性，提高能源合作的效率与质量。这种多元的合作模式也有助于密切域内国家的能源合作利益与联系，增强合作的韧性与稳定性，从而降低区域政治环境变化对能源合作项目的不利影响。

三 以金融实体为支撑，构建多元互补的金融保障机制

作为资本密集型产业，能源产业的资金状况影响能源开采规模与利用效率。稳健、可持续的金融保障体系是推动落实区域能源合作项目的物质基础。利用金融机构，推动扩大能源产业规模，即通过降低融资过程中的成本与风险和提高资本的流动速度达成目标（于江波，2016）。中国与南亚国家在深入推进能源合作的过程中，既要以先进思想和理念为指导，注重大系统的搭建，也要有具体的金融实体作为支撑。由中国发起倡议并会同一些国家合作建立的亚投行和丝路基金得到世界多个国家的支持和响应，为共建"一带一路"国家和地区的基础设施建设提供充足的资金支持。能源合作和能源基础设施建设是亚投行、丝路基金投资的重点领域和主要方向，中国应充分

利用好亚投行和丝路基金的多边金融机制，为推进构建能源命运共同体提供有力的资金保障和金融实体支撑，实现能源与金融机制的相互支持、相互促进，使能源命运共同体的构建拥有更有力的支撑和保障。

（一）构建域内外资金相互补充的多层次融资保障体系

在构建域内外资金相互补充的多层次融资保障体系时，中国需要充分考虑南亚各国的经济状况以及全球能源转型的融资政策导向。在内部融资方面，应以开放共享为核心理念，通过制定一系列激励措施，充分调动商业金融机构的积极性和活力。各国应根据自身发展水平承担相应的责任，按比例自愿进行融资，确保融资活动的可持续性和公平性。在外部融资方面，应积极吸引国际金融机构的参与，实现与亚投行、世界银行等开发性金融机构的深度对接。这些国际金融机构不仅拥有丰富的资金，还拥有丰富的融资经验和较强的风险管理能力，可为能源合作项目特别是可再生能源项目提供中长期融资支持。

通过将域内外资金有机结合，中国和南亚国家可以形成互为支持、互为保障的融资体系。这一体系不仅能够为双方的能源合作项目提供稳定的资金来源，还能促进地区金融体系的健康发展。域内外资金的互补性和协同性将发挥整体支持效应，为中国与南亚国家的能源合作提供更为坚实的金融实体支撑。这不仅有助于推动能源项目的顺利实施，还能为地区的可持续发展注入新的动力。

（二）完善能源金融合作机制

在当前全球经济一体化与能源市场日益复杂多变的背景下，完善能源金融合作机制显得尤为重要。中国应积极探索并发展能源贸易中的人民币结算机制，这不仅有助于提升人民币的国际地位，还能为中国能源贸易提供更加便捷、安全的结算方式。为实现这一目标，可积极依托亚投行这一多边开发银行平台。亚投行自成立以来，在推动区域基础设施建设、促进经济一体化方面发挥重要作用。通过亚投行，可以建立一个以人民币为核心的能源贸易现货与期货市场，涵盖石油、天然气等关键能源品种，为国内外能源企业提供更加多元、灵活的交易选择。

在推动人民币在能源贸易结算中广泛应用的同时，还应着力提高人民币在能源项目建设领域的作用。鼓励中国金融机构为海外能源项目提供人民币贷款、融资担保等金融服务，支持中国企业在国际能源市场上拓展业务，加强与能源出口国的金融合作，推动双边或多边货币互换协议，为能源贸易提供更加稳定的货币环境。此外，针对能源的交易使用，应优先考虑在岸市场而非离岸市场。通过在岸市场进行能源交易，更加直接地反映中国能源市场的供求状况，提高交易效率，有助于打破美元在油气市场的长期垄断地位，推动全球能源贸易结算体系的多元化发展。

综上所述，完善能源金融合作机制是中国提升能源安全保障能力、推动人民币国际化的重要举措。通过充分利用外汇储备优势、借助亚投行等平台、发挥人民币在能源领域的作用以及优先发展在岸市场等措施，可以逐步扩大人民币—油气机制的影响力，为构建更加公平、合理、高效的全球能源贸易体系贡献力量。

（三）借地区累积规则构建新型能源合作平台和机制

通过借鉴《区域全面经济伙伴关系协定》（RCEP）的成功合作方式，利用原产地累积规则，在促进投资自由化和便利化方面实现关键转变。这将为中国与南亚国家的生产企业提供更为灵活广泛的原产地方案选择空间，极大激发域内国家和企业的经济潜力，释放强大的经济活力。鉴于南亚地区复杂且脆弱的地缘生态环境，为更好地推进中国与南亚国家的能源合作，可建立一种有差别、有弹性的地区累积原则，积极推动双边累积和对角累积原则在域内双多边集合体中的运用，通过逐步过渡，最终实现全面的地区累积原则，有助于平衡各方利益，确保合作的可持续性和稳定性。

在此基础上，中国还可以着手搭建地区新型能源合作平台。利用平台提供有效的政策对接、金融保障以及合作框架，为各方提供一个协商和可持续发展的舞台。通过协商解决集体行动困境，有效推动地区能源合作向纵深发展。在合作过程中，不断拓宽能源合作领域，丰富能源合作主体，以能源合作为纽带，带动区域经济发展，实现互利共赢。最终，构建一个公平公正、高效完善的能源合作新机制，充分尊重各方利益关切，确保合作的透明度和开放性。通过这一机制，中国与南亚国家共同应对能源安全挑战，推动地区能源市场的繁荣与发展，为构建人类命运共同体贡献力量。

第三节　立足域内能源优势，探索能源开发新范式

在全球碳中和背景下，世界主要国家均提出明确的碳中和时间表和近中

远期行动方案。当前，随着世界经济的发展，全球气候逐渐变暖，生态环境面临日益恶化的严峻形势，严重影响人类社会的可持续发展，寻找一条绿色低碳的可持续发展之路是当前世界发展的首要任务。中国与南亚地区的印度、巴基斯坦、孟加拉国都是世界上主要的能源消费国，也是主要的温室气体排放国。面对系统性的全球能源变局，中国与南亚各国应该在变局中开新局，加强国际多边合作，协同应对、循序渐进地推进能源转型，实现碳中和目标。在未来的能源合作中，各国应以推动区域能源转型为方向，树立低碳环保的绿色发展理念，不断推进能源技术创新和清洁能源开发，开发利用新能源和可再生能源，提高能源利用效率，减少温室气体排放，倡导构建绿色低碳环保的生态命运共同体。

一　推动煤炭清洁化利用，提高能源利用效率

煤炭是地球上储量最丰富、开发和使用成本最低的化石能源，也是碳排放量最大的化石能源。化石能源燃烧以及传统能源工业活动会产生大量的温室气体，全球碳排放总量中约有 3/4 由能源活动贡献，其中又以煤炭消耗所产生的碳排放量最多。然而，在碳中和背景下，煤炭消费的环境成本将会越来越高，推动煤炭的清洁化利用势在必行。化石能源生产消费相关的碳排放是中国碳排放的重要来源，煤炭生产消费的碳排放占中国碳排放的 70%—80%（张春晖等，2022）。近年来，共建"一带一路"国家和地区对煤炭的消费量不断上升，特别是南亚、东南亚经济增长较快的一些国家。煤炭消费量上升的同时，不可避免地带来碳排放的大幅度上升。尽管各国都表达了对碳减排的支持态度，一些国家也承诺碳达峰的时间，但是在未来较长的一段时间内，包括中国在内的国家煤炭的生产、贸易和消费都会继续保持一定的上升趋势。因此，推动煤炭的清洁化利用将成为能源转型的阶段性目标。

能源转型是一个长期过程，不可能一蹴而就，稳妥推进能源转型，是实现碳中和目标的基本遵循。因此，做好能源转型工作的基本策略是稳妥、循序推进。着眼于中国"富煤、缺油、少气"的最大实际，以煤炭为能源转型的"压舱石"是根本要求。改变传统能源结构，实现传统能源优化利用，在中国构建以国内大循环为主体、国内国际双循环相互促进的新发展格局，坚持系统思维，统筹经济发展与资源安全，统筹资源开发与环境保护，统筹国内市场与国际市场，拓展新的增长空间，获得强劲上涨动能，提高重要矿产

资源自主供应能力和产业链、供应链韧性。

（一）全面优化传统能源结构，推动能源消费绿色转型

面对全球气候变化与能源安全双重挑战，优化传统能源结构已成为中国能源发展的核心任务之一。天然气作为一种相对清洁的过渡能源，将在转型过程中发挥关键作用。通过梯次降低煤炭和石油的使用量，同时大幅提高新能源的使用量，实现能源结构的根本性优化。此外，煤炭和石油作为中国能源消费的主体，长期存在高碳排放和高度依赖进口的问题。因此，优化传统能源结构必须在确保能源安全的前提下分阶段、有步骤地推进。

第一步，以降低煤炭消费为核心，同时稳定石油消费。这一过程中，"煤改气"将成为关键举措。通过大规模推广天然气替代煤炭，不仅能够显著降低碳排放，还能有效接续国内能源消费需求，为石油消费的稳定提供有力支撑。同时，借此契机，推动石油产业从粗放型发展向高质量发展转型，提升产业整体竞争力。

第二步，以降低石油消费、增加天然气消费为目标。在统筹国内能源消费需求的基础上，充分利用当前国内交通电气化的趋势，积极推动天然气在交通领域的广泛应用，以逐步替代石油消费。这将有助于降低中国的石油对外依存度，提升能源安全保障能力。

第三步，以降低天然气消费、稳定新能源消费为方向，促进消费结构电力化。通过推广天然气与新能源相结合的多元化消费方式，逐步降低天然气在能源消费中的占比，同时确保新能源消费的稳定增长。关注油气与新能源的融合发展，使节能降耗与大力应用清洁能源共同驱动能源消费绿色转型。

（二）优化传统能源使用方法，推动清洁高效转型

面对全球气候变化的严峻挑战，优化传统能源的使用方法已成为中国能源战略的重要组成部分。以能源技术创新为抓手，改变传统能源的高碳发展模式，推动传统能源朝着清洁、高效、可持续方向转型。传统能源的优化利用不仅是一个技术问题，更是一个治理问题。传统能源全产业链的清洁高效利用，是实现这一转型的最终目的。为此，需要从源头治理与末端治理两个方面入手，形成全链条的清洁化、智能化发展路径。

在传统能源的生产端，继续加大净煤技术系统的建设力度，致力于煤炭的安全、智能、绿色开发利用。通过构建集约、安全、高效、清洁的煤炭工业体系，在力求保障能源供应的同时，最大限度地减少环境污染和碳排放。

同时，坚持煤炭供给侧结构性改革的主线，注重淘汰落后产能，有序释放优质产能，推动煤炭产业的转型升级。

在能源消费的末端，加快推进化石能源利用过程中的碳捕集、分离、运输、利用、封存、监测等相关技术的广泛应用。利用这些技术在能源消费的下游补好碳排放的漏洞，实现化石能源利用的清洁化、零碳化，构建一个从生产到消费全链条的清洁、高效能源利用体系。

值得注意的是，这一转型过程需要政府、企业和社会各界的共同努力。政府应出台相关政策，引导和鼓励技术创新、产业升级；企业应积极承担社会责任，加大研发投入，推动技术创新和产业升级；社会各界则应增强环保意识，积极参与节能减排行动，共同推动传统能源的清洁高效利用。

（三）深化煤电一体化产业链建设，打造绿色高效煤电发展模式

煤电一体化作为一种低成本、高效率的煤炭生产利用模式，因减少煤炭存储、转运等中间环节，展现出运营效率高、能源利用效率高、产品质量和数量有保障等多重优势，被视为未来煤炭企业和火电企业的核心发展方向。面对新能源发展的强劲势头和市场竞争，动力煤企业需积极应对，主动寻求转型升级路径。煤电一体化产业链的建设，正是实现这一目标的关键路径。企业应强化煤电一体化运营模式，推动煤矿与电厂的深度融合和相互依托。通过共享公用工程，优化资源配置，实现从技术到管理的全方位协同，共同提升煤电产业链的整体效能。

在这一过程中，动力煤企业应致力于生产既廉价又优质的煤炭产品，以满足发电企业的节能减排需求。通过技术创新和管理优化，不断提升煤炭产品的品质，降低生产成本，为燃煤电厂提供强有力的支持。煤电一体化的推进，不仅能够提高能源利用效率，减少煤炭生产和发电利用过程中的污染物排放，还能够建设一条绿色高效的煤电产业链。这将极大地提升煤电绿色高效发展水平，降低煤电成本，为燃煤电厂实施碳捕集和封存技术提供足够的成本空间。

在碳中和的大背景下，煤电企业需要积极应对挑战，寻找新的发展机遇。煤电一体化产业链的建设，将有助于提高煤电在未来清洁能源市场中的竞争力，开拓新的清洁煤电市场空间。通过不断优化煤电产业结构，提升煤电技术水平，中国有望在未来能源市场中占据一席之地，实现煤电产业的可持续发展，打造绿色高效煤电发展模式，为实现碳达峰、碳中和目标贡献力量。

二 加快天然气广泛覆盖，推进能源梯次转型

能源的开发和利用是推动人类社会发展的重要动力。在经历了以薪柴为主要能源的农业文明，以煤炭、石油为主要能源的工业文明之后，人类文明正走向以清洁能源为主要能源的生态文明阶段。瓦茨拉夫·斯米尔（Vaclav Smil）教授研究了不同国家年均能源消费与人类发展指数的关系，发现能源获取能力与人们的生活质量是高度相关的（Smil, 2017）。能源深刻改变人类的生产生活方式、国际关系、气候环境等，如今人类仍在积极探索可再生能源的开发与利用，致力于走向生态文明社会。

（一）天然气在能源转型中起重要作用

在全球对环境问题高度重视的形势下，常规能源中热值较大、清洁程度较高的天然气逐渐成为人们关注的重点和首选的化石能源。天然气是清洁高效、经济实惠，可获得、可接受、可支付的"3A"（Available、Acceptable、Affordable）优质能源（陆家亮、赵素平，2013），是化石能源向新能源过渡的最佳桥梁。全球天然气资源储量丰富、分布广泛、产量巨大，消费市场广阔，天然气资源的开发具有良好的前景。大力推动清洁低碳的天然气产业发展对于优化世界各国的能源消费结构，发展低碳经济具有重要的意义。

加快天然气的开发利用，以减少高污染、高排放的煤炭和石油的使用量是推动世界各国能源消费结构优化升级、减轻生态环境压力的重要举措。天然气是最为清洁低碳的化石能源，同时具有高效、灵活等优势，在中国实现碳达峰、碳中和目标进程中扮演重要角色。中国天然气资源可靠的供应和相对完善的基础设施，使天然气在规模替代煤炭等高污染、高碳排放燃料方面具有现实基础；同时，在构建以可再生能源为主的现代能源体系进程中，天然气以灵活、低碳、高效等优势成为可再生能源的天然伙伴。在工业领域，天然气具有减排效果好、经济性好的特点。一是二氧化碳减排效果较大电网更优。2023 年，中国煤炭发电量占比为 56%，电力行业排放 54.91 亿吨二氧化碳。[①] 等热值天然气替代煤炭，二氧化碳排放量可减少超过 40%，考虑利

[①] "Global Electricity Review 2024", EMBER, 2024, https://ember-energy.org/app/uploads/2024/05/Report-Global-Electricity-Review-2024.pdf.

用效率后减排效果更好；与"电代煤"相比，"气代煤"减排效果更优。此外，天然气在工业领域的广泛应用还能带来显著的经济效益。相较于煤炭，天然气使用更为便捷，燃烧效率更高，能有效降低企业的能耗成本，提高生产效率。同时，天然气燃烧产生的污染物较少，有助于企业减少环保投入，提升整体竞争力。在交通领域，天然气作为清洁能源，也展现出巨大的应用潜力。燃气汽车相较于传统燃油车，尾气排放更少，对改善城市空气质量具有积极作用。

因此，加快天然气的开发利用，对于推动中国能源消费结构优化升级、减轻生态环境压力、实现"双碳"目标具有重要意义。天然气凭借清洁低碳、高效灵活的优势，将在未来能源体系中发挥越来越重要的作用，应充分利用中国天然气资源的可靠供应和基础设施优势，加大天然气在工业、交通等领域的推广应用力度，为构建清洁、低碳、高效的现代能源体系贡献力量。

（二）开发构建中国—南亚天然气供应链

鉴于中国和南亚地区丰富的能源资源，中国应统筹规划中长期天然气开发战略，以"海陆平衡、长短结合、留有余量、分散多元"为基本原则，构建一条稳定、多元、有弹性且韧性强的进口天然气供应体系。这不仅需要优化进口资源配置，还需要加强各国政府的协同合作，共同推动东北亚地区LNG接收站等基础设施的共享，促进国家间信息共享，提升市场流动性和信息透明度，从而有效提升整个区域的能源安全水平。

在技术创新方面，应持续攻关大气田勘探与复杂气田提高采收率技术，推动天然气增储上产；同时，加强对非常规油气资源勘探开发关键技术的研发，以实现非常规油气资源的战略接替和规模化有效开发。此外，海洋深水油气勘探开发技术与装备的研发也是重中之重，有望取得重大发现并实现有效开发。在实施"稳油增气"战略方面，应积极推进油气结构转型，努力实现石油稳产，并逐步将石油的功能定位由"燃料"转向"材料"，充分发挥其在保障国家能源安全和民生原料用品供应中的"压舱石"和"基石"作用。同时，还应大力发展天然气产业，推动天然气"增储上产"，充分发挥其作为最清洁低碳、灵活高效化石能源的优势，在低碳转型过程中替代高碳化石能源，实现"补位"。

此外，应加快发展天然气发电，为可再生能源发电提供调峰支持，以缓解可再生能源发电不稳定的问题。在油气工业与新能源产业融合发展方面，中国应积极探索新的能源生产模式，为国家生产更多的能源。而油气行业自身也应加快推动节能降耗、减排减碳等工作，推进油气生产绿色革命，努力打造低碳甚至零碳的油气产业链，为区域能源安全与可持续发展贡献力量。

三 增强电力系统稳定性，改进能源使用方式

中国已迈入全新的发展阶段，节能提效不仅是推动高质量发展的核心要素，更是实现碳达峰、碳中和目标的关键路径。《能源生产和消费革命战略（2016—2030）》实施以来，政策机制持续升级，国家正推动能耗双控向碳排放总量和强度双控全面转型，构建新型制度体系。[①] 当前，"实施全面节约战略"被置于更突出位置，覆盖工业、建筑、交通等重点领域，并通过数字技术深度融合提升能效管理智能化水平。[②]

（一）全面深化用能节能管理，推动绿色低碳转型

为有效抑制不合理用能，中国必须进一步强化固定资产投资节能审查机制，确保每一笔投资都能在满足能源需求的同时，实现能效的最大化。为此，需要提高节能管理的数字化、智能化水平，利用现代信息技术手段，完善能源计量和能耗监测体系，实现对能源使用的精准把控和高效管理。通过制定和执行更加严格的法律法规，以及实施合理的财税政策，进一步增强对节能减排的约束力，让节能成为全社会的自觉行动。

在城市和园区层面，应大力实施节能减排工程，推动建筑、交通、照明、供热等基础设施的节能升级改造。通过采用先进的节能技术和设备，显著降低这些基础设施的能耗，提高能源利用效率。此外，还应加快调整产业结构，借助强制性政策措施，坚决淘汰落后产能和低效率高耗能设备，推动电力、钢铁、有色金属、建材、石化等重点行业进行深度节能降碳改造，让这些行业从黑色高碳的发展模式转向绿色低碳的发展模式。然而，在推动制造业转型升级的过程中，不仅要注重技术创新和产业升级，更要注重能效提

---

① 《关于印发〈能源生产和消费革命战略（2016—2030）〉的通知》，中国能源门户网，2017 年 3 月 8 日，https://chinaenergyportal.org/energy-production-consumption-transition-strategy – 2016 – 2030/。

② 周宏春：《加快经济社会重点领域绿色转型》，中经总网，2025 年 4 月 6 日，https://www.cctvjingji.com/part-92/15795.html。

升和碳排放控制。通过实施一系列节能降碳措施，逐步推动制造业从高污染、高排放的传统发展模式向绿色、低碳、可持续的现代发展模式转变。

同时，还应大力倡导全社会转变用能理念和方式，培育绿色低碳文化。通过宣传教育、示范引领等方式，逐步引导人民群众树立低碳生活理念。这样不仅可以提高全社会的能源利用效率，还可以促进生态环境的保护，为构建美丽中国贡献力量。

（二）能源优化与多能互补

在新时代背景下，推进清洁低碳能源的发展已成为中国能源战略的核心方向。为推动新能源的有效利用，必须加快建设一批清洁低碳能源项目，推动能源结构的持续优化。这包括在东部地区和中部地区大力发展分布式能源，充分利用东部和中部地区的地理位置和资源优势，实现能源的本地化供应和高效利用。同时，有序发展海上风电，依托中国丰富的海洋资源，开拓海上清洁能源利用新领域。西南地区则继续巩固和扩大水电基地的建设成果，充分利用水资源丰富的优势，为全国提供稳定、清洁的电力供应。此外，还应稳步推进沿海核电建设，在确保安全的前提下，发挥核电在能源供应中的重要作用。

为实现多能互补，还可以结合储能、氢能等前沿技术，建设一批以风光水、风光火等多能互补一体化项目为主的大型清洁能源基地，充分利用各种能源的优势，实现能源的高效转化和互补利用，为中国的能源安全提供有力保障。与此同时，结合可再生能源发电的特点，改变传统的电力生产供应方式。在电力供需两端，坚持集中式和分布式并举的原则，推动清洁电力外送与就地消纳的有机结合。通过优化清洁能源的发展布局和利用方式，更好地满足不同地区、不同用户的能源需求。

此外，积极推进分布式可再生电力、热力、燃气等在用户侧的直接就近利用。这不仅可以减少能源传输过程中的损失，还可以提高能源的利用效率，因地制宜推动生物质能、地热能、太阳能等非电利用方式的发展，进一步丰富中国的能源利用体系。

（三）提高电能的使用灵活性和终端效能

为构建更加灵活、高效的能源体系，中国必须推动源网荷储的系统化建设，增强电力系统的灵活性与稳定性，提升可再生能源的规模化消纳能力。在电源侧，可通过市场机制引入更多的灵活性电源，如储能系统、可调节的水电和燃气发电等，以全面提升系统的调峰能力，确保电力供应的稳定性和可靠性。在电网侧，进一步完善主网架结构，优化调度机制，提升电网的输送能力和智能化水平。通过采用先进的电网技术和设备，实现对电力的精准控制和优化调度，从而提高电网的运行效率和可靠性。在用户侧，重点提高电力需求响应能力，鼓励用户积极参与电力市场的交易和调度。同时，鼓励综合能源服务等用能新模式新业态的发展，通过智能化、信息化手段，充分挖掘可再生能源的消纳潜力。促进智慧能源、多能互补等以智能化为特征的清洁能源新兴业态加速成长，为能源体系的智能化转型提供有力支撑。

此外，在终端用能领域，还应积极推广新能源汽车、热泵、电窑炉等新型用能方式，实现电能对传统能源的替代，提高电气化率，大幅提高终端用能效率。同时，重点推广天然气热电冷联供的供能方式，大力发展分布式能源，推行终端用能领域的多能协同和能源综合梯级利用。为此，中国必须高度重视能效技术的研究与推广应用。通过加大科研投入和人才培养力度，不断突破能效技术的瓶颈，推动能源利用效率的大幅提升，加强能效技术的示范和推广工作，让更多企业和用户了解并应用这些先进技术，共同推动能源体系的智能化转型和可持续发展。

四 深化域内优势互补，拓展能源开发新领域

可再生能源是拉动南亚地区经济复苏和能源转型的绿色力量，南亚地区在新能源与可再生能源分布、经济结构与地缘类型方面存在互补性，从而具有开展能源合作的潜在互补优势。在可再生能源禀赋方面，南亚地区具有丰富的可再生能源。中国的水电资源位居世界第一，蕴藏量达 6.8 亿千瓦，印度的风能资源丰富，孟加拉国具备生物质能和太阳能的开发优势，尼泊尔和不丹的水能资源较为丰富，巴基斯坦水能、风能等可再生资源蕴藏量可观。域内国家既存在水能等可再生资源的共同优势，亦存在太阳能、风能等资源的互补优势。随着国际气候合作的深化，在 2℃温控情境下，世界石油需求预计在 2030 年前后达峰（中国石油经济技术研究院，2020），未来可再生能源将占据更多市场。在既往能源转型的经验中，资源、技术与市场的"完美结合"是能源转型成功的必要条件（吴磊，2021a）。

当前，区域能源合作的潜在互补优势不断显现，有利于促进区域能源载体多元化，推动能源转型，构建安全高效、绿色发展的能源命运共同体。南

亚地区是全球水能、风能、太阳能等资源较为丰富的区域，同时，域内人口众多，经济发展潜力大，能源需求持续增长，开展能源合作具有重要的地缘战略意义。但是，南亚各国经济发展水平差异较大，可再生能源开发的技术要求和初期投入成本较高、回报周期长的特性延缓了开发利用的进程。中国在可再生能源领域具有较强的国际竞争优势，不仅拥有先进的可再生能源开发技术，而且具有完备的制造产业和产品竞争优势，能够在中国与南亚国家可再生能源合作过程中发挥技术优势，加快地区可再生能源合作进程。在世界各国能源合作与相互依赖不断加深的背景下，域内国家更应该整合各国资源，聚焦可再生能源开发与合作领域，发挥区域资源、技术、人才与资金的互补优势，加强基础设施建设，连通能源跨国贸易运输线，拓展能源开发新领域，形成以可再生能源开发为重点、传统能源与新能源互补的区域能源综合开发新体系。

（一）发挥可再生能源技术优势，突破新能源开发瓶颈

发展新能源产业，对于应对全球气候变暖、生态环境保护和实现经济社会可持续发展具有十分重要的意义。南亚地区地理条件与自然环境复杂多样，生态环境脆弱，受制于域内部分国家经济发展问题，可再生能源开发水平低、资金不足与基础设施建设落后成为区域可再生能源发展与能源转型的重要瓶颈，严重阻碍新能源产业的发展。

先进的可再生能源开发技术为中国积极参与南亚地区可再生能源合作项目创造了条件。中国的太阳能产业技术成熟。2013年以来，中国太阳能发电装机容量跃居世界第一位。中国在风电开发技术领域的研究成果也较为成熟，在变电站设计、基础设施建设与风电开发流程等方面经验丰富。在水电开发上，中国的坝工设计和施工技术水平突出，可以针对区域内复杂的可再生能源开发与基础设施建设问题，组织开展专项研究，组建跨国科研技术团队，进行技术合作与攻关，推动区域水电开发与合作。此外，中国掌握了双馈、直驱、半直驱多条成熟技术路线和大规模并网的特高压电网技术，已具备远距离传输可再生能源电力的能力，并攻克了可再生能源电力的物理储能技术和化学储能技术，实现了风水光多能互补，降低了电力系统的调度风险和电网的气候易损性。

因此，在中国与南亚地区能源合作的过程中，各国可根据域内不同的地形条件和资源禀赋，进行有针对性的技术攻关与交流合作，通过鼓励各国新能源企业和研究机构开展技术合作，共建新能源技术研发中心，提升各国新能源技术研发水平和创新能力，突破新能源开发瓶颈，拓展区域新能源合作空间。

（二）实现风水光互济互补，规避新能源波动风险

风能、水能、太阳能是最常见、蕴藏最丰富的三种可再生能源，也是开发成本较低、开发技术较为成熟的新型能源。南亚地区纬度低、海拔高，地形复杂多样，海拔落差较大，同时受季风的影响，风能、水能、太阳能资源十分丰富。而且，由于独特的地形和气候条件，喜马拉雅山脉阻挡了南亚季风和西南季风，两股季风在此相遇，与海陆热力性质差异、季风环流带和风带的季节性移动相互叠加，进一步强化了地形单元内部的"热岛效应"和"烟囱效应"，因此南亚地区不仅集风水光资源于一体，还形成"风—水—光"接续循环的规律。同时，南亚国家坐落在喜马拉雅山脉不同坡向和海拔，造就了域内"风—水—光"能源空间分布的差异性。在整个地形单元内，可再生能源条件优越，风、水、光在时间上的接续循环和空间上的交错分布，为南亚地区可再生能源开发创造了得天独厚的自然条件。

在中国与南亚国家能源合作的过程中，应该利用中国的可再生能源开发技术和经验，充分开发南亚地区丰富的风、水、光等可再生能源。首先，以中国、印度、尼泊尔、不丹等可再生能源丰富的国家为重点，规划可再生能源开发项目并推进相关基础设施建设，形成区域可再生能源开发网络的"支撑点"。其次，充分利用南亚地缘类型互补优势，建成能源"输送线"。最后，通过各个能源开发"支撑点"与各条能源"输送线"的连接，形成以可再生能源为重点、传统能源为补充并逐步过渡的区域能源综合开发"供应面"，打造绿色能源产业链，在开放合作中形成更强的创新力和凝聚力。

（三）推广"新能源+产业"模式，打造绿色能源产业链

近年来，中国以科技创新催生新发展动能，持续推进产业结构优化升级，使区域产业结构互补性不断增强。南亚多数国家制造业发展水平较低，处于工业发展的初期阶段（田晖、王静，2021），在能源开发与通道建设等方面存在基础设施建设和先进机械设备引进的需求。而伴随制造业的转型升级，中国在能源设备、基础设施建设等方面的国际竞争力日益增强，有利于解决南亚能源工业基础薄弱的问题，同时推动区域能源产业优化升级，提升能源产业链运行效率，帮助南亚国家摆脱经济和能源发展的困境。印度信息技术产业具有独特优势与全球竞争力，可通过开展域内能源数字化合作，在提升能源合作效率的同时带动南亚国家信息产业发展，从而构建高效、绿色的能源合作新模式，为中国—南亚能源命运共同体构建提供重要优势。可再生能源的开发和利用是今后能源发展的重要趋势，在全球经济增长乏力的情况下，发展新能源产业是调整产业结构、实现经济可持续平衡增长的重要举措。新能源产业要想持续稳定发展，必须加强对设备制造行业的重视，发展较为完善的零部件配套企业、技术研发以及相关服务机构，形成一条完整的产业链。在中国与南亚可再生能源合作过程中，中国应依托自身制造业规模优势，积极为能源合作提供技术与设备支持，推广"可再生能源+产业"模式，带动产业集群式发展。

一是采用"可再生能源+基建"模式，助力南亚国家基础设施建设。基础设施互联互通是促进多方交流、增强跨国经济合作的基础条件，具体包括公路、铁路、管道和跨境输电网络等关键基础设施的相互连接。南亚国家基础设施建设相对落后，抑制了经济发展和地区互联互通，也成为阻碍中国和南亚国家民心相通的第一道关卡。在与南亚国家的合作中，中国应积极推进"能源+基础设施建设"，以可再生能源项目为轴心，向外扩散，加强在管道铺设、发电设备配置、电网及港口建造、铁路建设等方面的合作，为能源开发和运输提供支持，加快新能源产业发展；同时，逐步推进水利、商业服务等基础设施建设，满足当地居民的生产生活需求，不断提升地区基础设施互联互通和贸易便利化水平，凝聚地区发展合力。

二是采用"可再生能源+工业互联网"模式，优化地区资源配置。工业互联网是新一代信息通信技术与工业经济深度融合的应用模式。南亚各国工业基础薄弱，凭借人口红利、廉价土地以及政策优惠等比较优势，成为承接世界第五次产业转移的最佳区域之一。因此，发展工业也成为南亚国家抓住第五次产业转移和能源转型重要契机的关键举措。域内各国应该在现有数字网络的基础上，通过开放的通信网络平台，将工业设备、仓库、供应商、产品和客户紧密连接起来，共享工业生产全流程的各种要素资源，实现数字化、网络化、自动化、智能化，推动地区内部资源高效配置和区域产业融合发展。此外，在合作过程中，中国和南亚各国还可以深度拓展"可再生能源+产业"的发展模式，推进"可再生能源+贸易投资""可再生能源+公共服务""可再生能源+旅游业"等多种模式发展，为区域经济社会发展注入新动力。

结　语

　　能源作为重要的战略物资和工业生产必需品，对各国经济发展、社会稳定、国防安全有着至关重要的作用。随着能源作为各国经济社会发展动力的地位和作用越来越明显，能源的持续稳定供应显得越来越重要。特别是经过两次能源危机的冲击之后，世界各国都高度关注以能源持续稳定供给为核心的能源安全问题。在经济全球化的背景下，世界各国经济相互依赖程度持续加深，国家利益休戚相关，彼此间的合作基础不断巩固。作为国际经济贸易活动中往来频率最高、经济体量最大、影响范围最广的领域，能源在全球的政治经济活动中扮演非常重要的角色。同时，能源活动是二氧化碳排放的主要来源，工业革命以来，随着大量化石能源的开发和利用，全球的环境污染、气候变化及衍生的一系列生态环境问题越来越严重，不仅造成巨大的经济损失，更威胁人类的健康和生命安全。全球变暖已成为制约人类经济社会可持续发展的重要障碍，引起全球的高度重视。确立碳达峰、碳中和目标，加快能源绿色低碳发展是应对全球气候变暖，实现经济社会发展与环境质量兼顾的唯一途径，也是实现联合国可持续发展目标的必由之路。

　　南亚地区能源资源丰富，地理位置优越，在全球能源供需体系中扮演非常重要的角色，是全球能源贸易的核心地区和能源运输较为繁忙的地区之一。南亚地区国家是中国的邻邦，中国与南亚国家的能源合作是共建"一带一路"的重要内容，对中国未来的能源发展具有重要的战略意义。随着中国与周边国家关系的不断发展，中国与南亚各国政府也积极推动能源领域的深度合作，中国与南亚国家在以油气为代表的能源合作上取得长足的进展，并成为中国与南亚国家合作的一大亮点。由于南亚地区地缘社会形势复杂，主要国家之间长期存在较深的结构性矛盾，政治互信程度较低，再加上恐怖主义、跨国犯罪、生态环境问题等非传统安全的威胁越来越突出，以及能源开发技术、资金、生态环境压力等各方面因素的限制，中国与南亚国家的能源合作项目落地实施困难。当前，世界正处于百年未有之大变局，区域政治、经济环境更趋复杂，进一步提高了中国与南亚国家能源合作的风险和难度。中国与南亚国家的能源合作面临一系列挑战和问题。在碳中和背景下，中国与南亚国家之间既存在竞争的一面，也有合作的空间。

　　加强中国与南亚国家的能源合作，对于保障和维护中国、印度、巴基斯坦等国家的能源安全，解决能源贫困和电力短缺问题，促进经济社会发展具有重要作用，对于共同应对生态环境危机、推进能源转型、达成碳中和目标具有重要意义。而且推动构建能源命运共同体是中国践行构建人类命运共同体理念、维护世界和平发展的重要举措，对于全球能源治理体系重构、实现人类社会可持续发展具有深远影响。

　　随着全球气候治理议程的推进，以及各国碳中和目标的明确，中国与南亚地区各国共同面临能源安全、经济发展与能源转型的三重困境和压力。在历经多重威胁和考验之后，南亚地区的多数国家相互依存、命运与共的能源合作共识不断强化，各国在能源禀赋、经济结构、资金技术、能源运输与能源市场等方面的潜在互补优势不断显现。此后，中国和南亚各国应该在构建人类命运共同体理念的指引下，奉行"亲诚惠容"理念，强化命运与共的意识，塑造能源合作新思维。以"一带一路"为纽带，以金砖国家合作机制、上合组织、中巴经济走廊、孟中印缅经济走廊等既有合作平台为基础，以亚投行、丝路基金等金融实体为支撑，在能源合作领域实现多层次、多方位的对接与融合，构建新的能源发展格局。以推进能源转型、实现绿色低碳发展的碳中和目标为导向，一方面，提升煤炭清洁化利用水平，扩大天然气开发利用规模，增强电力系统稳定性，改进用能方式，提高能源利用效率；另一方面，深化域内各国的优势互补，发挥可再生能源技术优势，推广"新能源+产业"的发展模式，突破新能源开发瓶颈，拓展能源开发新领域，共同构建共商共治、互利共赢、命运与共的能源命运共同体。

参考文献

白文波、张爽、杨红英，2021，《印度电力市场分析及中国电力企业在印面临的机遇与挑战》，《电器工业》第 4 期。

北极星电力网，2020，《195 亿元！中国电建签订巴基斯坦巴沙水电站项目合同！》，6 月 11 日，http://www.nengyuanjie.net/article/37480.html。

蔡定昆、骆华松，2006，《论中印地缘政治关系下云南与印度区域经济合作》，《世界地理研究》第 2 期。

曹峰毓、王涛，2016，《论南亚区域能源合作的背景、历程及问题》，《中外能源》第 1 期。

陈富豪、朱翠萍，2020，《中印贸易发展的阻碍因素与对策研究》，《南亚东南亚研究》第 1 期。

陈继东等，2016，《中国西部与南亚贸易能源通道建设研究》，云南大学出版社。

陈利君，2010，《中印能源战略与合作问题探讨》，《东南亚南亚研究》第 S1 期。

陈利君，2012，《中巴能源合作问题探讨》，《云南财经大学学报》第 1 期。

陈利君，2020，《"印太战略"背景下的中斯合作》，《南亚东南亚研究》第 2 期。

陈利君，2022，《岛国发展困局与中斯经济合作》，《南亚东南亚研究》第 3 期。

陈利君、杨思灵、杨晓辉，2011，《中印能源合作战略与对策研究》，中国社会科学出版社。

陈小萍，2009，《中巴贸易能源通道构想与前景》，《南亚研究季刊》第 1 期。

陈晓径，2021，《"碳中和"2060目标与中欧科技合作》，《科技中国》第2期。

程瑞声，2007，《南亚的热点——克什米尔》，国际文化出版公司。

迟愚等，2014，《缅甸油气勘探开发潜力及对外合作前景》，《国际石油经济》第11期。

崔金鹏、李昊、郭鸿俊，2020，《巴基斯坦卡洛特水电站软岩导流隧洞设计与施工》，《水利水电快报》第3期。

崔守军，2013，《能源大冲突：能源失序下的大国权力变迁》，石油工业出版社。

崔守军，2022，《全球清洁能源转型与中国技术标准话语权建构》，《人民论坛》第9期。

戴永红、李红梅，2014，《巴基斯坦恐怖主义发展趋势探析》，《现代国际关系》第3期。

戴永红、秦永红，2010，《中国与南亚能源合作中的地缘政治战略考量》，《四川大学学报》（哲学社会科学版）第2期。

戴永红、秦永红，2015，《中缅油气管道建设运营的地缘政治经济分析》，《南亚研究季刊》第1期。

戴永红、阮露洁，2013，《新自由制度主义视角下中印能源的竞争与合作》，《四川大学学报》（哲学社会科学版）第3期。

戴永红、袁勇，2014，《中印海外能源战略研究：地缘政治经济的视角》，时事出版社。

邓明君、罗文兵、尹立娟，2013，《国外碳中和理论研究与实践发展述评》，《资源科学》第5期。

电力规划设计总院，2024，《中国电力发展报告2024》，人民日报出版社。

董秀成、董康银、窦悦，2021，《后疫情时代全球能源格局演进和重塑路径研究》，《中外能源》第3期。

杜祥琬，2020，《碳达峰与碳中和引领能源革命》，《中国科学报》12月22日。

冯立冰、连昌惠，2022，《南亚小国的战略对冲与中国的南亚地区政策选择》，《外交评论（外交学院学报）》第4期。

富景筠，2020，《新冠疫情冲击下的能源市场、地缘政治与全球能源治理》，

《东北亚论坛》第 4 期。

官玉涛，2017，《南亚地区恐怖主义的新态势、威胁与对策》，《南亚研究季刊》第 4 期。

《光明日报》，2024，《中巴经济走廊助力巴重塑能源结构》，12 月 8 日，https:∥epaper. gmw. cn/gmrb/html/2024 - 12/08/nw. D110000gmrb ＿ 2024 1208_1-07. htm。

光明网，2021，《在疫情中呈现加速度　中巴经济走廊建设带来复苏希望》，10 月 13 日，https:∥news. gmw. cn/2020-10/13/content_34261293. htm。

国际电力网，2021a，《巴基斯坦 SK 项目引水隧洞首条控制段提前 28 天全线贯通》，1 月 18 日，https:∥power. in-en. com/html/power-2382577. shtml。

国际电力网，2021b，《巴基斯坦巴沙电站首座索道桥通车》，4 月 7 日，https:∥power. in-en. com/html/power-2386067. shtml。

国际电力网，2021c，《中企签约巴基斯坦大型水电站项目，合同金额约 33. 35 亿元》，3 月 17 日，https:∥power. in-en. com/html/power-2385087. shtml。

国际煤炭网，2021，《巴基斯坦告别新建燃煤火电》，2 月 6 日，https:∥coal. in-en. com/html/coal-2590934. shtml。

国际石油网，2020，《零关税！中国汽油巴基斯坦出口无负担!》，12 月 4 日，https:∥oil. in-en. com/html/oil-2909843. shtml。

国际在线，2019，《中尼携手共建跨喜马拉雅立体互联互通网络》，10 月 11 日，https:∥baijiahao. baidu. com/s？id ＝ 1647074575993220262&wfr ＝ spider&for＝pc。

国家能源局，2019，《"一带一路"能源合作伙伴关系在京成立》，4 月 25 日，http:∥www. nea. gov. cn/2019-04/25/c_138008675. htm。

国家能源局，2022，《"十四五"现代能源体系规划》，1 月 29 日。

国家能源局，2024a，《中国能源大数据报告（2024）》。

国家能源局，2024d，《国家能源局 2024 年上半年新闻发布会文字实录》，7 月 31 日，http:∥www. nea. gov. cn/2024-07/31/c_1310783380. htm。

国家能源局，2024e，《2023 年全社会用电量数据》，1 月 18 日，https:∥www. nea. gov. cn/2024-01/18/c_1310760885. htm。

国家能源局，2024f，《中哈（萨克斯坦）签署政府间实施可再生能源领域项目的协议》，11 月 15 日，http:∥www. nea. gov. cn/2024 - 11/15/c ＿

1310787306. htm。

国家能源局、国家统计局，2024，《电力工业统计数据以及能源生产情况》，1 月 26 日，https://www. nea. gov. cn/2024-01/26/c_1310762246. htm。

国家统计局，2022a，《中华人民共和国 2021 年国民经济和社会发展统计公报》，2 月 28 日，https://www. stats. gov. cn/sj/zxfb/202302/t20230203_1901393. html。

国家统计局，2022b，《新理念引领新发展　新时代开创新局面——党的十八大以来经济社会发展成就系列报告之一》，9 月 13 日，https://www. stats. gov. cn/sj/sjjd/202302/t20230202_1896671. html。

国家统计局，2024a，《中国统计年鉴 2024》，中国统计出版社。

国家统计局，2024b，《中华人民共和国 2023 年国民经济和社会发展统计公报》，2 月 29 日，https://www. stats. gov. cn/sj/zxfb/202402/t20240228_1947915. html。

国家统计局、中商产业研究院，2024，《2023 年中国能源消费总量数据》，3 月 12 日，https://www. askci. com/news/chanye/20240312/102834271021051327201835. shtml。

国务院国资委，2016，《中国石油与孟加拉石油公司交换合作项目签署文本》，10 月 18 日，http://www. sasac. gov. cn/n2588025/n2588124/c3830581/content. html。

国务院新闻办公室，2024，《中国的能源转型》，8 月 29 日，https://www. gov. cn/zhengce/202408/content_6971115. htm。

韩立群，2021，《碳中和的历史源起、各方立场及发展前景》，《国际研究参考》第 7 期。

郝蕾、王志章，2019，《"一带一路"背景下中国与南亚合作反贫困的现状评价与路径优化》，《青海社会科学》第 1 期。

胡鞍钢，2021，《中国实现 2030 年前碳达峰目标及主要途径》，《北京工业大学学报》（社会科学版）第 3 期。

胡仕胜，2017，《联通喜马拉雅，对接"一带一路"——对建设中尼印经济走廊的思考》，《印度洋经济体研究》第 2 期。

胡志勇，2013，《21 世纪初期南亚关系研究》，上海社会科学院出版社。

黄晶，2020，《中国 2060 年实现碳中和目标亟需强化科技支撑》，《可持续发展经济导刊》第 10 期。

黄仁伟，1997，《中国与亚太地区经济互补关系的类型分析》，《社会科学》
　　第 5 期。

黄震、谢晓敏，2021，《碳中和愿景下的能源变革》，《中国科学院院刊》第
　　9 期。

惠春琳，2019，《能源数字化：重塑全球能源发展态势》，《学习时报》6 月
　　21 日。

金莉苹，2018，《印度莫迪政府可再生能源发展计划：动因、成效与制约》，
　　《南亚研究》第 3 期。

《经济日报》，2024a，《稳妥推进能源绿色低碳转型》，中国政府网，8 月 28
　　日，https://www.gov.cn/zhengce/202408/content_6970927.htm。

《经济日报》，2024b，《可再生能源装机规模实现新突破》，中国政府网，11 月
　　20 日，https://www.gov.cn/yaowen/liebiao/202411/content_6988406.htm。

康煜等，2019，《2018 年世界主要国家油气及相关能源政策》，《国际石油经
　　济》第 2 期。

柯晓明，2020，《后疫情时代世界石油市场变化趋势研判》，《国际石油经
　　济》第 5 期。

拉克斯里，K.、唐玲，2014，《斯里兰卡水电现状及未来发展》，《水利水电
　　快报》第 9 期。

蓝建学，2017，《"一带一路"倡议在南亚：进展、挑战及未来》，《印度洋
　　经济体研究》第 4 期。

蓝庆新、梁伟、唐琬，2020，《绿色"一带一路"建设现状、问题及对策》，
　　《国际贸易》第 3 期。

李渤，2011，《经济全球化背景下的中印能源合作模式》，时事出版社。

李恪坤、楼春豪，2019，《印度洋安全治理：现状、挑战与发展路径》，《国
　　际问题研究》第 1 期。

李玲，2021，《正由"能源化"时代迈入"材料化"时代——石油利用"去
　　能源化"加速》，《中国能源报》10 月 25 日。

李昕蕾，2020，《德国、美国、日本、印度的清洁能源外交比较研究：兼论
　　对中国绿色"一带一路"建设的启示》，《中国软科学》第 7 期。

李昕蕾，2021，《中美清洁能源竞合新态势与中国应对》，《国际展望》第

5 期。

李兴、耿捷，2022，《"不对称关注"视域下的小国外交：理论建构与中国方略》，《社会科学》第 1 期。

李学华，2024，《全球可再生能源发电能力创新高》，《经济日报》4 月 5 日。

刘长敏、焦健，2020，《"印太"视域下中巴经济走廊建设：背景、内涵与影响》，《新疆社会科学》第 1 期。

刘闯、蓝晓梅，2020，《世界煤炭供需形势分析》，《中国煤炭》第 4 期。

刘玫、李鹏程，2020，《气候中性与碳中和国际实践及标准化发展对我国的启示》，《标准科学》第 12 期。

刘鹏，2014，《孟中印缅次区域合作的国际机制建设》，《南亚研究》第 4 期。

刘晓伟，2019，《"一带一路"倡议下次区域合作机制化限度研究——以"孟中印缅经济走廊"为例》，《南亚研究》第 1 期。

刘泽洪、阎志鹏、侯宇，2022，《俄乌冲突对世界能源发展的影响与启示》，《全球能源互联网》第 4 期。

刘稚、黄德凯，2018，《地缘政治权力结构冲突下的孟中印缅经济走廊建设》，《南亚研究》第 1 期。

刘宗义，2016，《中巴经济走廊建设：进展与挑战》，《国际问题研究》第 3 期。

楼春豪，2020，《新冠肺炎疫情与印度对外战略新态势》，《外交评论（外交学院学报）》第 5 期。

陆家亮、赵素平，2013，《中国能源消费结构调整与天然气产业发展前景》，《天然气工业》第 11 期。

陆俊元，2005，《地缘政治的本质与规律》，时事出版社。

吕江，2021，《"一带一路"倡议与全球能源供需平衡机制的构建》，《马克思主义与现实》第 1 期。

罗伯茨，保罗，2008，《石油恐慌》，吴文忠译，中信出版社。

马宏，2007，《南亚与中国新的"能源版图"》，《中国石化》第 2 期。

能源财经，2021，《水火风光全面出击！中国能建 2021 海外电力新签》，2 月 25 日，https://www.sohu.com/a/452305775_100113069。

能源界，2019，《中资投建巴基斯坦最大燃煤电站投产》，6 月 1 日，http://www.nengyuanjie.net/article/27129.html。

能源界，2020，《中巴经济走廊重点项目：巴基斯坦默拉直流输电工程全线贯通！》，11 月 2 日，http://www. nengyuanjie. net/article/42125. html。

牛秀敏、刘军荣、刘颖，2020，《跨喜马拉雅地区国家碳生产率及其影响因素研究》，《乐山师范学院学报》第 4 期。

庞小文等，2021，《疫情对环保产业的影响分析》，《中国环保产业》第 9 期。

澎湃新闻，2021，《中巴经济走廊所有项目建设运营顺利推进》，1 月 15 日，https://www. thepaper. cn/newsDetail_forward_10805131。

澎湃新闻，2024，《2024 年我国可再生能源新增装机超三亿千瓦》，12 月 30 日，https://www. thepaper. cn/newsDetail_forward_29799186。

潜旭明，2017，《"一带一路"倡议背景下中国的国际能源合作》，《国际观察》第 3 期。

潜旭明，2020，《能源地缘政治理论与实践：以美国为例》，时事出版社。

邱实、蔡立辉，2021，《印度国家身份对南亚区域合作的影响——基于国家身份认知视角》，《云南师范大学学报》（哲学社会科学版）第 6 期。

屈博等，2021，《"碳中和"目标下的电能替代发展战略研究》，《电力需求侧管理》第 2 期。

人民网，2020，《习近平同尼泊尔总统班达里通电话》，4 月 28 日，http://qh. people. com. cn/n2/2020/0428/c182753-33981933. html。

盛斌、黎峰，2021，《经济全球化中的生产要素分工、流动与收益》，《世界经济与政治论坛》第 5 期。

施普皓，2021，《巴基斯坦经济发展势头向好》，《经济日报》10 月 9 日。

石泽，2015，《能源资源合作：共建"一带一路"的着力点》，《新疆师范大学学报》（哲学社会科学版）第 1 期。

史小今，2019，《中巴经济走廊能源合作：重点、案例、风险及对策建议》，《国别与区域研究》第 3 期。

苏畅、黄一粟，2019，《产业结构变迁对印度经济增长和经济波动的影响》，《南亚研究季刊》第 4 期。

苏健等，2020，《后疫情时代金砖国家油气合作战略探讨》，《石油科技论坛》第 6 期。

孙超，2022，《国家精英的再生产与中亚政治转型》，《俄罗斯东欧中亚研究》第 2 期。

孙舒琪、刘琳，2019，《南亚地区"一带一路"基础设施建设政治风险评估》，《现代商贸工业》第 21 期。

孙瑶馨，2021，《中国碳中和目标实现与风险应对》，《中国经贸导刊》第 2 期。

陶亮，2015，《"季节计划"、印度海洋战略与"21 世纪海上丝绸之路"》，《南亚研究》第 3 期。

田晖、王静，2021，《我国与"一带一路"沿线国家产业国际竞争力分析》，《统计与决策》第 3 期。

田慧芳，2020，《国际碳中和的进展、趋势及启示》，《中国发展观察》第 23 期。

王兵、李雪、吴福象，2021，《"一带一路"倡议下的国际产能合作与世界经贸格局重塑》，《海南大学学报》（人文社会科学版）第 2 期。

王灿、张雅欣，2020，《碳中和愿景的实现路径与政策体系》，《中国环境管理》第 6 期。

王德华，2015，《"一带一路"与环印度洋共同体建设——兼论中国—环印度洋能源供应链的构建》，《印度洋经济体研究》第 4 期。

王国法等，2023，《新形势下我国能源高质量发展与能源安全》，《中国科学院院刊》第 1 期。

王海运、许勤华，2012，《能源外交概论》，社会科学文献出版社。

王龙云，2015，《〈巴黎协定〉助力全球绿色经济》，人民网，12 月 14 日，http://finance.people.com.cn/n1/2015/1214/c1004-27923678.html。

王显政，2018，《构建现代化煤炭经济体系　促进煤炭工业高质量发展》，《中国煤炭工业》第 8 期。

魏文栋，2021，《能源革命：实现碳达峰和碳中和的必由之路》，《探索与争鸣》第 9 期。

翁智雄，2021，《中国实现碳中和远景目标的市场化减排机制研究》，《环境保护》第 Z1 期。

吴昊、崔宇飞，2017，《全球能源格局调整与东北亚能源合作》，《东北亚论坛》第 4 期。

吴磊，2020，《新冠疫情下的石油危机及其影响评析》，《当代世界》第 6 期。

吴磊，2021a，《新能源发展对能源转型及地缘政治的影响》，《太平洋学报》

第 1 期。

吴磊，2021b，《G20 能源议程与全球清洁能源转型》，《当代世界》第 12 期。

吴磊、曹峰毓，2017，《多重利益碎片化与南亚区域合作——兼谈中国的角色与作用》，《国际论坛》第 2 期。

吴磊、曹峰毓，2019，《论世界能源体系的双重变革与中国的能源转型》，《太平洋学报》第 3 期。

吴磊、詹红兵，2018a，《孟加拉国能源可持续化发展问题探析》，《南亚研究》第 2 期。

吴磊、詹红兵，2018b，《国际能源转型与中国能源革命》，《云南大学学报》（社会科学版）第 3 期。

武海峰，2003，《产业结构调整的国际经验及其启示》，《山东社会科学》第 6 期。

习近平，2015，《在纪念中国人民抗日战争暨世界反法西斯战争胜利 70 周年大会上的讲话》，《人民日报》9 月 4 日。

习近平，2018，《习近平谈"一带一路"》，中央文献出版社。

习近平，2020，《在第七十五届联合国大会一般性辩论上的讲话》，《人民日报》9 月 23 日。

肖军，2017，《新时期中国发展与南亚国家战略关系评述》，《印度洋经济体研究》第 6 期。

肖军，2021，《美国"印太"战略下的美印战略伙伴关系解构》，《印度洋经济体研究》第 2 期。

新华社，2024，《我国亮出油气能源新"家底"》，4 月 22 日，https://szb.newskj.com/resfile/2024-04-23/04/gnrb-20240423-004.pdf。

新华社，2025，《我国宣布：找铀矿实现重大突破！》，1 月 10 日。

徐建山等，2016，《"一带一路"油气合作国别报告：南亚和东南亚地区》，石油工业出版社。

徐政、张姣玉、李宗尧，2023，《新质生产力赋能碳达峰碳中和：内在逻辑与实践方略》，《青海社会科学》第 6 期。

许勤华，2006，《评批判性地缘政治学》，《世界经济与政治》第 1 期。

许勤华，2017，《中国全球能源战略：从能源实力到能源权力》，《人民论坛·学术前沿》第 5 期。

许勤华，2018，《中国国际能源合作战略重点之——能源技术、能源网络共享与绿色发展》，《石油科技论坛》第 4 期。

许勤华，2021，《新能源革命与全球能源治理变革》，《人民论坛·学术前沿》第 14 期。

严祥海，2022，《中不边界谈判历程回顾及启示》，《边界与海洋研究》第 1 期。

杨晓萍，2012，《南亚安全架构：结构性失衡与断裂性融合》，《世界经济与政治》第 2 期。

叶玉、刘宗义，2010，《中印能源政策比较研究》，《南亚研究》第 3 期。

尹继武，2010，《南亚的能源开发与中国—南亚能源合作》，《国际问题研究》第 4 期。

于江波，2016，《丝绸之路经济带"金融—能源产业"合作机制研究》，《管理学刊》第 5 期。

余功铭、王轶君，2018，《中印油气合作现状、潜力及趋势》，《国际经济合作》第 7 期。

余建华等，2012，《多维理论视域中的能源政治与安全观》，《阿拉伯世界研究》第 2 期。

余晓钟、白龙，2020，《"一带一路"背景下国际能源通道合作机制创新研究》，《东北亚论坛》第 6 期。

曾向红、李琳琳，2020，《西方对华舆论的演变与中国的应对策略》，《教学与研究》第 10 期。

查文仙，2019，《印度的"人口红利"研究》，硕士学位论文，云南大学。

张超哲，2014，《中巴经济走廊建设：机遇与挑战》，《南亚研究季刊》第 2 期。

张春晖等，2022，《"双碳"目标约束下我国煤炭行业绿色转型发展机遇》，《能源科技》第 1 期。

张春宇、陈玉博，2019，《中印应强化合作基础，共同推进全球能源治理》，《中国远洋海运》第 4 期。

张金带、李友良、简小飞，2008，《我国铀资源勘查状况及发展前景》，《中国工程科学》第 1 期。

张九天、张璐，2021，《面向碳中和目标的碳捕集、利用与封存发展初步探讨》,《热力发电》第1期。

张力,2013,《当代南亚恐怖主义的起源与诱发因素》,《南亚研究季刊》第1期。

张力,2022,《印度在大国博弈中的选择与对外战略特点:俄乌冲突的视角》,《南亚研究季刊》第4期。

张立、李坪,2016,《印度对"一带一路"的认知与中国的应对》,《南亚研究季刊》第1期。

张茂荣,2020,《疫情下国际能源格局新变化及对中国的影响》,《国际石油经济》第11期。

张娜,2017,《中印可在四个行业加强清洁能源技术合作》,《中国经济时报》12月8日。

张锐,2020,《印度清洁能源外交:能源革命与大国战略驱动下的外交实践》,《印度洋经济体研究》第6期。

张雅欣、罗荟霖、王灿,2021,《碳中和行动的国际趋势分析》,《气候变化研究进展》第1期。

中国电力企业联合会,2024a,《2023—2024年度全国电力供需形势分析预测报告》,1月30日。

中国电力企业联合会,2024b,《中国电力行业年度发展报告2024》,7月10日。

中国风电新闻网,2019,《大沃风电项目彰显"一带一路"中巴深厚友谊》,5月10日,http://www.nengyuanjie.net/article/26484.html。

中国核能行业协会,2024,《中国核能发展报告2024》,社会科学文献出版社。

中国气象局,2023,《2023年中国风能太阳能资源年景公报》,2月7日。

《中国石油报》,2015,《在"一带一路"框架下推进中巴能源合作》,5月7日,https://www.china5e.com/news/news-905223-1.html。

中国石油经济技术研究院,2020,《2050世界与中国能源展望(2020版)》。

中国政府网,2005,《我国近海有7.5亿千瓦巨额风能可开发利用》,11月2日,https://www.gov.cn/ztzl/2005-11/02/content_88953.htm。

中国驻孟加拉国大使馆经济商务参赞处,2004,《孟加拉国利用FDJ现状、目标及我在孟投资机会和风险分析》,6月24日,http://gfffgb01

de64aee544c68hbcxwwvv90nvb6oxn. fgfy. ynu. cwkeji. cn。

中核集团，2020，《华龙一号海外首堆巴基斯坦卡拉奇核电工程2号机组开始装料》，12月2日，http：//www. nengyuanjie. net/article/43346. html。

中国商务部，2022，《印度允许尼泊尔额外出口325MW电力》，4月7日，http：//np. mofcom. gov. cn/jmxw/art/2022/art_8a61a116649c4770a1a05db7ef3d776f. html。

中能传媒研究院，2024，《中国能源大数据报告（2024）》。

周淑慧、王军、梁严，2021，《碳中和背景下中国"十四五"天然气行业发展》，《天然气工业》第2期。

朱翠萍，2017，《"一带一路"倡议的南亚方向：地缘政治格局、印度难点与突破路径》，《南亚研究》第2期。

朱翠萍、〔印〕斯瓦兰·辛格，2015，《孟中印缅经济走廊建设：中印视角》，社会科学文献出版社。

朱雄关，2017，《筑牢丝路能源合作机制平台》，《中国社会科学报》1月12日。

朱雄关，2020，《能源命运共同体：全球能源治理的中国方案》，《思想战线》第1期。

朱在明、陈好敏、朱婷，2015，《列国志：马尔代夫》，社会科学文献出版社。

自然资源部，2023，《中国矿产资源报告（2023）》，10月26日。

自然资源部，2024，《2023年中国自然资源公报》，2月28日。

自然资源部，2025，《新一轮找矿突破战略行动重要成果发布会》，https：//www. mnr. gov. cn/dt/ywbb/202501/t20250115_2879822. html。

邹才能等，2021，《世界能源转型内涵、路径及其对碳中和的意义》，《石油学报》第2期。

邹应猛、龚贤周，2019，《"印太"语境下印度的印度洋战略及其地缘政治影响》，《世界经济与政治论坛》第4期。

Asian Development Bank，2017，Nepal Energy Sector Assessment，Strategy，and Road Map，https://www. adb. org/sites/default/files/publication/356466/nepal-energy-assessment-road-map. pdf.

Asian Development Bank，2019，Sri Lanka：Energy Sector Assessment，Strategy，and Road Map，https：//www. adb. org/sites/default/files/institutionaldocument/547381/sri-lanka-energy-assessment-strategy-road-map. pdf.

Bahar, Heymi, 2020, "The Coronavirus Pandemic Could Derail Renewable Energy's Progress. Governments Can Help", https://www. iea. org/commentaries/the-coronavirus-pandemic-could-derail-renewable-energy-s-progress-governments-can-help.

Behera, Bhagirath, et al., 2015, "Household Collection and Use of Biomass Energy Sources in South Asia," *Energy* 85: 486-480.

BNEF, 2024, New Energy Outlook 2024, https://about. bnef. com/new-energy-outlook/#toc-download.

BP, 2020, Energy Outlook 2020, https://www. bp. com/content/dam/bp/business-sites/en/global/corporate/pdfs/energy-economics/energy-outlook/bp-energy-outlook-2020. pdf.

BP, 2021, Statistical Review of World Energy 2021, https://www. bp. com/content/dam/bp/business-sites/en/global/corporate/pdfs/energy-economics/statistical-review/bp-stats-review-2021-full-report. pdf.

BP, 2024, BP Statistical Review of World Energy 2024, https://www. bp. com/content/dam/bp/business-sites/en/global/corporate/pdfs/energy-economics/energy-outlook/bp-energy-outlook-2024. pdf.

Caixia, Tan, Geng Shiping, Tan Zhongfu, Wang Guanran, Pu Lei, Guo Xiaopeng, 2021, "Integrated Energy System-Hydrogen Natural Gas Hybrid Energy Storage System Optimization Model Based on Cooperative Game under Carbon Neutrality," *Journal of Energy Storage* 38.

Choucri, Nazli, 1976, *International Politics of Energy Interdependence* (Lexington Books. Lexington).

Conant, Melvin A., FernRacine Gold, 1978, *The Geopolitics of Energy* (Westview Press. Boulder Colorado).

Cooper, Richard, 1968, *The Economics of Interdependece* (Mcgraw-Hill. New York).

Del Bello, Lou, 2021, "Beyond Net Zero by 2070: India's New Climate Pledges Explained," *The Third Pole* 2.

Grancea, Luminita, Mark Mihalasky, Martin Fairclough et al., 2020, *Uranium*

2020 *Resources*, *Production and Demand*, Vienna: OECD, p. 187.

Gunatilake, Herath, Priyantha Wijayatunga, David Roland-Holst, 2020, "Hydropower Development and Economic Growth in Nepal," *ADB South Asia Working Paper Series* (70).

Holmes, James R., Toshi Yoshihara, 2008, "China and United States in the Indian Ocean: An Emerging Stragic Triangle?" *Naval War College Review* 61.

IEA, 2018, IEA World Energy Outlook 2018, https://iea. blob. core. windows. net/assets/77ecf96c-5f4b-4d0d-9d93-d81b938217cb/World_ Energy_ Outlook_2018. pdf.

IEA, 2020, IEA World Energy Outlook 2020, https://iea. blob. core. windows. net/assets/a72d8abf-de08-4385-8711-b8a062d6124a/WEO2020. pdf.

IEA, 2021, Net Zero by 2050: A Roadmap for the Global Energy Sector, https://iea. blob. core. windows. net/assets/deebef5d - 0c34 - 4539 - 9d0c - 10b13d840027/NetZeroby2050-ARoadmapfortheGlobalEnergySector_ CORR. pdf.

IEA, 2022, Renewable Energy Market Update: Outlook for 2022 and 2023, https://iea. blob. core. windows. net/assets/d6a7300d - 7919 - 4136 - b73a - 3541c33f8bd7/RenewableEnergyMarketUpdate2022. pdf.

IEA, 2024, IEA World Energy Outlook 2024, https://iea. blob. core. windows. net/assets/140a0470-5b90-4922-a0e9-838b3ac6918c/WorldEnergyOutlook2024. pdf.

Iftikhar, Muhammad Naveed, et al., 2015, "Sustainable Energy for All in South Asia: Potential, Challenges, and Solutions," Sustainable Development Policy Institute.

Janardhanan, Nandakumar, Eri Ikeda, Mariko Ikeda, 2020, "Impact of Covid-19 on Japan and India: Climate," Institute for Global Environmental Strategies Energy and Economic Stimulus, https://www. jstor. org/stable/resrep24952.

Kang, Jianing, Wei Yiming, Liu Lancui, Wang Jinwei, 2021, "Observing Technology Reserves of Carbon Capture and Storage Via Patent Data: Paving the Way for Carbon Neutral," *Technological Forecasting & Social Change* 171.

Kontakte, Reddit, 2022, "Russia-Ukraine Crisis and Its Impact on India," https://www.inventiva.co.in/trends/russia-ukraine-crisis-and-its-impact-on-india/.

Kurian, Anju Lis, C. Vinodan, 2013, "Energy Security: A Multivariate Analysis of Emerging Trends and Implications for South Asia," *India Quarterly* 69.

Manning, Robert A., 2000, *The Asia Energy Factor: Myths and Dilemma of Energy Security and the Pacific Future* (New York: Palgrave).

McBride, James, 2022, "Russia's Energy Role in Europe: What's at Stake with the Ukraine Crisis. Council on Foreign Relations," https://www.cfr.org/in-brief/russias-energy-role-europe-whats-stake-ukraine-crisis.

McKinsey & Company, 2021, Global Energy Perspective 2021, https://www.mckinsey.com/~/media/McKinsey/Industries/Oil% 20and% 20Gas/Our% 20Insights/Global% 20Energy% 20Perspective% 202021/Global-Energy-Perspective-2021-final.pdf.

Ministry of Finance (MoF), Governmetn of Nepal (GoN), 2016, "Final Economic Survey," MoF, Kathmandu, Nepal, https://shneiderman-commons.sites.olt.ubc.ca/files/2019/04/RaiShneiderman_2019_English_PoliticsOfChange.pdf.

Nicolas, Francoise, Francois Godement, Taizo Yakushiji, 2004, "Asia-Europe Cooperation on Energy Security; An Overview of Options and Challenges," in Francoise Nicolas, Taizo Yakushiji (eds.), *Asia and Europe: Cooperating for Energy Security: A CAEC Task Force Report*, Tokyo, Japan Center for International Exchange.

Ning, Zhao, You Fengqi, 2020, "Can Renewable Generation, Energy Storage and Energy Efficient Technologies Enable Carbon Neutral Energy Transition?" *Applied Energy* 279.

Oil and Gas Regulatory Authority, 2025, *Annual Report* 2024-2025, Islamabad: Oil and Gas Regulatory Authority 35-44.

Pakistan Geological Survey, 2024, "Mineral Resources of Pakistan," *Islamabad: Pakistan Geological Survey* 23-25.

Rafi, Amir-ud-Din, 2014, "From Energy Blues to Green Energy: Options Before Pakistan," *The Pakistan Development Review* 53.

Rai, Santosh K. , et al. , 2015, "Geothermal Systems in the Northwest Himalaya," *Current Science* 108.

Rajani, Suwal, Bajracharya Siddhartha Bajra, 2016, "Assessment of Current Energy Consumption Practices, Carbon Emissions, and Indoor Air Pollution in Samagaun, Manaslu Conservation Area, Nepal," *Journal of Natural Resources and Development* 6.

Rana, M. S. , 2017, "Trans-Himalayan Economic Corridor: Nepal as a Gateway," *Observer Research Foundation*.

Saleem, Ali Haider, 2017, "CPEC and Balochistan: Prospects of Socio-Political Stability," *Strategic Studies* 37.

Singh, B. K. , 2013, "South Asia Energy Security: Challenges and Opportunities," *Energy Policy* 63.

Smil, Vaclav, 2010, *Energy Transitions: History, Requirements, Prospects* (San Francisco: Praeger).

Smil, Vaclav, 2017, *Energy and Civilization* (Cambridge, MA: MIT Press) .

Stevens, Paul, 2019, "The Geopolitical Implications of Future Oil Demand," *Energy, Environment and Resources Department*.

Takuma, Watari, Keisuke Nansai, Kenichi Nakajima, Damien Giurco, 2021, "Sustainable Energy Transitions Require Enhanced Resource Governance," *Journal of Cleaner Production* 312.

Thomas, Raju G. C. , 1990, "The Relationships Among Energy Security and the Economy," in Thomas, Raju G. C. , Bennett Ramberg (eds.). *Energy and Security in the Industrializing World* (The University Press of Kentucky).

Willrich, Mason, 1975, *Energy and World Politics* (NewYork: The Free Press).

World Bank, 2020, *Global Economic Prospects*, Washington, DC: World Bank.

Yergin, D. , 1991, *The Prize: The Epic Quest for Oil, Money and Power* (New York: The University of Chicago).

Yergin, Daniel, 1988, "Energy Security in 1990s," *Foriegn Affairs* 67.

Zou, Caineng, Xiong Bo, Xue Huaqing, Zheng Dewen, Ge Zhixin, Wang Ying, Jiang Luyang, Pan Songqi, Wu Songtao, 2021, "The Role of New Energy in Carbon Neutral," *Petroleum Exploration and Development* 48.

图书在版编目（CIP）数据

碳中和背景下中国与南亚国家能源合作 / 朱雄关著 .
北京：社会科学文献出版社，2025.7（2025.9 重印）. --ISBN 978-7
-5228-5417-5

Ⅰ. F426.2；F435.062

中国国家版本馆 CIP 数据核字第 2025LR7487 号

碳中和背景下中国与南亚国家能源合作

著　　者 / 朱雄关

出 版 人 / 冀祥德
责任编辑 / 韩莹莹
文稿编辑 / 白　银
责任印制 / 岳　阳

出　　版 / 社会科学文献出版社
　　　　　　地址：北京市北三环中路甲 29 号院华龙大厦　邮编：100029
　　　　　　网址：www. ssap. com. cn
发　　行 / 社会科学文献出版社（010）59367028
印　　装 / 唐山玺诚印务有限公司

规　　格 / 开　本：787mm×1092mm　1/16
　　　　　　印　张：15　字　数：253 千字
版　　次 / 2025 年 7 月第 1 版　2025 年 9 月第 2 次印刷
书　　号 / ISBN 978-7-5228-5417-5
定　　价 / 128.00 元

读者服务电话：4008918866